黄学增评传

HUANGXUEZENG PINGZHUAN

陈国威◎著

新华出版社

图书在版编目（CIP）数据

黄学增评传 / 陈国威著.
-- 北京：新华出版社, 2020.5
ISBN 978-7-5166-5126-1

Ⅰ.①黄… Ⅱ.①陈… Ⅲ.①黄学增（1900-1929）-评传
Ⅳ.①K827=6

中国版本图书馆CIP数据核字（2020）第072938号

黄学增评传

作　　者：陈国威

责任编辑：徐文贤　　**封面设计：**刘宝龙

出版发行：新华出版社
地　　址：北京石景山区京原路8号　　**邮　　编：**100040
网　　址：http://www.xinhuanet.com/publish
经　　销：新华书店、新华出版社天猫旗舰店、京东旗舰店及各大网店
购书热线：010－63077122　　**中国新闻书店购书热线：**010－63072012

照　　排：六合方圆
印　　刷：三河市君旺印务有限公司

成品尺寸：170mm×240mm
印　　张：20　　**字　　数：**300千字
版　　次：2020年6月第一版　　**印　　次：**2020年7月第三次印刷

书　　号：ISBN 978-7-5166-5126-1
定　　价：80.00元

序 一

宝言

夜深人静，捧读《黄学增评传》书稿，一卷尘封已久的历史画卷徐徐展开，呈现眼前。在那个血雨腥风、风雷激荡的伟大年代，革命先辈坚如磐石的理想追求、艰苦卓绝的奋斗抗争、英勇无畏的牺牲精神，让人深感震撼、心潮澎湃。

宝安是一片有着深厚历史文化传承的古老大地，也是一片有着光荣革命传统的红色大地。她的革命火种就是黄学增烈士播下的。习近平总书记嘱咐我们："要把红色资源利用好、把红色传统发扬好、把红色基因传承好。"只有不忘来时路，知道为什么出发，才能认识过去、珍惜现在、把握未来，在驶向星辰大海的征途中才能乘风破浪、不迷失方向，才能不忘初心、牢记使命。这几年，宝安区委区政府高度重视宝安地区党史的挖掘、整理、研究工作，设立了课题资金，修缮了宝安"一大"旧址，新建了党史展览馆，拍摄了《宝安 1928》，支持宝安党校组织课题组，开展研讨交流，撰写《黄学增评传》。

丹心留史迹，直笔著信史。研究历史，必须坚持史实、史论、史识三要素的统一。革命史的研究更要坚持马克思主义唯物史观，既要掌握充分的史料史实，具备较好的历史研究素养，还得下一番艰苦细致的考察研究功夫。宝安大革命史的研究，难就难在这段史料的缺失。所幸的是，黄学增党史研究课题设立后，省内外专家学者云集响应，他们不辞劳苦，分别在广东、广西、海南等地档案馆、博物馆查阅、整理文献资料，开展了田野考察，遍寻革命后代及知情人进行史实考证，梳理了黄学增烈士短暂而壮烈的革命生涯，展现了宝安一段波澜壮阔的革命斗争历程，为我们重新认识这段不平凡的历史，提供了一个全新的视角，打开了另一扇窗。正如本传主笔人陈国威博士所言："黄学增在中国革命史中的重要性和地位，宝安党史在广东党史、南方地区党史中的地位，都应重新审视、重新评估。"评传的出版，是这段不凡历史研究的补缺，也是献给深圳经济特区建立40周年的一份特殊礼物。

历史从来都不是冷冰冰的故纸堆，泛黄的纸页、寥寥数语，其背后往往是鲜活的生命、淋漓的鲜血、动魄的场景、不屈的传奇和无从回避的责任使命。

黄学增1900年出生于广东省遂溪县墩文村，是第一期农讲所学员、1922年广东32名中共党员中的一员，和彭湃、阮啸仙、周其鉴并称广东四大农民运动领袖，是宝安党组织的创始人。

黄学增有着崇高的理想信念和坚定的革命斗志。他出身贫困，但不忘发愤图强。在国家危难之时、民族存亡之际，他积极寻找救国救民的道路，于1920年考上广东省立甲种工业学校，结交了很多革命志士，博览早期革命进步读物，积极参加青年运动。1922年入读陈独秀创办的广东省宣讲员养成所，系统学习马克思主义理论，从一个纯朴的热血青年成长为中共早期党员。1922年夏，他回到家乡创建"雷州青年同志社"，积极投身马克思主义理论宣传和各种工农革命运动，开创了马克思主义在中国乡村传播的最早尝试。1924年被选送到彭湃主办的第一期农讲所，学习农民运动的理论和方法。为践行革命理想，他的足迹遍布广州、粤北地区、粤西地区和广西、海南岛。早在1924年，黄学增就来到宝安传播马克思主义学说，培养、发展了深圳地区第一批中共党员，组建了早期党组织。1925年7月中旬，中共宝安县支部成立，黄学增任书记，宝安的红色基因从此烙下。在从吴川梅录前往高州的路上，黄学增不慎被民团抓走，脱险后有人劝他到外地避风头，黄学增却立下铿锵誓言："革命即使危险，不过为着党和农民的利益，不得不去，而且一个真正的革命党人，时时是准备牺牲的，故大胆地绝不畏怯！"

黄学增具有深厚的理论素养、出色的组织领导能力，是理论家、演说家。大革命初期，他深入宝安县沙井、松岗一带，以浅显的语言向农民群众宣传革命思想，组织了早期农民协会和农民自卫军。"五卅惨案"发生后，他受聘为中华全国总工会省港罢工委员会顾问，代表广东省农会发表演说，号召工农两阶级要紧密结合，以打倒帝国主义。在其领导下，省港大罢工运动在宝安县深入开展。1925年9—11月，官绅兵匪勾结攻击宝安农会，屠杀农民，黄学增受命调查并向农民部报告，通电省港罢工委员会，协调虎门防军救援，迫使国民政府严肃处理土豪劣绅。1926年1月，在国民党"二大"上报告《农民运动决议案》，提出了取消民团、惩办反动防军及不法官吏、取消苛捐杂税等21项主张，获大会通过。这次大会，黄学增与毛泽东、董必武等共产党人团结国民党左派，促使大会作出最有利于革命的决议。在艰难曲折的革命斗争历程中，黄学增还不时撰文提出革命主张，其中《广东南路各县农民政治经济概况》开创了农民政治经济文化调查之先河。1928年4月，理论刊物《红旗》特约黄学增与周恩来、叶挺、朱德等13人为刊物撰文，可见其对大革命的认识以及对工农运动的指导水平得到了党内外普遍认可。

黄学增不畏艰险、不怕牺牲，是果敢干练的实干家、行动派。1928年，在"四一二"反革命政变之后，黄学增在宝安组织发动了2次工农武装暴动，有力抗击国民政府反动统治，这在当时的历史条件下是非常难得的。在白色恐怖笼罩下，我们党多地的党组织遭到严重破坏，哪里的党组织最需要他，他就到哪里去。他先后奔赴西江主持武装暴动，发动肇庆反蒋起义、郁南都城暴动、四会人民反抗斗争等。南路农民运动受到挫折，他就返乡策划南路农民武装暴动，促使平素“无组织”的南路农民成立了一百多个乡农会，会员一万多人。在琼崖革命斗争遭受挫败后，他又毅然赴海南，改组党组织，健全苏维埃政权，整顿扩建工农红军，为琼崖“二十三年红旗不倒”打下了坚实基础。1929年8月，在海口失陷敌手，面对敌人的威逼利诱，他宁死不屈、严守秘密、光荣就义，保持了共产党员的革命气节。黄学增的作风彰显了共产党人为革命理想前赴后继、英勇无畏的献身精神。正如毛主席所说：“中国共产党和中国人民并没有被吓倒、被征服、被杀绝。他们从地下爬起来，揩干身上的血迹，掩埋好同伴的尸首，他们又继续战斗了。”

星星之火，终成燎原。黄学增播下的革命火种，代代相传。抗日战争期间，东江纵队在宝安跃起，威震华南，建立了广东首个县级抗日民主政权，开展了闻名中外的省港文化人大营救，书写了岭南地区抗战史、革命史、文化史上的壮丽诗篇。解放战争时期，两广纵队在战斗中发展壮大，为华南的解放和建设作出巨大贡献。宝安共产党人这种为民请命、开拓进取、埋头苦干、敢为天下先的优良传统和红色基因，一直在宝安大地汩汩流淌，在中华人民共和国建立、社会主义建设、改革开放不同时期，都创造了骄人的奇迹。当前，中国特色社会主义进入新时代，历史再次选择这片海、这个湾，宝安踏上了建设粤港澳大湾区和中国特色社会主义先行示范区的新征程，宝安共产党人又一次站在了时代风口。接过时代接力棒，我们必须不忘初心、牢记使命、笃定前行，把革命先烈开创的伟大事业推向前进。

一座山峰的崛起，挺立的是脊梁；一项事业的成功，需要一代代人的接续奋斗。这位红色传主，在大革命时期，曾与我们党的老一辈革命家并肩作战。1960 年，周恩来总理唯一一次到烈士的故乡湛江视察，就询问起黄学增及其后人的情况，并拨款修建了黄学增故居和纪念亭。宝安区委区政府积极开展革命历史课题研究，支持宝安区委党校等单位组织黄学增烈士专题史挖掘、撰写工作，感谢这么多热心的学者专家花费了大量的心血、精力，梳理重现了这段光荣、悲壮的历史。

不动者厚地，不息者高天。无穷者日月，长在者山川。高山仰止，景行行止。我们致以无限崇敬！

序　二

陈弘君

“以铜为镜，可以正衣冠；以古为镜，可以知兴替；以人为镜，可以明得失”。中国共产党一贯高度重视党的历史，重视对党的历史的研究，重视对历史经验的借鉴和运用。历史唯物主义者认为是人民群众是历史的创造者，历史是人民创造的。因而，写史，历史人物自然是一个绕不开的话题。在中共党史研究中，中共党史人物研究是其重要的课题，也一直是党史研究的热点。系统性地开展中共党史人物的研究，有助于了解中国共产党活动的初心，有助于了解我们国家的过去，有助于了解先辈们的不畏牺牲、前赴后继的缘由，等等。但毋庸讳言的是，在中共党史人物研究中，人们主要聚焦于中国共产党重要领袖人物，以及重要历史事件中的重要党史人物；而对诸多在党的历史上作出巨大贡献、“不大不小”的中共历史人物，或由于史料欠缺，或由于史料散放各处，党史学界对他们较少详细研究，基本上都是只有笼统的概念，往往人云亦云地叙述他们的历史，他们真实的历史往往是不甚了了。这对我们完整地了解我们党的历史是没有帮助的。只有将党史上诸多历史人物的历史搜集、组合出来，才能正确反映出我们党的历史，才能正确地发挥历史研究的功能。

黄学增，广东省遂溪县敦文村人，广东著名的农民运动领袖之一。广东早期中共党员，中共广东南路（现北部湾地区）和宝安地区（现深圳地区）等地党组织创始人、马克思主义思想传播者，广东西江、琼崖等地区武装斗争的组织者、领导人；广东省立宣讲员养成所（陈独秀创办）、广州农讲所第一届学员；黄学增同时也是广东南路地区、深圳地区等地农民运动的组织者、领导人，在毛泽东年谱、刘少奇年谱上有其信息记载的人物。他先后担任过中国国民党中央农民部特派员、广东省农民协会执行委员兼秘书、中共广东区委农民运动委员会委员、广东省农民协会南路办事处主任等职务，与彭湃、阮啸仙、周其鉴等一起领导广东区的农民运动。“四一二”政变后，他相继担任过中共西江特委书记、中共广东省委委员、中共琼崖特委书记、中共广东省委候补常委等职务，为共产主义的信仰一直在奋斗！1929 年 7 月，因叛徒出卖，黄学增在海口被捕。不久，在海口遭受杀害。牺牲时，黄学增年仅 29 岁。可以讲黄学增烈士作为广东大革命时期、土地革命时期的革命人物，是广东马克思主义思想的传播者，是第一次国共合作的力行者，广东农民运动的推动者，他的一生是革命的一生，是为人民服务的一生，他的光辉历史是中共奋斗历史的一部分！是中国共产党人坚守理想、信念、忠诚的光辉典范，是广东人民的骄傲！他的事迹和精神永远值得我们学习和传承！

恩格斯所言：“即使只是在一个单独的历史实例上发展唯物主义的观点，也是一项要求多年冷静钻研的科学工作，因为很明显，在这里只说空话是无济于事的，只有靠大量的批判地查审过的，充分地掌握了历史资料，才能解决这样的任务。”而我国的先哲孔子亦言：“夏礼吾能言之，相不足征也；殷礼吾能言之，宋不足征也；文献不足故也。足，则吾能征之矣。”也就是说历史研究是需要史料来支撑的。中国共产党创始人之一李大钊也曾说过："根据新史学、新史料，把旧历史一一改作，是现代史学的责任。"史料是史学研究的主要载体，中共党史研究也不例外。长期以来，或许由于史料的欠缺，有关黄学增的历史研究一直得不到重视，有关他个人的传记，一直没有出现。比较庆幸的是，经过努力，陈国威博士撰写的《黄学增评传》终于面世了，它的出现，或许填补了广东党史一块空白！

《黄学增评传》共 9 章，详细记述了黄学增烈士的生平与活动概况，展示了一个为党和人民的革命事业甘于奉献、不畏艰辛的共产党人光辉形象。初读这本23多万字的人物传记，可窥见作者较深厚的专业学术功底和钻研精神。

我一直信奉依靠史料再现历史，坚持历史研究必须详尽地占有历史资料并进行具体分析，坚决不写没有依据的文字的信念，人物传记也是如此。这本评传令人感叹之处，就是全书共有注释、引文近650处，书中的史料既有档案史料，亦有当时的报刊文献史料，同时也有田野调研史料。虽然其中有些史料没有直接写到黄学增，但大多都是与黄学增生平活动有较密切关系的内容，这些史料对于读者了解黄学增生平活动是有帮助的，这也可以说明作者为了真实反映传主的历史，在史料方面下了相当大的功夫。这充分显示了作者严谨的治学态度，做到了言必有据，审慎为文，读起来令人感到可信、真实。相信如此史料功夫，为黄学增烈士的历史及其评价的公正性提供了重要基础。

如何多维度地立论客观评价历史人物是传记需要思考的一个问题。如何客观地论述，既不刻章拔高传主的历史作用，也不必掩盖传主的错误与不足；这是一本传世传记需要考虑的内容。可以讲，《黄学增评传》依靠可靠的史料做到了这一点。如针对不少党史资料叙述在1926年中国国民党"二大"提案营救刘少奇一说，作者利用搜集到史料，认为当时提议营救刘少奇的有二位代表（童庸生与麦兴华）各自提出，目前还没有史料显示黄学增在会议提议。但没有减弱黄学增在这次大会上贡献！又如，在琼崖斗争中，如果认为黄学增是城市中心论者，琼崖工作一些挫折是由于黄学增错误地执行城市中心论的政策造成的，未免过于简单化了。传记作者从党的文件以及黄学增个人经历等相当厚实的史料出发，认为对待革命人物不要简单化，需要考虑历史形势的复杂化，需要考察上级对南路和琼崖革命布局的调整，需要考虑历史人物的知识背景、经历、思维方式等等。

党史研究，可以帮助广大党员、干部用党的历史实践和经验来丰富自己的头脑，使自己提高驾驭全局和处理各种复杂事务的本领；用党的优良传统作风陶冶自己，提高拒腐防变的能力，其作用是不言而喻的。对待中共党史人物研究，需要利用史料作一个整体的、系统的、详细的发掘和研究，发幽显隐，提要勾玄，匡误正谬，对历史人物的历史进行寻根溯源研究，这才是正确的研究方法。《黄学增评传》似乎做到了这一点。略为遗憾的是，囿于资料的缺失或者缺乏，部分细节还是叙述不足，如黄学增牺牲的实际情形等；文笔方面也显得学术味道浓厚些。但瑕不掩瑜，这些缺点并不影响传记的学术价值和史料价值。

目 录

CONTENTS

第一章

北部湾小渔村的诞生与成长

北部湾是中国海疆上一颗璀璨的明珠，地处于中国南疆的西北部，是广东雷州半岛、海南省和广西壮族自治区之间的海湾（国际部分包括越南部分），是一个半封闭的海湾。在清朝、民国时期此区域诸多地区均属广东南路地区。北部湾区域仍归属南亚热带，是个多宜多熟区，由于面临大海，故具有海洋文化的特征；秦汉时期我国海上丝绸之路始发港就在这里的徐闻与合浦。

第一节　黄学增的出生及家境

1900年10月，在北部湾东面海岸一个小渔村——广东省遂溪敦文村诞生了一位红色伟人，他就是黄学增。后来北部湾以及广东不少地区的红色历史都与他息息相关。

黄学增，广东省遂溪县乐民镇敦文村人，清光绪二十六年闰八月二十一日（即公元1900年10月14日）出生，[1]乳名妃贵[2]，别号道傅，[3]

---

[1] 见黄学增弟弟黄学思的回忆，见中共湛江市委党史研究室编：《黄学增研究史料》，广东人民出版社，1997年，第171页。下面该书简称《黄学增研究史料》。另该书（第244页）认为黄学增出生于公历1900年9月14日，明显错误，虽然其采用黄学思闰八月二十一日的说法，但推算错误，因为这里明确说明是闰月八月，并非是八月（9月14日）。按，在1921年《广东省立宣讲员养成所同学录》，黄学增年龄注曰22岁，可能为黄报的是虚岁。而笔者在遂溪档案馆还见到一份雷北县时期的黄学增简介，黄学增出生于1899年，简介里面的内容涂改较多。可信性不高。另外，根据笔者的田野调研，敦文村族老普遍讲黄学增出生时，恰好是他们黄氏宗祠奠基之日；而敦文村黄氏宗祠奠基时间为农历八月十八日，查1900年的农历八月十八日仍为公历9月11日。再，敦文村1986年所修的黄氏族谱则记载黄学增出生时间八月十八日（9月11日）。

[2] 按，“妃”在雷州方言中为“阿”字之意，敦文村一直为操雷州方言的村落；其周围早期有一些操客家方言的村落，如盐仓村。

[3] 见《广东省立宣讲员养成所同学录》，藏于广东省广州素波巷（广州市第十中学）“中国共产党广东第一支部”展馆。以及贺步云整理：《广东省立宣讲员养成所同学录》，载紫金县政协文史委员会编：《资金文史》第10辑，1992年。

根据黄学思的回忆，其父亲“也做做‘道公佬’找点零用”。[1] 而笔者在做田野调研时，亦在该村收集到一本科仪书，于此录一些以作史料：“志心皈命礼，坐镇琼州，琼属既沾其泽地，邻郡雷邦亦受其恩，冒之、犯之、宽之、宥之，皈命礼拜财上奉”；“涠州高廉各干仁天列圣，志心皈命礼，巍巍宣敕圣，荡荡王娘神镇境邦而克灵克圣，享庙食至威至灵，保障千秋栋梁万世”；“酒满献满斟礼双全，神欢人喜多吉庆，平安二字值千金，赐福保安宁”；[2] 等等。黄学增小时候，其家共有 7 口人——父亲黄如英；母亲——黄学增弟弟黄学思回忆其姓氏不明，但敦文村邑人说其姓饶，仍遂溪河头镇英亮村人，英亮村离敦文村大约二十多公里；以及兄弟四人（学颜、学曾、学思、学孟）和一位姐姐。当其时黄家有水田 4 亩，旱坡地 3 亩。[3] 据了解，敦文村地形以丘陵地为主，土壤以红壤为常见。气候方面属亚热带海洋性气候，高温多雨。年均降水量 1750 毫米，通常 7—9 月降雨量占全年 50%。年均温 22.5℃，一月均温 14.9℃，七月均温 28.4℃。因而村落旱坡地主要种植经济作物如花生、番薯等。水田则种植水稻为主。同时，由于临近海湾，村内部分人员间或从事养殖业（如养鱼、养鸭等）。“自耕农与半自耕农所耕土地，丰年大抵够食，若遇水旱之灾，则入不敷出，尚要典当卖家常什物，或借债营主。”[4] 因而黄如英除了平时做“道公佬”找点零用外，还替人宰猪、担鱼花（即鱼苗），尽量维持家景。黄学增出生时，黄家只有茅屋一座，前后各 3 间，左右各 1 间。茅草屋乃雷州半岛常见的民居之一。茅草屋的构建以顶梁柱为主，用竹竿沿着顶梁柱的四方，以斜向下的方式构成一个很大的框架。屋顶框架构成之后，再用全干的茅草（蒲草或稻草）一层层地铺上去。屋墙乃是以红土建构的夯土墙、土坯墙。黄学思回忆，该茅草屋“在 1927 年秋天被国民党清党队烧掉了”。黄学增兄弟四人之名，是村落

[1]《黄学增研究史料》，第 171 页。

[2]《两旺丁财 双全富贵》，遂溪敦文村民间科仪书。

[3] 根据当时的生产能力，时人将占有田地亩数 1—10 亩者，归为贫农。见《第一次国内革命战争时期的农民运动资料》，人民出版社，1983 年，第 4 页。

[4]《黄学增研究史料》，第 25 页。

私塾老师按古代“四贤人”之意给他们取的学名：学颜、学曾、学思、学孟，此颇为适合当时乡村地区的习惯，希望自己的农家子弟能够以中国传统社会圣贤为榜样，为社会做贡献。按，敦文村面朝北部湾，邻近双村。传说宋代时苏东坡曾到过双村，与该村私塾先生陈梦英畅谈多天后才往海南走。据清康熙《遂溪县志》卷之二“学校志”记载：“文明书院在县西南八都乐民所城内，宋元符庚辰，苏公轼南迁，由儋徒廉道经双村，宿净行院，四顾山川，谓乡民陈梦英曰‘斯地景胜，当有文明之祥。’既去月余，瑞芝生其地，诸儒遂即其地连〔建〕书院，扁〔匾〕曰：‘文明’。”[1] 由于家境问题，黄学增读私塾时间略晚，大约在1912年，时年12岁。在此之前，主要是“辅助家庭劳动，割柴草，拾禾穗、捡番薯，替人养鸭，挣点零钱帮补家庭。”[2] 敦文村乡民传说黄学增替人养鸭时，很有一套，管理鸭子很好，是有名的“鸭司令”。据笔者田野调研，黄学增读私塾时的老师为杨成章，是邻近的六旺村人，六旺村在新中国成立后改名叫下乡仔村。在私塾时，黄学增所读的是《三字经》和《四书》，是时，为黄学增识字之始。父亲黄如英虽务农，但因间或做“道公”，略懂一二文采。但母亲却是没有什么文化的农村妇女。有机会读书识字，是黄学增命运改变之始。

而根据敦文村黄氏族谱记载，该村黄氏宗亲一直以务农、耕海为生，没有什么人因读书而出，村内的人情圈子、交际圈子主要是敦文村周围的村落。

第二节　敦文村之概况及村落周围历史人文环境

遂溪敦文村，是北部湾一个非常普通的小渔村，邻近海岸，远离县城。“敦文村：又名敦文。在遂溪县遂城镇西南62公里，西临北部湾。……明初建村，

---

[1]《广东历代方志集成》，清康熙《遂溪县志》，扫描本，卷之二“学校志”，岭南美术出版社，2009年，第59页。

[2]《黄学增研究史料》，第244页。

取敦厚文明之意。1960 年测绘地图时写作‘敦文’。”[1] 按，村落黄氏族谱载，黄学增父亲黄如英是十七世——该本族谱截至该世，黄学增这一世没有记录。若按传统的一世 25 年来计，十八世即有 450 年，黄氏大致在明仁宗前后迁移至此地。但查清康熙朝《遂溪县志》，没有发现敦文村的记载。在这一片区域，清康熙朝《遂溪县志》卷之一“乡都”有调神港、博格港、抱泉港等记载（皆在县城西南一百多里范围），另有第八都乐民千户所记载；乐民千户所周围则有对乐烟墩（距离所十里）、北灶烟墩（距离所一十二里）、草潭烟墩（距离所三十五里）。但在清道光朝《遂溪县志》卷之四“乡社”出现敦文村记载：“县西南一百五十里，林姓世居。”[2] 似乎与目前敦文村的情况相同——林姓仍然是村落的主要居住群落，与村落内的黄姓群落居住区域泾渭分明，互不相杂。清道光朝《遂溪县志》还记载周围一二黄姓世居村落：上朗村（县西南一百六十里，黄姓世居）、坑南村（县西南一百六十里，黄姓世居）。

事实上，敦文村这一片区域是雷州半岛颇有历史文化底蕴的地方。明代卫所“乐民所”遗址离敦文村不到三公里。据文献记载，明代，乐民卫所在海防要塞中属千户所级别。清康熙年间《遂溪县志》卷一“事纪”条记：明洪武“二十七年□安陆侯吴杰、都督马鉴视雷要地，立乐民所。”永乐十四年朝廷开始对乐民地区“诏采珠”。乐民珠池出产的珍珠称“南珠”，享有较高的荣誉。世称“西珠不如东珠，东珠不如南珠”，古时的“廉珠”就是雷州半岛西海岸乐民珠池出产的珍珠。由于朝廷不顾珠民的生死，在明正德五年，守护乐民珠池的太监牛荣“激变于雷”；随后在正德九年，虽然“诏采珠于对乐池”但“无珠乃止”。最后到了嘉靖元年，仍“罢采珠，诏内监还京”。“对乐珠池”即乐民珠池。史书载“对乐珠池，在遂溪县西南一百五十里第八都乐民千户所城西海内，汉唐无考……宋开宝以还，

[1] 湛江地方志编纂委员会编：《湛江市地名志》，广东省地图出版社，1989 年，第 158 页。

[2]《广东历代方志集成》，清道光朝《遂溪县志》，扫描本，卷之四“乡社”，岭南美术出版社，2009 年，第 199 页。

遂置场司，或采或罢。洪武□十九年诏采，未有专官。”后虽有段时间罢采，但在嘉靖三十九年又继续“诏采珠”，一直到明万历三十年始“召内监李敬还京师，罢采珠”[1]，乐民珠池才真正退出历史舞台。根据湛江地区的地情文献记载，乐民珍珠城自明代永乐十四年（1416年）永乐皇帝下诏采珍珠开始，到明代万历三十七年，万历皇帝罢免采珍珠，召监督采珠大臣李敬回家，前后时间经历了近200年！其间，多次官逼民反，民众反抗时有发生。如明代正德五年，守珠池太监牛荣，恃势压制盘剥珠民，老百姓掀起抗争；明正德十四年，守珠池太监赵兰，残杀良民，又激起老百姓的义愤。明朝皇族一心想得南珠，于弘治十二年向东莞县和琼州府各取大船200艘，共400艘，每船配船夫20名，共8000名。向雷廉两府各取小船100艘，每船配船夫10名，共2000名。在明代，为了更好采摘乐民珍珠，中央王朝还向广州、潮州、惠州、肇庆等地取银共一万九千两，提解雷、廉两府使用，甚至调动官兵把守珠池，多时达300人。事实上，早在明嘉靖时，巡抚都御史林富就上《乞罢采珠疏》谓：“嘉靖五年采珠之役，死者万计，而得珠仅80两，天下谓以人易珠，恐今日虽以人易珠，亦不可得。”如此的历史，难免让人感怀！如1962年，我国著名剧作家田汉曾一度站在乐民珍珠城遗址上，似乎回想到当年“以人易珠”的惨境，颇有感怀地留下了诗句：“南来初看还珠记，当日珠民重可悲。碧浪曾翻千斛泪，夜光能换几餐炊。方城有址堆残贝，古寺无踪剩断龟……”[2]如此看来，敦文村周围的历史还是颇有底蕴的。

乐民所的东面是双村，上述已提及，宋朝苏东坡从琼崖东归时曾经过该村，并与村落私塾老师陈梦英有交流。承苏大学士之言，该村落曾在当时就建文明书院一所。据湛江文献所载，双村在宋朝名曰蚕村，是时村落开基始祖陈欢居其中，其后“改称桑村，今名称作双村。据说古时这一带民众

---

[1]《广东历代方志集成》，清康熙《遂溪县志》，扫描本，卷之一“事纪”，岭南美术出版社，2009年，第8—9、20页。

[2] 以上有关乐民珍珠城的地情概况，转见湛江市人民政府地方志办公室编：《湛江古村落古民居古建筑》，清华大学出版社，2014年，第159—160页。

普遍以种桑养蚕为生，陈氏始祖欢公开基创业时取村名蚕村，也许有其现实性”。当然，也许是取地形似蚕而定名。“后来陈氏始祖从蚕村搬迁到今村址，而‘蚕桑’在人们口中常常连读，为纪念始祖，陈氏后人起初将村名叫‘桑村’，由于‘桑’在白话当中与‘双’谐音，村名也就演变为现在的‘双村’。”[1]不管如何，由于双村与苏东坡有着历史渊源，双村的历史文化底蕴自然是存在的。

而在敦文村的南面，则是雷州半岛第一村落——东边角村。7000多年前该地就有人居住，萌芽了文明的种子。考古专家经过考察、发掘，在村子南面一堆风化的贝壳里，发现距今约7000年前人类生活的房屋遗址桩柱孔、屈肢墓葬，及一批陶片、石网坠、敲砸器与贝壳饰物等生活用品。遗址面积约1200平方米，东大西小，形似鲤鱼，故称鲤鱼墩。鱼墩新石器时代遗址考古发掘发现有8座土坑竖穴墓葬，有屈肢葬、压石屈肢葬、曲肢葬、蹲踞葬等葬式，有葬坑积石的现象。这类墓葬在中国境内最早见于华南新石器时代早期，广西北部的柳江、漓江流域。在桂林的甑皮岩、庙岩、柳州的大龙潭、邕宁顶蛳山等地均有发现。[2]

1926年4月黄学增在《中国农民》中发表的《广东南路各县农民政治经济概况》中谈道：“各县农村，每村皆设有神庙，奉拜某个木偶，谓之地头神。在年首夏历正月上旬或十几里、三月廿前后，游神赛会，演戏酬神，或打斋建醮，所费甚大，此乃一村公共之事。”[3]不知当时敦文村的民俗信仰情况如何？目前在敦文村的村落中部可见到一座法令庙以及青惠娘娘庙。法令大王信仰似乎是雷州半岛西海岸一些村落的信仰，除了敦文村外，离其不远的雷州乌石亦有一座香火颇盛的法令宫。乌石是一个比较大的渔港，

---

[1] 湛江市人民政府地方志办公室编：《湛江古村落古民居古建筑》，清华大学出版社，2014年，第159—169页。

[2] 广东省文物考古研究所、湛江市博物馆、遂溪县博物馆：《广东遂溪鲤鱼墩新石器时代贝丘遗址发掘简报》，《文物》2015年第7期。

[3]《中国农民》第一卷第四期（1926年4月1日），湘潭大学出版社《红藏·进步期刊》系列影印本，2014年，第405页。

19 世纪著名的华南海盗乌石二（麦有仪）就是来自乌石镇乌石村的。在乌石，当地民众对于法令信仰是如此说的，法令大王是乌石当地特有的保护神。它的来历源于一个传说。很久以前，乌石港内漂来一大木头，有人看此木不顺眼，于是把它推走。但一会儿，大木头又漂回到原处。这个人觉得很奇怪，于是对着木头说，如果你是神木的话，你就竖立起来，木头果真竖立起来。于是，这个人就在乌石港边为大木头立庙。这大木头就是法令大王的化身。在当地拥有种种有关法令大王法力无边的传说。敦文村的法令庙的是多位神灵，在敦文村黄氏村民口中，认为供奉的其中一位神灵是朱元璋。他们认为法令庙中一位神像是赤脚骑在牛背上，手持牛鞭的木雕神像，他就是朱元璋的“宝相”；该神灵的神诞是每年正月十四日（农历）。同时在黄氏村民中有着祖先“战战兢兢，御敌疆场，佐朱家而兴天下，来自福建泉州”的传说。至于青惠娘娘庙，神灵情况不明，神灵归属于女性。

对于当时农业生产、税赋方面，黄学增在《广东南路各县农民政治经济概况》叙述遂溪第六区——敦文村归属该区——时如此谈及：“第六区农民连年受土匪劣绅土豪地主的祸，生活好生危险，前年曾饿死了许多，对各资产阶级之生钱，每千文每年须纳谷四升半或六升或七升，计每升谷值钱一百七十文（因谷价高，故算谷不算铜钱）。现各乡农民要制止他此一手段，以免饿殍，拟由今年旧历二月十五日起，所有生款，不得以谷计利，还转回铜钱计利，限每千文年息作二分计算。”[1] 正是由于农民生活艰苦，一旦有人引领，自然会成为反抗不公平力量中的主要力量。遂溪档案馆有一份 1958 年文献如此记载：“据调查第二次国内革命武装斗争活动地区，包括了附城、乐民、江洪、河头、城月、界炮、洋青各乡，而以乐民、江洪、河头地区最为活跃。约有 192 个村庄，6700 多户，28000 多人，占当时全县人口十分之一左右。”[2]

---

[1]《中国农民》第一卷第四期（1926 年 4 月 1 日），湘潭大学出版社《红藏·进步期刊》系列影印本，2014 年，第 415 页。

[2]《遂溪县革命老根据地情况调查综合资料》，遂溪县档案馆藏。

第三节　黄学增的少年时代

在20世纪20年代左右，广东“南路各县农村时绝少有学校设立，贫农子弟极难得到读书机会。其中有兵燹匪祸未曾骚扰地方，虽有几个蒙童馆，但贫农子弟为迫于谋生，至多亦读不过三四年，离开学馆。”[1]时人也回忆当时的情形曰：“南路为广东省文化最落后的地区之一。封建文化因素相当浓厚。当时只有省立的高州中学、雷州中学、合浦中学、琼州中学……儿童教育除县有一间小学外，大多数都是私塾。教堂内容，中学都是旧学制，读经、史、子集、文言文、八股文，和私塾不同者，只增数学、物理、图、音、体等科，其他则无大差别。……学生大部分是绅士地富子弟，富农以下的人多只读小学，自耕农的子弟能读一二年私塾，已算十分幸运了。”[2]据了解，清光绪三十三年（1907年）遂溪县办官立高等小学堂，民国元年（1912年）后，各县小学堂改为学校。遂城第一小学于民国五年（1916年）创办，属遂溪县立师范附属小学，民国二十年易名为县立第一小学；[3]小学教育，又称国民教育，民国初年，广东地区小学教育发展一般，下表是民国元年至五年广东小学和学生统计表。

时间	小学校数（间、所）	小学生数（万人）
民国元年8月至2年7月	3248	15.1367
民国2年8月至3年7月	3391	19.8149
民国3年8月至4年7月	5051	21.9229
民国4年8月至5年7月	5276	21.6968
民国5年8月至6年7月	4933	21.8636

资料来源：何国华：《民国时期的教育》，广东人民出版社，1996年，第89页。

---

[1]《中国农民》第一卷第四期（1926年4月1日），湘潭大学出版社《红藏·进步期刊》系列影印本，2014年，第404页。

[2] 陈信材：《第一次国内革命战争时期南路人民革命斗争史》，载中共湛江市委党史研究室编：《南路农民运动史料》，广东人民出版社，1997年，第192—193页。

[3] 湛江市地方志编纂委员会编：《湛江市志》，中华书局，2004年，第1662、1672页。

据黄学增所在的敦文村村民介绍，黄学增在村内入读一年私塾后，转入乐民高等小学（即后来的县立第五小学），时年十五岁（1915 年）。当其时乐民是一个大集镇，以市号称。他参加革命后，曾将部分乡邻伙伴带到广州求学。[1] 这部分伙伴中，部分人员的通信地址留下的就是在乐民某商号转的。薛文藻，黄埔军校一期，通信地址：乐民市济安堂；田迺英，黄埔三期，通信地址：乐民安和堂；黄赓，黄埔三期，通信地址：乐民安和堂转；黄学伦，黄埔三期，乐民安和堂转敦文村；黄宗寿，黄埔三期，乐民安和堂转乐民城；黄成美（别号敬德），黄埔三期，乐民安和堂转下坡村。[2]

查阅民国早期小学教育的概况，我们得知，1912 年 9 月，政府教育部公布小学校令，规定"小学校分初等小学校和高等小学校，初等小学校与高等小学校并置于一处者，名初等高等小学校。由城乡担任经费者，名某城镇乡立初等小学校或高等小学校；由县担任经费者名某县立高等小学校；由私人或私法人担任经费者，名私立初等小学校或高等小学校"。[3] 估计乐民高等小学大致由当地商户担负经费。——后期来湛从事教育、黄学增早期的战友、中共宝安县委第一任书记郑哲（亦叫郑奭南）的赞化学校就是如此。对于当时的学制，1912 年 9 月初，民国政府教育部正式公布了民国学制系统的结构框架，因 1912 年是中国传统农历壬子年，故称该系统为"壬子学制"。从"壬子学制"公布到 1913 年 8 月，国民政府教育部又陆续公布了系列教育令，如《小学校令》《小学校教则及课程表》《中学校令》等，构成民国初期的学制系统。"壬子学制"中规定："小学校四年毕业，为义务教育。

[1] 另有部分史料介绍曰："黄学增……介绍本村农民黄中素、黄中农、黄中旋、陈江李（陈光礼）、陈容福、陈容为、陈容经、黄广渊、黄学武等 24 人到黄埔军校和毛主席办的农民运动讲习所学习，后参加革命工作，并培养他们入党，他们后来很多成为南路党的骨干。"见 1958 年《遂溪县革命老根据地调查资料汇总（初稿）》，遂溪县档案馆。"1923 年间，遂溪地区黄学增……介绍同乡农民黄中素、黄中农、黄中璇、黄广渊、黄学斌等 24 人到黄埔军校和毛主席在广州办的农民运动讲习所学习，并介绍他们入党，参加革命工作"。见《雷北县人民革命斗争史料（初稿）（遂溪、廉江、海康）》，遂溪县档案馆。

[2] 原载于《黄埔军官学校第七期毕业同学录》（1930 年 8 月），见《遂溪县档案馆关于上报遂溪县籍"农讲所"、黄埔军校学员名单和为符春茂叛变事件告同胞和乡亲书》，遂溪县档案馆。

[3] 朱有瓛：《中国近代学制史料·第三辑上》，华东师范大学出版社，1990 年，第 111 页。

毕业后得入高等小学校或实业学校；高等小学校三年毕业，毕业后得入中学或师范学校或实业学校。”[1]或许由于年龄因素以及黄学增的聪明情况，黄学增于1915年入读，经过一年苦读，在1916年秋即考入雷州半岛最高中学堂——雷州中学。据田野调研，黄学增其中一位小学老师是黄学增后期战友陈荣位的父亲；陈荣位的母亲是敦文村人。陈荣位与黄学增乃为小学同学；另根据黄学增大革命时期战友黄斌的后人口述，同在小学读书的还有黄斌——黄斌为上郎村人，上郎村时隶属遂溪第七区管辖，现归属雷州纪家镇管辖。陈荣位、黄斌在黄学增到雷州读书时则已上广州求学；另外，黄斌也是大革命时期雷州青年同志社主要成员。黄学增在乐民高等小学时曾留下一文《竞争说》流传至今。“人当竞争时代，断不可无竞争心。无竞争心不能立于竞争世界，竞争乃当今之要务也。学问以竞争而精，实业以竞争而兴，国家以竞争而文明。世界愈竞争，愈发达；愈发达，愈竞争。人无竞争，诚不能立于竞争世界，能竞争，乃可以言富强。”[2]

不管如何，经过私塾、小学等的学习，农家子弟黄学增终于向着光明的前方迈出了第一步。

[1] 朱有瓛：《中国近代学制史料》（第三辑上），华东师范大学出版社，1990年，第26—27页。

[2]《黄学增研究史料》，第245页。据言，该文在1963年仍然有纸质存在，但由于不珍惜，其后不知所踪。目前所见是由敦文村村民黄成栋回忆提供的。至于一些文献说是黄学增五年级的作文，不知何解，毕竟当时高等小学是三年制。

第二章

求学雷州中学与负笈北上求真理

恩格斯说过："人离开动物愈远，他们对自然界的作用就愈带有经过思考的、有计划的、向着一定的和事先知道的目标前进的特征"。[1] 这种有目的有意识地同自然界作斗争，其实就是社会生活、社会活动的重要方面。如何使自己的社会生活、社会活动更加适合社会发展方向？教育在这里将会发挥作用，作为人类社会特有的一种社会现象，教育在培养人的身体的、智力的和道德的力量等方面将会发挥巨大的作用。在 1916 年开始，黄学增走出地处偏远地带的家乡，外出求学，为改变家乡贫困面貌而寻找真理。

第一节　求学雷州中学

阮应祺先生的《黄学增事迹系年》中记：1918 年，黄学增十八岁时，考入广东省立第十中学，"步行到雷州城读书，学习近代科学基础知识，接受爱国思想的熏陶"。[2] 但笔者田野调研发现，黄学增入读雷州中学堂的时间大约在 1916 年秋。而对于黄学增能够求学于中学，或许存在着一些困惑，毕竟在当时的环境，相对于一户农家而言，能够有决心、有能力提供财力支持子弟求学的家庭或许不多。毕竟这些稍为长大的农家子弟至少在家庭中是一个很能帮上忙的劳动力！在 1913 年《雷州中学师范毕业同学录》中，虽然这些学生的背景我们不知道，但他们的年龄多数都是比较大：中学毕业的学生共有 37 人，其中 29 岁者 5 人，28 岁者 5 人，27 岁的有 2 人，25 岁的是 4 人，24 岁的是 9 人，23 岁者 6 人，22 岁者 4 人，21 岁的 1 人，19 岁者 1 人。师范本科毕业的学生人数共 48 人，其中 33 岁的 2 人，30 岁者 5 人，29 岁的 7 人，28 岁的 11 人，27 岁者 7 人，26 岁的 7 人，25 岁者 5 人，24 岁者 1 人，23 岁者 3 人。[3] 能在停学数年后仍然能够过来读书，家

[1] 恩格斯：《自然辩证法》，《马克思恩格斯选集》第三卷，人民出版社 1972 年，第 516 页。

[2]《黄学增研究史料》，第 245—246 页。

[3]《省立雷州师范学校启用新钤的公函和学生毕业证明书、同学录及抄印的省中学、师范教员检定办法》，雷州市档案馆。

境还是可以的。对于黄学增能够去雷州中学读书，田野调研时，有如此一种说法：敦文村居住着林姓与黄姓，周围亦存在着一些其他姓氏的古老单姓村落。由于黄姓是后来才搬过来的，深受村落其他姓氏的欺负，虽然靠海，却不能耕海，只能耕种一些坡地。更令他们难受的是，喜庆之时，他们只能敲锣九响，而其他姓氏却至少可以敲十一响——有的甚至可以敲十七锣，原因在于他们没有出文化人。传说敦文村及周围村落传统上有一个习俗，若宗族祖先曾有举人者，在喜庆时可以敲锣十一响，有县官者可以敲十三响，有状元者可以敲十九响。但自搬迁过来后，至黄学增父亲这一代，敦文村全村黄氏宗亲没有一人中过举，更不用说当县官了！村中贤老相传，当时他们黄氏宗亲曾想向遂溪苏二村借一块举人牌子回来挂在宗祠——苏二村也是黄氏宗族村落，村落有人中举，这样他们就可以敲 9+2 响的锣了。为何是 9+2 呢？因为是借的，只能是 9+2，不能说是十一响锣。查遂溪苏二村，位于遂溪县建新镇的西北，南通寇竹河庄家渡，毗邻官田水库流牛滩。村民皆姓黄，属单姓血缘村落，村落原名“牛栏坑”。田野调研时，曾见村中有一墓碑刻曰“苏二黄记二十三世□□□□□”，若以传统的一世 25 年来计，已近 600 年的历史。据传牛栏村的荔枝树很多，而且“双袋子”名荔果实香美。宋绍圣四年（1097）二月苏轼从惠州被贬海南，五月十一日他与胞弟苏辙相遇于藤州，一起同途而来，道经遂溪南北要塞“三十里官路”时，慕名走进牛栏村，正值五六月荔枝成熟之时，村民长老知是苏轼兄弟到来，以荔枝盛情款待，让苏轼饱尝新鲜甜美的荔枝。苏轼遇赦北归移廉，是元符三年（1100）六月二十日，苏轼感激牛栏村贤老乡民的热情，转道牛栏村时已是荔枝成熟的末期。村民为了纪念苏东坡两次踏进牛栏村，便把牛栏村改名为苏二村，意即“苏轼二次进村的佳事”。传言该村始祖黄起龙原籍福建莆田，北宋进士，后在海南琼州府任太守。科举制以来该村有举人、贡生、庠生等 26 人，任官职者 30 多人。清朝时，村里的举人黄中润和粤西唯一的状元林绍棠是结拜兄弟。[1] 而

[1] 湛江市人民政府地方志办公室编：《湛江古村落古民居古建筑》，清华大学出版社，2014 年，第 153—155 页。

到黄学增时，村中族老见黄学增如此聪明，认定他将会光宗耀祖，就要求黄如英一定要培养黄学增读书。不管如何，大约在1916年秋天时，黄学增入读雷州中学。后来的广东省立第十中学即由雷州中学改名而来，校址在雷州城里。民国初年，“各府立中学，多改归省办，并改府立中学为省立第几中学。如将清末之广东高等学堂改为省立一中；广州中学堂改为省立二中；惠州中学堂改为省立三中……雷州中学堂改为省立十中”。[1]雷州中学创立于1903年。1913年周烈亚给当时雷州中学毕业生同学录写的序文有言：“溯自本校创立于癸卯春间陈公武纯守是邦，首务兴学，独为我粤诸郡县先河。”1911年武汉起义后，“同学概然辍学赋归练乡团，以卫桑梓者……今春仆（周之谦称）衔教育司，命藉三邑协筹微赀，爰于岁二月开课，中学及师范生百数十人以毕业期届，爰刊斯录。”[2]癸卯春即1903年春季，1903年是农历癸卯年。“癸卯学制”即发生于此年。清代光绪二十九年7月，即公元1903年7月，清政府命张百熙、荣庆、张之洞等人参考日本的教学体系，以日本学制为蓝本，重新拟定学堂章程，并于1904年（即清光绪三十年）1月公布，此为中国教育史上的《奏定学堂章程》，由于1903年为中国传统农历癸卯年，故称癸卯学制。雷阳中学堂成立之初，由雷州知府陈武纯兼任学堂总办，再设总教习一人，分教习二人，洋文教习一人，绅董一人，司事三人，均受总教习领导。陈武纯后，相继有陈颐山、罗梅臣、王万怀（浙江人）、祁杰（东莞人）、何宗愈（增城人，代理校长）、吴天宠（海康人）、周烈亚执长该校。当时雷阳中学招收学生的条件是：“不论生童，惟须年在十六岁以上二十岁以下，曾读过经史，体质壮实，文理明通，身家清白，并无习气疾病嗜好等弊，方为合格。”[3]按照这个条件，实际上只有出身殷实家庭的读书人子弟方能入学。如后期广东南路农民运动领袖人物黄杰就是出身于殷商家庭，后“在雷阳中学堂接触了新文化，开阔了

[1] 何国华：《民国时期的教育》，广东人民出版社，1996年，第105页。

[2]《雷州中学师范毕业同学录》，雷州市档案馆。

[3] 湛江师院史研究课题组编：《湛江师范学院史稿》（未刊本），2004年12月，第61页。

眼界”。[1] 周烈亚是民国后的雷州中学第一任校长。周烈亚，号耀墀，遂溪人氏，广东高等师范毕业，曾任广东临时省议会代议士。周烈亚任民国雷州中学校长时，广东共产党创始人之一的谭平山恰好在雷州中学教授几何、代数与图画。并留下他目前所见的较早一篇文献资料。1913 年谭平山给《雷州中学师范毕业同学录》写序言曰：“雷阳素称海滨邹鲁之邦，予以不学，滥中学师范算学一席，才四越月，而诸生毕业。有同学录之刊请序于予，予维古者敬业乐群，论学取友，而仲尼之徒数盈三千；墨之巨子，偏于宋鲁，虽代远年湮，而蛛丝马迹尚得追见。昔日英才涵濡春风之盛，猗欤休哉。今凡百君子悉岭南粤峤之英，时彦觥觥，多士济济，昕昳切磋几十载，风雨联床逾五稔，日月不居，徂年如流，学业垂成，行将话别，同学录之辑，乌可以已乎？虽然礼隆乐群之义，诗歌伐木之章，岂曰树派标旌以矜庸人耳目哉。将以声应气，求砥行砺，德櫱社会之模型，㯲末学之绳墨也。盖孤陋寡闻不足论学，而独学无友将同无学诸子聚首一堂。递更寒暑而尤于敬业乐群、论学取友之义。兢兢焉，懃懃焉，钻研弗懈斯，录之辑知，非徒如常径恒蹊，重合悲离，借烦鳞羽已耳，盖将有以也。夫思易其备者，须有其具苦盛暑之郁燠，宜储絺綌忧隆寒之凄怆当袭狐。今诸子潜心奥业道蓄，厥躬行芳而志洁，学邃而志醇，或博学教育中坚，或播斯世之木铎。虽殊途而同归，实百虑而一致，何啻披絺綌而拥狐貉，何伤乎？盛暑隆寒也。吾知必将卢牟六合，陶镕群贤，擥欧美之精华，襮东亚之异彩，他日按是编而稽曰某也贤，某也贤，油然邈遡乎。今日聚首一堂之盛而无愧乎海滨邹鲁之称也。民国二年七月高明谭鸣谦序于雷阳。”[2] 谭平山在 1916 年调到阳江中学，后在 1917 年前往北京大学求学，成为陈独秀的学生，此亦为广东共产党的建立奠定渊源。

虽然谭平山是 1917 年前往北京大学求学，但谭平山的故事也许会对黄

[1] 洪元：《海康农民运动先驱——黄杰》，广东省海康县政协文史编辑室编：《海康文史》第二期，1984 年 12 月，第 4 页。

[2] 见雷州市档案馆。

学增有所冲击，毕竟谭平山是从雷州城走向遥远的京城的。“卢牟六合，陶镕群贤，擥欧美之精华，襮东亚之异彩”，新式知识已随着谭平山等人到来，潜入到雷州中学！传播到雷州半岛！“大凡天下事之济与不济，靡必其大也，而争之于起点之微。其不济也，其涣也；其济也，其群也。群之时义大矣哉。如丝然，累千万缕而成绳，故力能系重，聚无量沙而成地。故大能载物，以一沙一缕之微，其至无用也。能萃群涣而为绳为地，是转而有用矣。”这是雷州中学另一位老师黄宗海序文之言。黄宗海，号文渊，海康人，广东高等学校毕业；谭平山教授几何代数时，他在雷州中学教授经济、法制、外史、国文。根据1913年同学录中职员名录，我们知道当时雷州中学教授科目有：历史、地理、经学、国文、修身、经济、法制、外国史、几何、代数、图画、体操、英文、理化、教育、博物等。其中英文教师就有三位，可想当时雷州中学新式教育是比较前沿的。黄学增在这里自然接受比乐民学校更为先进的知识。

入读中学的第三年，或许因为家庭的原因，孝顺的黄学增回乡结婚，妻子是附近东边角村一位村民的养女苏莲。苏女原籍是遂溪北坡乡大潭村——现归属遂溪港门镇管辖，该村亦离敦文村不远；因家贫苏莲自小就过继给乐民东边角村一农民抚养，没有文化。“苏莲小学增一岁，过门后成了黄家的主要劳动力。”[1]苏氏的到来，或许给黄学增家庭解决了一些劳动力的问题，这给他继续求学提供了一些帮助。

第二节　负笈北上之广东省立第一甲种工业学校

“（1920年）秋，由于得到亲友的同情和资助，学增考入了广东省立甲种工业学校，告别父母和妻子、乡亲，背着简单行李，从雷州半岛西部

[1]《黄学增研究史料》，第246页。按，另有一种说法是，黄学增的父母先为他们定了亲，直到苏莲14岁，才正式进到黄家，嫁给了19岁（虚岁）的黄学增。确信的信息是苏莲在1976年逝于遂溪革命养老院（院址在遂溪界炮镇）。

的穷乡僻壤步行到了广州市。”[1]虽然笔者还没有找到黄学增在广东省立第一甲种工业学校的学籍档案资料。[2]在目前所见到的一份“甲工”同学录中也没有发现黄学增的姓名；但由于“这本《省立第一甲种工业学校教职员同学录》是该校当时美术科二年级学生林介如的珍藏本。林曾对他说过，高剑父接任黄强校长的位置后，由于和同事及师生关系很僵，学校事务也都搞得很差，终于引发学潮，学潮最后结果是高剑父离开学校，由于当时大家都对高校长很有意见，对他一些做法还表示愤慨，故连他名字及支持他的学生名单都没有收录在此本《同学录》之内。”[3]因而目前见到这份同学录虽然没有发现黄学增的姓名，但并非就否定黄学增就读于“甲工”的可能性。1980年，广东省最老资格、党龄最长的中共党员、著名的三谭（谭平山、谭天度、谭植棠）之一谭天度（1893年4月—1999年5月30日）回忆说：“阮（啸仙）、黄（学增）等人都是步行从市郊来的（指来陈独秀住处），很可能同是甲工学生（甲工校址在市郊增埗，离市区十余里）。”[4]而所见《省立第一甲种工业学校教职员同学录》中亦有不少遂溪籍的学员：黄荣、陈祥临、梁维楹、韩盈、金常理。且金常理的通信地址还是雷州乐民市安和转。“安和”应指安和堂，该地址与黄埔三期生田迺英、黄学伦、黄宗寿、黄成美等人留下的通信地址类似。1918年印刷的《广东甲种工业学校章程》附表一里有记“应选送学生二名二十四县”中有海康；而在“应选送学生

[1]《黄学增研究史料》，第247页。但笔者根据甲工同学录及广东省立宣讲员养成所的同学录来判断，黄学增入读甲工的时间是1919年。

[2] 笔者承广州美术学院李若晴教授惠赠——感谢李教授的惠赠！获得一份1922年3月出版的同学录，但这份残缺的同学录里面没有黄学增的姓名，里面有刘尔崧、阮熙朝（即阮啸仙）、周其鉴、张善铭、丘鉴志、罗国杰、陈式熹、黄荣、韩盈等人姓名，这些人后期都是黄学增一起革命的战友。黄荣、韩盈皆遂溪籍人士。为何说此份同学录是残缺的，一来同学录里没有一名各专业二年级的学生名录，二来阮啸仙提及学潮期间的11名校友会委员会主任名录中有一名陈扬泰——见《阮啸仙文集》编辑组编：《阮啸仙文集》，广东人民出版社，1984年，第15页。但名录中却不见此人名字，作为校友会成员的陈氏应该不是支持高剑父校长这一派。

[3] 李若晴：《1921年甲工学潮中的高剑父与陈炯明》，《文艺研究》2018年第7期，第147页注47。

[4]《黄学增研究史料》，第178页。

一名五十四县”中有遂溪、廉江、吴川、徐闻、信宜等广东南路之县。[1]这从另外一个侧面说明当时“甲工”还是在雷州三属招收学生的。此外，根据资料推断，黄学增入读甲工的时间大约是1919年，并非目前流传的1920年。而对于乡亲资助黄学增到甲工读书的说法，目前在敦文村村民还在流传，说他当时家景不好，族老见他如此聪明，经过宗族会议讨论，决定从“宗族留成份额”中拿出一部分资助他上广州读书。后来黄学增能够从村中带不少识字不多的乡亲到广州读黄埔军校、农讲所，是他的感恩心的表露。事实上，在1922年3月，黄学增已在陈独秀创办的广东省立宣讲员养成所（校址在广州高第街素波巷19号）入读了，这所学校是广东早期共产党、团组织重要的活动阵地，实际是共产党培养理论、宣传干部的学校。

“甲工”校址在广州市郊西村增埗（今广东省冷冻厂址），前身为两广工艺学堂。两广工艺局成立于清光绪年间张之洞任两广总督时（1886—1889），后改为广东省工艺局。1918年，黄强接任局长，又创办广东省第一甲种工业学校，仍附属于工艺局，黄强兼任校长。内分机械、化学、染织、美术四科，第一届招考公费学生240人，每科60人，所有学费、讲义费、膳费、制服、被帐等用具均由学校供给；1920年招收第二届学生180人。“招考的学生为旧制中学毕业或具有同等学力，多数是贫穷子弟。当时学生群众中有句很流行的说话：有钱子弟读法政、医专，贫穷子弟读甲工、高师。”[2]黄强（1887—1974）字莫京，广东龙川附城人。1917年任粤军兵站总监，肇庆军务院航空处长，广东工艺局长……1920年8月任潮州海关监督兼汕头交涉员（有说是“粤海关监督”），同年任广东省立甲种工业专科学校校长。1921年起任粤军第七路少将司令，陈炯明侍从副官。[3]时人阮啸仙也

---

[1]《广东甲种工业学校章程》，1918年印，现藏广东省立中山图书馆。当然，并非一定会根据章程来处理学生来源，如同学录中机械本科一年级生车廷信，籍贯是来自朝鲜的。

[2] 余勉群、罗百先：《广东省立第一甲种工业学校》，中国人民政治协商会议全国委员会文史数据委员会编：《文史资料存稿选编》第24册，中国文史出版社，2002年，第610页。

[3]（法）萨维纳著，辛世彪译注：《海南岛志》，漓江出版社，2012年，第120页。故《黄学增研究史料》第250页言黄学增“在学期间（按指甲工），黄强曾任校长”，亦是值得商榷的。

曰："（甲工）附设广东工艺局内，由黄前校长莫京先生开办，事属草创，对于各种设备，俱形缺乏。去年陈省长率师返粤（按1920年11月陈从闽回粤），即委高仑先生来长斯校，佥谓从此必有刷新之望。"[1]在当时，"甲工"是广州的一所重要学校，其可谓是鼎鼎大名，有着"红色甲工"之称。在其时广州蓬勃的学生运动中，从1919年五四运动以至大革命时期，"甲工"曾有一群出色的学生如刘尔崧、阮啸仙、张善铭、周其鉴，时人称之"四大金刚"，他们在俄国十月革命等的影响下，在五四运动的革命洪流中，开展了反帝反封建的斗争，使"甲工"成为当时广州革命活动最活跃的学校和广州学生运动的中心。阮啸仙曾在《改造日记》引子开篇写道："我们青年，处在现在的环境，不消说的，不满意到万分，就想马上来改造它，来适应人生的需求，来达到我们的满意。改造！改造！是刻不容缓的了。""但社会的组织，很是复杂，纵横交错，千头万绪，问题百出"；"教育事业腐败，学校的环境不良，其接触最近，反应最多，受痛最深的，就是我们青年的学生。改造学校问题，就是我们学生的责任。""也许打破我们从前的一种崇拜大人先生的观念，知道他们通通是假的，而我们改造的心，也从此坚决了，也预备来牺牲了。我们在工业改造的途程，是有流泪流血的色彩，为途程的点染，这就是我们牺牲和奋斗的精神。"[2]"甲工"能够涌现诸如阮啸仙、刘尔崧、黄学增等先进知识青年，或许与当时"甲工"的环境有关。据原系"甲工"学生的余勉群、罗百先二人回忆："大厅两旁和内厅为图书室藏书相当丰富，除机械、化学、染织等工业上应用各种科学书籍外，关于社会科学以及马克思、恩格斯、列宁主义译本，各种各类图书、相当完备。这是孕育了不少革命青年一个很大的原因，这些进步书籍，在当时社会环境下不是公开发行的，故殊不易见。但甲工图书室却购来独多，可以自由阅读。能够从各地源源购到，原因是购买图书，学生会可以提出购书单，而主持学生会的又是革命的青年学生。当时的教职员多数是专门科学出身，不理政治，

[1]《阮啸仙文集》编辑组编：《阮啸仙文集》，广东人民出版社，1984年，第11页。

[2]《阮啸仙文集》编辑组编：《阮啸仙文集》，广东人民出版社，1984年，第8—9页。

故从科学方面来说，他们都有一定的思想进步性，这是当时各个学校所没有的，也是甲工学校特点之一。”[1]陈独秀于1920年12月29日抵达广州。1921年1月27日，陈独秀即到“甲工”演讲，演讲时，陈独秀号召工学生与体力劳动者携手，“把资本家推倒”。[2]正是由于环境熏陶，“甲工”成为“红色甲工”，青年人不满现状、勇于改变现状的精神在“甲工”表现无遗。如在1921年4月因为驱逐“甲工”校长高剑父（高仑）行动中，“甲工”发生了学潮运动。由于无法获得官方换校长的明确答复，“甲工”学生在1921年5月27日，“朝膳后，全体同学实行离校”，并“发表退学宣言书”。28日退学学生代表丘鉴志等人致各报辨明书曰：“计自缮退学书者二百一十人之多，现留校者不过三四人而已。所谓威挟力迫，互殴各节，未知果何所见？……此次运动，原为反对高氏之腐败，以谋工校之发达。”其后，经过国民党要人林森等人的努力，约在6月23日学生才陆续返校。8月30日广东教育委员会才恢复于6月遭开除的7位学生学籍。[3]在这场“甲工”学潮中，阮啸仙是学生领袖。而在谭天度回忆中，则有这样描述：“陈（独秀）的名气很大，到广东后，广州的一些进步青年、学生如阮啸仙、刘尔崧、周其鉴、黄学增等人，常常来找陈独秀。我当时在广州市区教书……因我与谭平山、谭植棠关系密切，故有机会看到他们在陈的住处同陈讨论问题。阮、黄等人都是步行从市郊来的，很可能同是甲工学生。”按照当时的学制，“甲工”是需要四年始可毕业，大致相当于现在的本科院校。估计在学潮期中，黄学增从“甲工”转到广东省立宣讲员养成所入读。故一些书籍言及1924年6月，黄学增“毕业于广东省省立甲种工业学校”，[4]是值得商榷的。

[1] 余勉群、罗百先：《广东省立第一甲种工业学校》，中国人民政治协商会议全国委员会文史数据委员会编：《文史资料存稿选编》第24册，中国文史出版社，2002年，第611页。
[2] 任建树主编：《陈独秀著作选编》第2卷，上海人民出版社，2009年，第347页。
[3] 见《阮啸仙文集》编辑组编：《阮啸仙文集》，广东人民出版社，1984年，第10—45页。
[4]《黄学增研究史料》，第250页。

第三节 广东省立宣讲员养成所接受马克思主义理论教育

在我党比较早期的一份俄文文献《广州共产党的报告》中提到："我们还有一个马克思主义研究会，计有八十余人，其中百分之二十是法律系的学生，百分之二十是高等、中等院校的学生，其余的人是各种政治小组和编辑小组的成员。""此外，成立了由宣传委员会直接领导的宣传员养成所，并委派我为该所所长。这个养成所是广东省进行社会教育的主要机构，很多教员都是我们的好同志。""将来，我们打算从一些马克思主义小组中、从机械工人学校和宣传员养成所中吸收新党员。其他人也愿意加入我们党，那是计划之外的事情，现在还谈不上。"[1]在这里所提及的"宣传员养成所"就是广东省宣讲员养成所，它是陈独秀于1920年12月南下广州担任广东全省教育委员会委员长时成立的一所公立学校，教育委员会是当时粤省最高教育行政机构。一般认为，省立第一师范学校、广东大学、编译局和宣讲员养成所，是陈独秀来穗后筹划的四件大事。"1921年1月中旬，教育行政委员会召开会议，议决筹设编译局、宣讲员养成所、贫民教养院、劳动补习学校。"[2]宣讲员养成所经过筹备，在1921年6月开学，地址设在广州高第街素波巷内：当时广东党组织的主要活动场所正是在高等街素波巷内。[3]当时广东党组织的机关报《广东群报》1921年6月20日的报道曰："宣讲员养成所定期开学。"由于宣讲员养成所是经广东全省教育委员会委员批准成立的，遂成为当时广东省政府管辖的七所高等和中等学校，是当时著名"中

---

[1] 中央档案馆、广东省档案馆：《广东革命历史文件汇集》（中共广东区委文件）（一九三〇～一九二六年），1982年10月，第4页。

[2] 曾庆榴：《陈独秀创办的"广东省立宣讲员养成所"》，http://zggzds.org.cn/dsyjyjwz/959.jhtml 广州党史网。

[3] 1922年2月19日，广东社会主义青年团在《广东群报》刊登启事，从1922年2月19日开始公开对外办事，临时办事处就设在宣讲员养成所。而青年团的机关刊物《青年周刊》第二号（1922年3月7日出版）显示的通讯处就是素波巷十九号。

上七校”之一。[1] 由于陈独秀的背景，当年这所宣讲员养成所的经费投入即达 30 万元，相当于当时 10 所省立中学或 3 所专科学校一年的经费预算。[2]

广东省立宣讲员养成所虽然作为广东省公立的学校，但由于它的创立者的背景，却是广东共产党组织乃至全党最早创办的培养革命干部的学校。参加过广东建党活动的谭植棠、梁复燃和谭天度等都回忆到宣讲员养成所是宣传马克思主义思想、培养党的干部的学校。广东党组织“同时开办了一间工作干部学校，名为‘宣传员养成所’，用以训练工、农、妇、青运动的干部。从此我［们］获得了党领导，工作更加开展了。”[3]“‘宣传（讲）员养成所’，主要是培养具有共产主义理论知识的人才，培养向广大工农群众进行革命宣传，传播马克思主义知识的宣传员。”[4]“创办（宣讲员养成所和机器工人夜校）的宗旨和目的，据陈独秀当时讲，就是为了宣传和普及马克思主义，造就将来开展群众工作的干部。”[5] 1921 年养成所所长陈公博在给《广东省立宣讲员养成所同学录》写的序言中说道：“广东办学差不多三十年，但到现在还没有很好成绩。这是他们只知注意利于少数人的学校，而不知注意大多数人的社会的缘故。要知自上而下的教育和自下而上的教育不同地方，就是一个基础不坚固而一个基础是坚固的。社会教育虽不全在宣讲，而宣讲却占社会教育中一个重要位置。为什么要办这个宣讲机关？就是觉着从前教育方法没有完善，觉着全靠学校教育是不可行。”“我希望同学要明了对于社会的责任。近来谈社会改造的人，可算很多但他们所谓改造都是

---

[1] 广东中上七校指法科学校、高等师范学校、农业专科学校、女子师范学校、甲种工业学校、省立第一中学、宣讲员养成所。“中上七校”的称呼，时常见于报刊，如《广州民国日报》1923 年 9 月 25 日、1923 年 9 月 30 日、1924 年 1 月 1 日、1923 年 1 月 24 日等。

[2] 陈穗雄、易佐永两人讲话，见中共广东省委党史研究室等编《红楼溯源　继往开来——纪念中国共产党建党 95 周年暨“广东省立宣讲员养成所”创办 95 周年研讨会文集》，2017 年，第 7、11 页。

[3] 谭植棠：《关于广东共产党的成立》，中共广东省委党史研究委员会办公室、广东省档案馆编《“一大”前后的广东党组织》，1981 年，第 114 页。

[4] 梁复然：《广东党的组织成立前后的一些情况》，中国社会科学院现代史研究室、中国革命博物馆党史研究室选编《“一大”前后：中国共产党第一次代表大会前后资料选编》（二），人民出版社，1980 年，第 446 页。

[5] 谭天度：《回忆广东的五四运动与共产主义小组的建立》，中共广东省委党史研究委员会办公室、广东省档案馆编《“一大”前后的广东党组织》，1981 年，第 142 页。

书面上的改造，并没有几个用深刻理性去观察社会，用坚毅力行方法去动手改革。我常说要改造社会，首先图思想的改变，其次要图经济制度的改变。舍是二者，不足以言改造社会。同学负宣讲之责，自然已动手图思想的改变，但我还希望各人有可替社会尽力的机会，还要实力从经济制度去改造。不然什么主义都会变作清淡”[1]。故或者可以讲，广东省立宣讲员养成所具有最早党校的雏形，创造了共产党人通过办学来培养理论、宣传干部的先例。

1921年6月，黄学增入读该学校，所在班级为专门班，时任班主任是中共广州（广东）党组织的重要筹建者之一的谭植棠。1921年11月印刷的《广东省立宣讲员养成所同学录》中的专门班第8名名录即是黄学增资料——姓名：黄学曾，别号：道传，年龄：二十二，籍贯：遂溪，通信处：遂溪乐民市盐厂收转。据敦文村村民介绍，盐厂就在现在的盐仓村，“盐仓。在遂溪县遂城镇西南60公里。属乐民镇……昔为乐民城官署贮盐场地，故名。”[2] 该村距敦文村2.5公里，在敦文村与敦甫坑村（又名上坑村）之间，敦甫坑村一直为敦文村的黄氏族人居住，相传此地是黄学增祖上由闽入雷始迁地。宣讲员养成所先后由陈独秀、陈公博主持，其第一次开学时间是在1921年6月20日。

根据宣讲员养成所的同学录资料显示，1921年宣讲员养成所时任所长是陈公博，谭植棠任教导主任兼专门班班主任，谭平山、杨章甫、谭天度、邓瑞仁等人任教员。下面是宣讲员养成所教职员具体名录：

广东省立宣讲员养成所教职员表

职别	姓名	别号	年龄	籍贯	学历背景
所长	陈公博		30	南海	北京大学毕业
专门班主任	谭植棠		28	高明	北京大学毕业
通俗班主任	余锡恩	恺湛	29	台山	方言学校北京大学毕业
学监	胡琼	仲达	30	开平	北京大学毕业

[1] 见贺步云整理：《广东省立宣讲员养成所同学录》，紫金县政协文史委员会编：《紫金文史》第10辑，政协紫金文史委员会，1992年，第52—53页。
[2] 湛江地方志编纂委员会编：《湛江市地名志》，广东省地图出版社，1989年，第158页。

续表

教员	陈达财	彦儒	30	东莞	北京大学毕业
	陈衍芬		41	新会	香港西医大学堂毕业
	褶绍隆		35	三水	日本早稻田大学毕业
	陈磊	俊生	35	梅县	陆军讲武堂毕业
	陈俊干	旋六	37	南海	香港西医大学堂毕业
	谭鸿基		19	高明	
	谭鸣谦		35	高明	北京大学毕业
	张毅汉		26	南海	中国公学
	沈澡修		22	番禺	公立法政毕业
	陈嘉蔼		29	番禺	北京大学毕业
	温仲良		35	顺德	高等师范
	陈肇星			番禺	公立法政毕业
	杨章甫				
	邓拜言			南海	北京大学毕业
教务员	梁空	空空少年	24	顺德	北京大学毕业
文牍	姚培之	宾兴	36	番禺	历就番禺高明四会等县总务
图书馆主任	何焯贤		22	番禺	广东公立法政毕业
庶务兼会计	刘寅	士谦	33	三水	

根据这份名录，我们不难发现当时宣讲员养成所的教育主体真可谓是人才济济，有着较高学历背景以及丰富的社会经验。谭平山、陈公博、谭植棠是中共广州组织的重要筹建者；1921年春，在陈独秀的主持下，在谭平山、陈公博、谭植棠等的协助下，广州“开始成立真正的共产党”，广东逐成为全国最早建立党组织的六个地区之一。广州（广东）的共产党早期组织先由陈独秀、后由谭平山担任书记，陈公博负责组织工作，谭植棠负责宣传工作。上面已提及陈独秀是养成所的创立人——教员中亦有不少人与共产党早期活动有着密切的关系。除上述人员外，杨章甫也是对中国革命有着重要影响的人物。他是杨匏安的族叔——杨匏安撰写的《马克思

主义》是华南地区最早介绍马克思主义的文章、1921 年入党的中共党员，他的住处——广州越华路杨家祠（泗儒书室），党的许多会议都是在这里召开。据杨匏安次子杨明回忆：“从我记事起，那里就是一个既神秘又热闹的地方。白天人来人往，晚上国语注音字母团开始上课。听课的人很多，每天大约三四十人。这是一所推广普通话的新型学校，是陈独秀任广东省教育委员会时建立的，意在振兴和改革广东教育事业。听课的学生中不少是进步青年和工人，他们在革命洪流中大部分参加了党团组织，成为革命骨干。讲课的是父亲杨匏安和杨章甫、谭平山等。他们把祠堂当课堂，授课、教唱革命歌曲，十分热闹。记得瞿秋白就曾在这里教唱《国际歌》。我那时年纪很小，也跟着学会了唱《国际歌》。我稍大一些便懂得来我家的人都是和父亲一起商量大事的……周恩来叔叔更是杨家的常客。他和父亲都在中共广东区执行委员会工作，在第一次国共合作时期又都以共产党员的身份参加国民党，并在国民党中央党人（任）重要职务。”[1] 教务员梁空，估计亦是一名比较活跃的进步青年。广东社会主义青年团机关刊物《青年周刊》第二号至第八号连续刊登他翻译德国嘉尔考茨基著的《社会革命》一文（第二至四号署名空空少年，第五至八号署名梁空），且在 1922 年成立的广东社会主义青年团白话剧社中担任剧务部主任、编剧、剧员等。除此之外，他还“编就一本社会新剧，名《碧海磷香》”，并将之搬上舞台，在青年团“成立大会时排演助兴”。[2] 教员张毅汉则同时也是“注音字母教导团”的主任，[3] 注音字母教导团“和党的关系很密切，也是一个活动的基地。”[4] 陈磊（即陈俊生）与陈达财亦与当时马克思主义思想传播有着密切的关系：“一九二 O 年十月间（笔者按，时间拟有误），谭平山召集梁复

---

[1] http://www.gznjs.cn/Yjc/Arc_See.aspx?aid=1151。

[2] 见《青年周刊》，广东人民出版社，1986 年，第 40—41 页。

[3] 梁复然：《广东党的组织成立前后的一些情况》，中国社会科学院现代史研究室、中国革命博物馆党史研究室选编《“一大”前后：中国共产党第一次代表大会前后资料选编》（二），人民出版社，1980 年，第 446 页。

[4] 谭天度：《关于广东党组织成立的回忆》，中共广东省委党史研究委员会办公室、广东省档案馆编《“一大”前后的广东党组织》，1981 年，第 116 页。

然、刘觉非、陈卓生、陈俊生、梁铁志、郭植生和王寒烬七人，在宣传员养成所邓瑞仁（人）房间开会，在会上宣布成立小组（可能是属于共产主义小组，但当时没有命名），分别布置小组成员参加工人运动……陈公博、谭植棠、陈达材可能先参加了共产主义小组……但陈达材后来退出共产主义小组，没有参加共产党。”[1] 在1922年4月时，陈俊生还当选为广东社会主义青年团社会教育委员会正委员长。[2] 在如此的教育背景之下，黄学增接受系统的马克思主义理论知识的训练是必然无疑的！在教育背景方面，宣讲员养成所的教育主体有九位北京大学毕业生：陈公博、谭植棠、余锡恩、胡琼、陈达财、谭鸣谦（即谭平山）、陈嘉蔼、邓拜言、梁空（教务员）。北京大学不仅是中国大学标杆大学，更是新文化运动的大本营、是1919年五四运动的发源地，[3] 可以讲当时的北京大学是以一个大学来转移一时代学术或社会的风气，进而影响到整个国家的青年思想的学校。除了北大的外，还有香港西医大学堂、日本早稻田大学、陆军讲武堂，不乏当时不错的高等院校。可以讲，广东省宣讲员养成所的教育主体不乏当时教育精英人物！

宣讲员养成所教授的课程分别有政治、历史、地理、评议、社会教育和逻辑学等。[4] 现在所知的有谭植棠讲授《中国近代史》，谭天度讲授《社会教育》、温仲良教授教育学，谭植棠讲课最多。根据谭天度的回忆，“功课的内容为反帝反封建，社会主义，群众运动，阶级斗争，宣传方式等，

[1] 梁复然：《广东党的组织成立前后的一些情况》，中国社会科学院现代史研究室、中国革命博物馆党史研究室选编《“一大”前后：中国共产党第一次代表大会前后资料选编》（二），人民出版社，1980年，第44页。

[2]《青年周刊》，广东人民出版社，1986年，第146页。

[3] 一首“‘五四’罢课谣”提到：“罢不罢，看北大；北大罢，不罢也罢；北大不罢，罢也不罢。”http://www.takungpao.com/news/232109/2019/0403/271173.html。

[4] 梁复然回忆“学习主要内容有国语常识、社会科学、共产主义知识、三民主义等课程”。见梁复然：《广东党的组织成立前后的一些情况》，中国社会科学院现代史研究室、中国革命博物馆党史研究室选编《“一大”前后：中国共产党第一次代表大会前后资料选编》（二），人民出版社，1980年，第446页。

新文化也讲”。[1]

宣讲员养成所学习，系统地学习社会科学、共产主义知识，学习时间大约在一年。根据时人的回忆，宣讲员养成所学习年限原定两年，后情况发生了变化，“甲级一年毕业，乙级半年毕业”。[2]甲级班即专门班，乙级班为通俗班。这里的情况发生变化，估计就是教育经费的问题。随着形势的变化，陈独秀在广东一方面遭受守旧势力的攻击，另一方面亦触动到利益集团的利益（如在处理广东公立医药专门学校问题上），1921年中期到处出现诋毁陈独秀的流言，说他主张“讨父”“仇孝”“公妻”，主张“万恶孝为首，百善淫为先”，甚至还有人将他的名字改为“陈毒兽”；与他初抵广东时相比，可谓冰火两重天。就是在这种情况下，陈独秀心灰意冷，急欲一走了之，1921年8月17日，正式向陈炯明请辞广东全省教育委员会委员长之职，但陈独秀的辞职当时未获陈炯明批准。9月11日，陈独秀以治疗胃病为由请假与包惠僧一起离开广东，启程回上海。10月底，正式辞去委员长职务。而随着陈独秀的离开，宣讲员养成所的经费自然受到制约。加上当时连年战争，广州国民政府的财政并非宽裕：“粤中教育界，频年因军事影响，经费支绌，故于学务进行，甚为窒碍，尤以十二年度为甚。中上七校教职员，因索薪等事，罢课数次……”[3]宣讲员养成所的停办自然是迟早之事。在1923年8月13日《广州民国日报》一则新闻《教育界否认北廷之宣言》中，我们看到署名者有：广东省立法科大学校长黎庆恩、广东师范学校校长金曾澄、广东公立农业专门学校校长邓植仪、广东省立第一中学校长王仁宇、广东省立第一甲种工业学校校长邹卓然、广东省立女子师范学校校长廖冰筠、广东省立宣讲员养成所所长黎庆恩、广州市市立师范学校校长

[1] 谭天度：《广东党的组织成立前后》，中国社会科学院现代史研究室、中国革命博物馆党史研究室选编《“一大”前后：中国共产党第一次代表大会前后资料选编》（二），人民出版社，1980年，第461页。

[2] 谭天度：《回忆广东的五四运动与共产主义小组的建立》，中共广东省委党史研究委员会办公室、广东省档案馆编《“一大”前后的广东党组织》，1981年，第142页。

[3]《广州民国日报》1924年1月1日。

黄炳蔚、广州市市立职业学校校长黄祖培、广州市市立美术学校、广州市市甲种商业学校校长黄典元、广州市市立保姆学校校长成允琼等共三十九校署名。广东省立宣讲员养成所之名仍在其中，但是否仍然开课？不得而知。新闻中“否认北廷”指的是反对北京北洋政府一事：“彼辈遂得假政府之名义，恣所欲为，此种政府，谋危国家，隐忍起斗争……现时僭窃北京伪称政府之伪官，全系不法武人之私党，其所称政府，实于国法上无所根据。凡我国民，断难承认”。其后在9月5日的新闻里，已明确说到“宣讲所前已裁撤”：“省立中上七校教职员，日前会议决行停职停课，联索欠薪，经志昨报，兹调查各校情形汇述如下：（一）法科大学，该校新改大学，昨已行开学礼，日前七校会议决意罢课，该校坚持单独开课，因改大之始，万难停课，且该校学费甚多，教职员薪俸，已发至八月，只欠日前薪俸两月，故各教职员热心支持，定期六日上课，现在办理开课事务，甚为忙碌。（二）高等师范，该校校费欠发数月，余校长赴京出席，无可筹垫，原定于九月三日开课，现因教职员请求发俸，停职罢课，师附中附高师附小（原文如此），均暂行停课，布告延期九月十日开课。（三）农专学校，农专经已改办大学，惟校款不敷，积欠数月，教职员均告停职，故暂不开课。（四）女师（五）工业（六）一中，均行停课，开学远期，（七）宣讲所前已裁撤，故七校中只此五校罢课云。”[1]

黄学增在宣讲员养成所里一方面系统学习马克思主义理论知识等先进文化，另一方面也结识一帮有识之士。如刘琴西，他是广东紫金县人，是早期广东党组织的领导人刘尔崧的胞哥，1922年加入中国共产党，曾任紫金县政府主席、东江革命委员会主席、闽粤赣边西北地委书记等职。刘琴西于1922年7月宣讲员养成所毕业后，与通俗班的贺济邦（亦为紫金人）共同发起组织“紫金青年学社”。1932年刘琴西被俘，次年牺牲。如孙律西，大革命时期杰出工人运动领导人物，曾与周文雍等人到手车工人中组织工会——当时广州的人力车有6000多辆，人力车夫达13000多人，是工人运动一支重要力量，后担任广州工人代表大会秘书。除了刘、孙两人外，

[1]《广州民国日报》1923年9月5日。

宣讲员养成所与黄学增同一级同学中还有一批广东南路的家乡人：专门班广东南路籍人员包括苏钟仁（海康）、梁学渊（遂溪）、王士清（海康）、邵振均（电白）、龙宗正（化县）、黄元（茂名）、苏祥芳（防城）、邵权孚（灵山）、梁建邦（阳江）、陈球光（遂溪）、冯炜（阳江）、李而威（防城）；通俗班广东南路籍同学有：曾广词（阳江）、何鸾鸣（海康）、李春炫（海康）、关永安（阳山）、陈杞材（廉江）、梁联清（化县）、黄宗培（茂名）、吴廷松（电白）、徐伯陶（防城）。这帮同学除个别外，绝大多数情况不是很清楚。

1920年8月，在陈独秀主持下，在上海法租界老渔阳里2号《新青年》编辑部正式成立了上海早期党组织，当时取名为“中国共产党”。这是中国的第一个共产党组织，陈独秀担任书记。不久，陈独秀致函他的北大学生谭平山、谭植棠、陈公博，让他们在广州发起成立党组织。同年9月，俄共（布）党员斯托扬诺维奇（又译为米诺尔）和别斯林来到广州，亦有计划在该地建立共产党组织。到达广州前两人已在北京时结识无政府主义者黄凌霜，通过黄凌霜，斯托扬诺维奇和别斯林在广州结识了区声白等七个信奉无政府主义的人，同年底开始建党活动。由于观点不一致，谭平山等三人拒绝加入此组织。12月中旬，应邀到广州出任广东教育委员会委员长的陈独秀，与广州“共产党”的成员联系，研究党的组织问题，并提交一份他起草的党纲给他们讨论。一些无政府主义者反对党纲中关于无产阶级专政的条文。陈独秀等与他们“进行非常热烈的争论，认为必须摆脱无政府主义者”。[1]这样，无政府主义者退出了党组织。在陈独秀的主持下，1921年春，陈独秀乃与谭平山、陈公博、谭植棠及斯托扬诺维奇、别斯林等重新组织了广州共产主义小组。成员有9人，除了上述6人外，还有沈玄庐、袁振英、李季。[2]

虽说广东党组织是全国六大创党地区之一，但九人的党组织在当时环

[1] 中共中央党史研究室著：《中国共产党历史》第一卷上册，中共党史出版社，2002年，第79页。
[2] 中共广东省委组织部、中共广东省委党史研究室、广东省档案馆：《中国共产党广东省组织史资料》（上册），中共党史出版社，1994年，第7页。

境还是薄弱的，发展党员、壮大组织自然是广东新生共产党的重要任务之一。根据上述早期广东党员的回忆，广东省立宣讲员养成所主要宗旨是培养具有共产主义理论知识的人才，培养向广大工农群众进行革命宣传，传播马克思主义知识的宣传员，自然也是发展党员、团员成员的阵地。估计黄学增正是在宣讲员养成所期间加入中国共产党，成为1922年6月广东32名党员之一：陈独秀、谭平山、陈公博、林伯渠、杨匏安、阮啸仙、刘尔崧、周其鉴、张善铭、杨章甫、黄学增、冯菊坡、王寒烬、梁复燃、罗绮园、黄裕谦、郭植生、谭天度、陈适曦、郭瘦真、赖玉润、施卜、杨殷、潘兆銮、张瑞成、沈厚培、梁桂华、钱维芳、周侠生、王卓如、佘广等。[1]这似乎也与当时陈公博所言相适合。陈公博在1921年《广州共产党的报告》说道："广州的党员人数不多，这就使得我们要更多地注意这方面的工作……将来，我们打算从一些马克思主义小组中、从机械工人学校和宣传员养成所中吸收新党员。其他人也愿意加入我们党，那是计划之外的事情，现在还谈不上。"[2]对于黄学增1922年入党时间，党龄最长的谭天度老人是这样回忆的："他们（按，指阮啸仙、黄学增、刘尔崧、周其鉴等人）受陈（独秀）的影响，思想倾向革命，接受马克思主义，因此他们加入中国社会主义青年团（1925年改名中国共产主义青年团）的时间较早；至于黄学增在什么时候参加中国共产党，我认为大概和我入党的时间大致相同（我在1922年入党）。我们不在一个小组，只识其人，没有共同过组织生活，不能具体知道他入党

[1] 欧阳湘：《光辉岁月　羊城丰碑——中共广州历史90载》，广州出版社，2014年，第21—22页。《中国共产党广东省组织史资料》认为："1922年入党的有杨章甫、郭瘦真、谭天度、施卜、黄学增、杨殷、潘兆銮、赖玉润等。"见中共广东省委组织部、中共广东省委党史研究室、广东省档案馆：《中国共产党广东省组织史资料》（上册），中共党史出版社，1994年，第7页。

[2] 中央档案馆、广东省档案馆：《广东革命历史文件汇集》（中共广东区委文件）（一九三〇～一九二六年），1982年10月，第4页。

的日期。”[1] 而谭天度在谈及广东党支部的建立时也说道：“广东党支部建立后，陆续吸收增埗省立甲种工业学校的学生阮啸仙、刘尔崧、周其鉴、张善铭等入党，以后又吸收黄学增、杨匏安（日本留学生，曾与我一直在广州南武中学教书）、罗绮园（广东顺德人，上海同济大学毕业生）、王寒烬、梁复然、杨殷、杨章甫、冯菊坡、黄裕谦、郭瘦真、郭植生、赖玉润（先声）等入党。我是一九二二年春加入中国共产党的，介绍人是谭平山。”[2] 或许在进入宣讲员养成所前黄学增已加入马克思主义研究会：“为了帮助青年群众学习革命理论，1921 年 4、5 月间，广州共产党成立了 80 多人参加的马克思主义研究会，由谭平山任会长，阮啸仙、刘尔崧、周其鉴、张善铭、黄学增为主要成员。”[3] 而在一份 1922 年青年团白话剧社的人员名录中，我们发现大部分人员是黄学增宣讲员养成所同届同学以及他的老师，而青年团白话剧社则是“由团员发起组织”，“（剧社）各部只推定主任，其部员由主任就团员请任之。剧员任何角色由剧务部主任指定担任，非有充足理由不得临时推诿。”也就是里面人员皆是广东社会主义青年团团员。[4] 广东社会主义青年团白话剧社剧员姓名录如下：陈翰、司徒石麟、张翼鹏、施卜、冯国文、刘善继、梁福仁、冼槐、谭平山、曾光华、游君仲、韩佐邦、梁空、关永安、翟荣基、刘万新、区杰生、邝日暄、朱景熹、李焕如、王作霖、欧云昌、彭湃、刘琴西、孙律西、李居时、崔伟、何世坚、黄培登、

---

[1]《访问谭天度记录》（1980 年 9 月 19 日），载《黄学增研究史料》，第 178 页。另阮应祺等在《黄学增传略》中说道：“学增处在这种热烈向上的环境中，如饥似渴地阅读进步书刊，学习革命理论，加入了中国社会主义青年团，参加了中共广东支部组织的马克思丰义研究会的活动，同阮啸仙、刘尔嵩、周其鉴、杨匏安、张善铭等人，都是这个研究会的主要成员。”《黄学增研究史料》，第 219 页。

[2] 谭天度：《南粤风云三十年》，中共广东省委党史资料征集委员会办公室、中共广东省委党史研究室办公室编：《广东党史资料》第一辑，广东人民出版社，1983 年，第 51 页。

[3] 刘路红、廖金龙编著：《阮啸仙传》，中共党史出版社，2014 年，第 33 页。另，陈公博的《广州共产党的报告》则提到：“我们还有一个马克思主义研究会，计有八十余人，其中百分之二十是法律系的学生，百分之二十是高等、中等院校的学生，其余的人是各种政治小组和编辑小组的成员。” 中央档案馆、广东省档案馆：《广东革命历史文件汇集》（中共广东区委文件）（一九三〇～一九二六年），1982 年 10 月，第 4 页。

[4]《青年周刊》第三号（1922 年 3 月 12 日），广东人民出版社，1986 年，第 40 页。

龙宗正、曹俊升。[1] 陈翰，高要人，时年 24 岁，通俗班学员；冯国文，别号粹存，高明人，时年 20 岁，专门班学员；刘善继，广西桂林人，时年 26 岁，专门班学员；梁福仁，琼崖临高人，时年 19 岁，通俗班学员；冼槐，别号清午，高要人，时年 27 岁，通俗班学员；曾光华，别号旦卿，兴宁人，时年 22 岁，专门班学员；游君仲，别号苍了，南海人，时年 18 岁，通俗班学员；韩佐邦，别号有道，博罗人，时年 21 岁，通俗班学员；翟荣基，东莞人，时年 19 岁，通俗班学员；刘万新，别号作民，惠阳人，时年 22 岁，通俗班学员；区杰生，别号人俊，高明人，时年 21 岁，通俗班学员；邝日暄，别号丽天，从化人，时年 22 岁，专门班学员；朱景熹，别号志杰，南海人，时年 20 岁，通俗班学员；李焕如，别号仰文，东莞人，时年 21 岁，通俗班学员；王作霖，别号雨苍，番禺人，时年 18 岁，通俗班学员；欧云昌，别号顺天，惠阳人，时年 22 岁，通俗班学员；刘琴西，紫金人，时年 24 岁，专门班学员；孙律西，番禺人，时年 22 岁，专门班学员；李居时，别号清伊，琼崖乐会人，时年 30 岁，通俗班学员；何世坚，别号巩一，曲江人，时年 22 岁，专门班学员；黄培登，别号轶群，惠阳人，时年 20 岁，专门班学员；龙宗正，化县人，时年 25 岁，专门班学员；曹俊升，琼崖乐会人，时年 28 岁，专门班同学。[2] 另外，谭平山与梁空仍是宣讲员养成所教员、教务员。施卜则是后来宣讲员养成所的学员。在 31 名青年团白话剧社剧员中，至少能确定 26 名是宣讲员养成所师生。其中两名是黄学增的老师，一名是他的师弟，23 名是黄学增同届同学。另外，通俗班里面有一学员名曰司徒石，别号凌志，开平人，不知与剧员司徒石麟是否是同一人？此外，剧社后台主任胡琼也是黄学增的老师；中乐部里面的梁学渊既是黄学增专门班的同学，亦是他遂溪老乡。梁学渊，别号文海，遂溪人，时年 22 岁，通信地址为雷州城沈塘市保卫团局。从青年团白话剧社的情况来看，里面身为共青团团员的成员中大部分是宣讲员养成所学员，说宣讲员养成所是广东早期党组织培

[1]《青年团白话剧社成立》，《青年周刊》，广东人民出版社，1986 年，第 41 页。
[2] 按，此处各学员时年年龄为 1921 年 11 月同学录刊登年龄。

养理论、宣传干部的党校真的是一点也不夸张！[1]根据1921年11月印制的《广东省立宣讲员养成所同学录》统计，当时专门班学员有79人，通俗班80人。他们的年龄主要是在18—35岁之间，以22岁前后居多。“1921年8月，广州共产主义小组在此（按，指广州高第街素波巷）成立了广东省宣讲员养成所，为党培训了数百名干部”，[2]为广东成为大革命的策源地作了组织上的准备，青年逐成为党团组织创建时期的主力军！

可以讲，包括黄学增在内广东知识青年，利用广东省立宣讲员养成所这个场所，发愤图强地学习、吸纳先进理论，武装自己，然后又把新思想传播到社会中去，促使更多人进入改变社会现状的行列。

当时广州共产党活动地点主要是在广东宣讲员养成所。共产党组织中，由陈独秀担任书记（后由谭平山继任），陈公博负责组织工作，谭植棠负责宣传工作，党的机关报为《广东群报》。而陈独秀是宣讲员养成所的创立者，陈公博是所长，谭平山、谭植棠则是养成所的主要教员。身在其地，黄学增自然能够接触马克思主义理论、接触到当时最先进的优秀文化。同时，《广东群报》则是谭平山等人筹办的，得到了陈独秀的支持。如1922年5月23日，陈独秀就在该报发表专文，论述马克思的两大精神。他指出，马克思的两大精神都是国人所最缺乏。第一为“实际研究的精神”，马克思以自然科学的归纳法应用于社会科学，搜集了许多社会上的事实——证明其原理和学说，……现代人说马克思主义为科学的社会主义和空想的社会主义不同，便是如此。希望青年学生，“须以马克思的实际研究精神来研究学问，不要单单以马克思的学说研究而已”。第二为“马克思实际活动的精神”。马克思是个革命的社会主义者，不是在屋中饮茶，研究其学理。我们研究他的学说，不能仅仅研究其学说，还须将其学说实际去活动，干社会的革命。

---

[1] 谭平山在1922年3月14日广东社会主义青年团成立大会时讲道：“十一二月间，先行联络同志，至今年一月开第一次筹备会，当时到会者五十八人，修正章程，分途联络，至二月开第二次筹备会，人数已达一百四十人，到现在已有五百余人。”见《谭平山答词》，《青年周刊》，广东人民出版社，1986年，第71页。

[2] 刘寒、高宏的：《中共广东第一个党组织旧址确认纪实》，《广东党史》1995年第4期，第44页。

寄望青年才俊："须发挥马克思实际活动的精神，把马克思学说当作社会革命的原动力，不要把马克思学说当作老先生、大少爷、太太、小姐的消遣品。"[1]据了解，1920年10月19日《广东群报》正式刊行，其宗旨有二，即："一、不谈现在无聊政治，专为宣传新文化的机关；二、不受任何政党援助，保持自动出版物的精神。"报纸一经正式发刊，即大张旗鼓地宣传新思想、新学说、新文化，宣传科学和民主，反映社会现实，报道劳工运动，介绍世界新闻和苏俄消息等。《广东群报》在广州共产党组织成立后，随即成为党组织的机关报。在《广东群报》看来，它自己要担负起的社会责任是"改造社会的事情……我们认定新文化运动，是今日改造社会一种很重大很切要的事情。又新文化运动的方法，虽然不是办日报就可了事，但不能不先有日报做宣传的机关，所以我们群报对于社会，就是担负新文化运动的宣传机关，去催促新社会早日实现那个责任。"[2]由于《广东群报》的编辑者，如谭平山、谭植棠、陈公博等人皆在宣讲员担任教员职务，《广东群报》无疑地会在所内流传。自然地，黄学增从中了解更多的新文化知识，从中吸取大量的先进理论知识，大大地提升自己的马克思主义素养。

正是在广东省立宣讲员养成所求学时，黄学增与陈独秀、谭平山、谭植棠等人加深友谊并成为他们的学生，从他们的身上一方面学习先进的马克思主义理论知识，另一方面深受他们的熏陶，随后在宣讲员养成所内加入中国共产党，成为1922年6月时广东32名共产党员之一。

---

[1] 陈独秀：《马克思的两大精神》，《广东群报》1922年5月23日；转张金超：《〈广东群报〉与马克思主义早期传播再研究》，《党史与文献研究》2018年第5期，第53页。

[2] 《筹办"群报"缘起》，《广东群报》创刊号（1920年10月19日），载中共广东省委党史研究委员会办公室，广东省档案馆编：《"一大"前后的广东党组织》，1981年版，第17—18页。

第三章

雷州青年同志社的创办及国共合作工作的初涉

1922年6月15日，成立不久的中国共产党发表了《中共中央第一次对于时局的主张》，开端即明确指出：“自从这种势力（指资本主义势力）侵入以后，中国曾进行几次旧式的反抗，反抗失败的结果，人民一方面因外来的政治经济力强迫而痛苦，另一方面发现了旧政治的腐败与缺点，渐觉非改良政治组织不足以抵抗外力。”文中认为，“所有无产阶级的工人、农民，以及无力避难的半无产阶级的人，因为连年军阀互争地盘的缘故，无辜丧了无数的生命。军阀政治是中国内忧外患的源泉，也是人民受痛苦的源泉，若没有较新的政治组织——即民主政治，来代替现在不良的政治组织——即军阀政治，这样状况是必然要继续下去的。”[1]在这里，诞生不久的中国共产党人已明显意识到组织的重要性。后来罗绮园在叙述农民运动时，亦明确指出组织的必要性：“从前的农民是居奴隶之地位，并且也自甘于奴隶地位，有时竟虽求为奴隶而不可得，他们的心理大都是自暴自弃的。这因为层层压迫紧的束缚住他们的身，不能挣扎；而且一切的旧风俗礼教文化，使他们的心也奴隶化了。然而痛苦的增加终于引起了不安，只因为没有组织之故，所以在他们的内心里蕴蓄着无限的悲愤。直到有了农民协会之后，各地的农民遂如雨后春笋一般的起来。”[2]雷州青年同志社仍是黄学增在读宣讲员养成所期间成立一个宣传马克思主义知识、推动农村变革、唤醒民众的民间社团组织；它或许是广东地区比较早成立的一个宣传马克思主义知识、推动农村革新的组织，广东南路后期不少革命历史，如大革命时期的农运活动、南路党团的建立、斜阳岛海上武装割据、南路抗战斗争等，其思想基础的关联都可追溯到雷州青年同志社的历史之上。事实上，黄学增在宣讲员养成所的同班同学刘琴西则在1922年7月毕业后亦回乡发起组织“紫金青年学社”，“从事马克思主义研究，探索苏联十月社会主义革命成功经验”。[3]

---

[1] 中央档案馆:《中共中央文件选集》第一册(一九二一～一九二五),中共中央党校出版社,1982年,第16、18页。

[2] 罗绮园报告、李咏湛、黎赤夫笔记：《会务总报告》，《中国农民》第一卷第六七期合刊，湘潭大学出版社《红藏·进步期刊》系列影印本，2014年，第58—59页。

[3] 紫金县政协文史委员会编：《紫金文史》第10辑，政协紫金文史委员会，1992年，第67页。

刘琴西是广东早期党组织领导人刘尔崧的胞哥。“紫金青年学社”成员几乎都是同乡青年人。广东省宣讲员养成所的马克思主义理论教育获得了推广。

1923年6月中共在“三大”文件中指出：“半殖民地的中国，应该以国民革命运动为中心工作，以解除内外压迫。依中国社会的现状，宜有一个势力集中的党为国民革命运动之大本营，中国现有的党，只有国民党比较是一个国民革命的党，同时依社会各阶级的现状，很难另造一个比国民党更大更革命的党，即能造成，也有使国民革命势力不统一不集中的结果。”[1]随后不久，根据共产国际的指示以及实际情况，中国共产党决定以中国国民党合作，进行国民革命。黄学增随即响应中央的号召，积极投身国共合作工作中去，进行国民革命活动。

第一节　雷州青年同志社的创办及其相关活动

1950年5月的一天，随着一声枪响，一个人倒在遂溪县某地。在当其时，或许是解放初期，隔海相望的海南岛也是刚解放不久，各类情况比较复杂；或许其他某种原因，此人的死似乎没有多少人给予特别关注。20世纪80年代，他远在北京的同学、开国元勋之一的徐向前元帅获知信息后，曾委托秘书通知“广州黄埔同学会尽快落实”其问题。[2]逝去之人名曰薛文藻，广东遂溪县乐民镇下乡仔村人（原籍雷州沈塘村人，下乡仔村当时也叫六旺村），下乡仔村距离黄学增的敦文村不到八公里的路程。薛文藻原名薛经光，其父亲是一名乡村草药郎中，兄弟姐妹共5人；他是老大，二弟薛经辉，1926年为遂溪县委委员，曾参与创建斜阳岛革命根据地，担任过斜阳岛农军二营营长，后任遂溪县和遂溪农军的主要领导人，1932年被国民党反动派残酷

[1]《关于国民运动及国民党问题的议决案》，中央档案馆：《中共中央文件选集》第一册（一九二一～一九二五），中共中央党校出版社，1982年，第115页。

[2] 薛至正口述：《深切怀念我的父亲——薛文藻》，薛至正为薛文藻女儿。口述由遂溪敦文村黄海先生提供，特此致谢！

杀害于广西北海市西炮台，年仅27岁；[1]新中国成立后薛经辉被认定为烈士。三弟薛经泰，在后期遂溪农军起义、移居涠洲岛、斜阳岛时，上岸筹集枪支弹药和粮食，被敌人枪杀在遂溪江洪的海边上。新中国成立后也被认定为烈士。四弟薛经岱，一直“避难在外”，后返回家乡务农。妹妹黄薛氏嫁在敦文一渔民家。[2]薛文藻是黄埔第一期学生，李敖在《蒋介石评传》说及民国一趣事时，里面就涉及薛文藻的：“1925年蒋介石因为陆军军官学校教导团第二团第九连连长桂永清获得敌人衣物不报，‘不能表率全连官兵，恐贻恶风，将其判处死刑。’此信息一出，引起黄埔学生李之龙、酆悌、冯毅、薛文藻、黄杰等六十六人以‘快邮代电’，急致廖仲恺，桂永清始获救。”[3]桂永清是黄埔军校一期，1946年官至中华民国海军总司令。除了李之龙、桂永清外，薛文藻的同学还包括中华人民共和国开国元帅之一的徐向前元帅在内。

薛文藻虽为大革命时期广东南路中共党、团的创建者之一，长期在广东南路领导武装起义，但却在1932年斜阳岛战役中逃脱随后到达香港，不久脱党，并经“表弟田迺英”介绍到国民党第四军任职；1935年在贵州任职习水县县长。其后相继担任过海康县县长、遂溪县县长等职。1950年4月在海南岛解放时被捕。在被捕后，薛文藻提供一份自白书，里面涉及雷州青年同志社；文献中涉及的史料遂成为后期地方党史的重要线索。薛氏自白书是如此谈及雷州青年同志社的：“时政治不良，官绅贪劣，盗贼蜂起，掳掠焚杀奸淫，哀鸿遍野，满目疮痍，人非草木，谁不愤激，究其祸端，均缘恶霸迫良为盗。因见及此，遂邀同黄学增、黄广渊、黄宗寿、黄成美、王树烈，刘靖绪等数十青年，组织‘青年同志社’借以号召同志，团结力量，

---

[1]《一位英勇不屈的农军指挥员——记薛经辉烈士》，载中共遂溪县委党史研究室编：《遂溪英烈传》第一辑，1993年，第68—73页。

[2] 参阅薛至正口述：《深切怀念我的父亲——薛文藻（薛经光）》；以及《薛文藻自白书》，存于遂溪公安局刑事卷宗第五卷第十七册，1981年9月中共广东省湛江党史办抄录版。

[3] 李敖、汪荣祖著：《蒋介石评传》（上），时代文艺出版社，2012年，第67页。

反抗恶霸”。[1] 考虑到当时的时代背景下，薛氏自白书的内容可信度还是比较高的。[2] 因而不难看出，雷州青年同志社仍是黄学增在就读广东省立宣讲员养成所期间回乡创立的一个宣传马克思主义知识、推动农村革新的民间社团组织。[3] 地方党史认为雷州青年同志社的宗旨是：“宣传社会主义、共产主义思想，并采用直接行动的方法，以达到改造社会的目的。”[4]

在薛文藻提及雷州青年同学社的十数青年姓名中，我们知道他们几乎都是黄学增的同乡人，或是同学，或是宗亲等。如黄广渊是遂溪乐民海山村人，海山村距离敦文村大约 3 公里，临近北部湾，出海比较容易。海山村是后来的“海山暴动”重要据点、遂溪农军的根据地；遂溪县第一个乡农民协会——海山乡农民农会就是在该地成立。黄广渊的弟弟黄仲义后来亦加入雷州青年同志社；海山村还有黄宗寿。薛文藻（原为雷州沈塘地区的，后来搬到乐民下乡仔村）——其大姐后嫁给敦文村村民等。这一带地区其他村庄加入青年同志社还有河头红心塘村的王树烈；刘靖绪亦是今河头镇人，距敦文村十多公里，他与黄学增同为县立第五小学的同学，其大姐嫁给敦文村村民；黄成美则是乐民下坡村人——下坡村离敦文村约 3 公里，

[1] 见《薛文藻自传》，存于广东遂溪县公安局刑事卷宗第五卷第十七册；及载中共湛江市委党史研究室编：《南路农民运动史料》，广东人民出版社，1997 年，第 243—244 页。

[2] 另有学者（郭波：《浅论雷州青年同志社的历史贡献》,《红广角》2015 年第 12 期，第 17 页）曰：“对于雷州青年同志社的这段活动历史，大革命时期任遂溪县农民协会副委员长，广东省第二次农民代表大会代表黄学新生前是这样口述的：‘黄学增赴穗读书后第一次返回家乡，便发动薛经光（文藻）、黄广渊、黄美吉（成美）、王树烈、黄而举及我多人，成立了‘雷州青年同志社’。我们在成立会议上商定了由黄学时出资在敦文村东北方修建乡市一座，税务收入按 4:3:3 分成，即 4 成归黄学时，3 成归敦文祠堂，3 成归雷州青年同志社。乡市在次年正月十四日正式开市。市场管理费由黄学思（学增胞弟）和黄学庭（黄学时胞弟）负责收取。’”口述注引是中共湛江市委党史研究室编《中共南路党史大事记》（广东人民出版社，1996 年，第 22 页）。

[3] 中共遂溪党史办在调研革命遗址工作中，认定雷州青年同志社成立地原址为敦文村黄而祀家里。见中共遂溪县委党史研究室编：《遂溪县革命遗址资料选编》（中共党史出版社，2016 年，第 11—13 页）。黄而祀亦名黄铁雄。

[4] 中共遂溪县委党史研究室：《中国共产党遂溪地方史》第一卷，中共党史出版社，2004 年，第 24 页。另有学者认为雷州青年同志社的宗旨是：“传播马克思主义，反对军阀统治，驱除法帝，收回广州湾。”（见郭波：《浅论雷州青年同志社的历史贡献》，《红广角》2015 年第 12 期，第 16 页）虽注曰来自《黄学增研究史料》第 177 页。但通阅全书，皆不见此宗旨。只是不见文献出处。

黄成美与黄学增是同宗族的青年；另一份材料中提到的黄而举（即黄而祀），又名黄铁雄，出身于敦文村富裕家庭，后来入读广东法官专门学校。他与黄学增同为宗亲；1928年10月曾因为“海山村暴动之事，并与黄学增同族”之故被捕，后被村中族老担保出狱。[1]“越是接近农村，利益的均匀性就越大，宗族就越容易保持联合。”[2]此外，乐民镇就是施坚雅所言的“典型的标准市镇”，是当时是周围乡村的中心地带，当时其商贸比较发达。传统中国社会上，宗族与乡缘关系往往在结社中发展很大作用。宗族、地缘关系似乎在雷州青年社成立上发挥一定的作用。正是利用宗亲纽带关系以及合适的地缘因素，黄学增在广东省立宣讲员养成所读书期间，或许利用假期回乡探亲期间，组织村落青年探索社会变革，以求改变命运。“政治不纯粹是由‘有明确意识的精英分子’和诞生于革命危机中的政党所创造的、随后逐渐通过它特有的说服力和动员力而传播到社会机体各方面的纲领性思想的堆积。为了使政治渗透到整个社会生活中去，政治就应当变为另外一种事物，一种超出政治这一狭义理解范围的事物；政治不仅是一种如何安排权力的计划，还是一种与其他人建立联系以及理解世界的方式。它应当与社会交往的传统方式相结合”。[3]黄学增此举措事实上也与党的宣传策略是相吻合的。“中共先向广大中小知识青年灌输革命理论，然后再通过他们深入工厂、农村去动员和唤醒民众。”毕竟，“马克思主义是科学的理论体系，具有高度的抽象性和思辨性，连文字都不认识的无产阶级无论多么希望，终究不能直接掌握马克思主义理论，马克思主义开始只能在知识分子和青年学生中传播”。[4]雷州青年同志社成立后，即对乡村传统势力进行挑战。“先择其凶蛮恶极的陈河广（六区双村人、历充六区区长，团总等伪职）控诉于雷州防军司令部。

---

[1] “高雷地方法院对黄学家黄铁雄共党嫌疑案的审判材料”，高州市档案馆。

[2] 休·D. R. 贝克：《传统城市里的大家族》，载施坚雅主编，叶光庭等译，陈桥驿校：《中华帝国晚期的城市》，中华书局，2000年，第605页。

[3]（法）安德烈·比尔吉埃尔：《历史人类学》，刊于J. 勒高夫等主编：《新史学》，上海译文出版社，1989年，第259页。

[4] 葛传根：《中共早期宣传工作研究（1921—1927）》，中共中央党校博士学位论文，2012年，第46、37页。

该恶被捕后复释，反遭仇恨，诬控通匪事情。因不能立足，乃避难北上广州”。[1]遂溪及湛江的地方党史有相类似的叙述；遂溪党史是这样叙述："不久，社员联名将遂溪县第六区区长兼民团团总陈河广的劣迹控告于驻防军司令部，促使驻防军司令部扣押了陈河广。陈获释后，怀恨在心，加以报复，诬告雷州青年同志社成员通匪，致使一批青年成员如黄广渊、薛文藻等被通缉。黄广渊等人被迫转移到广州等地读书和继续开展革命活动。”[2]而湛江党史内容几乎一致："该组织成立后，社员曾联名将第六区区长兼民团团总陈河广的劣迹控告于驻防军司令部，促使驻防军扣押了陈河广。陈获释后，怀恨在心，加以报复，诬告雷州青年同志社成员通匪，致使一批青年同志社成员被通缉。黄广渊等人被迫转移到广州等地读书和开展革命活动，雷州青年同志社随之暂移广州。”[3]

在广州，雷州青年同志社这批社员相继进入当地学校学习，并不断吸纳更多的同乡进步青年加入。如黄广渊到广州后，首先在省立工业专门学校就读，[4]后在1925年1月进入第三届农讲所学习。[5]薛文藻也是先在省立工业学校求学，后在1924年夏天入读黄埔军校第一期。[6]王树烈、黄宗寿、黄成美等人在黄埔第三期就读。在黄埔第三期就读的还有敦文村人、黄学增的族弟黄学家，但不知他是否加入过雷州青年同志社？黄埔三期田迺英（瑛）则是后来加入雷州青年同志社的，他是薛文藻的表弟。[7]

搬移到广州后，雷州青年同志社队伍不断扩大，经常参加各类革命活动。

---

[1]《薛文藻自白书》，中共湛江市委党史研究室编：《南路农民运动史料》，广东人民出版社，1997年，第244页。

[2] 中共遂溪县委党史研究室：《中国共产党遂溪地方史》第一卷，中共党史出版社，2004年，第24页。

[3] 中共湛江市委党史研究室编：《中共南路党史大事记》，广东人民出版社，1996年，第4页。

[4]《黄学增请愿书》，中国国民党汉口档案。中国社会科学院近代史所藏。

[5] 广东农民运动讲习所旧址纪念馆编：《广州农民运动讲习所资料选编》，人民出版社，1987年，第105页。

[6]《薛文藻自传》，存于广东遂溪县公安局刑事卷宗第五卷第十七册。及中共湛江市委党史研究室编：《南路农民运动史料》，广东人民出版社，1997年，第244页。

[7] 1932年田氏担任国民党第四军某团某团长。见《薛文藻自白书》，存于遂溪公安局刑事卷宗第五卷第十七册，1981年9月中共广东省湛江党史办抄录版。

韩盈、黄杰、黄斌、陈荣福、陈荣位、田迺瑛、陈均达、陈光礼等同乡邑人相继加入。据了解，黄学增、陈荣位、黄斌等人是小学同学；陈荣位是黄斌的姐夫。韩盈为遂溪遂城镇南门墟人，1920年就到广州铁路工程专科学校求学，[1]但是1922年省立第一甲种工业学校同学录上有其姓名，时为应用化学预科学生。1922年就在广东党组织机关报《广东群报》发表过时评:《收还广州湾期成会成立了，我们应表示如何态度》，[2]1923年已成为团广州地委候补委员、会计、出版物经理人等；1924年8月在中国国民党四十九次会议上，以“海康留学会暨农工绅商代表”名义，“为广州湾法政府捕禁雷籍学生事，请求提出交涉案”。后会议“决议，转外交部办理”。[3]陈荣福在省立第一中学求学，[4]当时省立一中如“红色甲工”一样，先进文化气氛颇为热烈，到1925年省一中曾一度被称“是共产党大本营”，共产党人“在校内发展党团员，建立支部、小组”。[5]省一中即后来广州广雅中学的前身。黄杰、陈均达入广州农民运动讲习所第二届求学；[6]刘坚是农讲所第四届旁听生、第五届乙班正式生。[7]

1924年8月，将要在第一届农讲所毕业的黄学增，根据时局变化，特在广州召开雷州青年同志社大会，寻求雷州青年同志社在国民革命中发挥更大的作用；韩盈、黄广渊、薛文藻、陈荣位等20人参加会议。会议研究修订了雷州青年同志社的宗旨和章程，选出黄学增、韩盈、陈荣位、黄广

---

[1] 中共湛江市委党史研究室编：《南路农民运动史料》，广东人民出版社，1997年，第269页。

[2] 中央档案馆、广东省档案馆：《广东革命历史文件汇集》（一九一九～一九四九，广东报刊资料选辑），1991年12月，第156页。

[3]《广州民国日报》1924年8月14日。

[4]《黄学增请愿书》，中国国民党汉口档案；中国社会科学院近代史所藏。

[5]《广雅史话》编写组：《广雅史话》，载广州市政协文史资料委员会编：《羊城杏坛忆旧》，广东人民出版社，1998年，第83页。

[6] 广州农民运动讲习所旧址纪念馆编：《广州农民运动讲习所资料选编》，人民出版社，1987年，第100页。另按，黄杰是雷州东洋乡北营村人；陈均达为河头长村人，又名陈材幹。

[7]《广州农民运动讲习所资料选编》，第110、114页；按：刘坚是距离敦文村不远的乐民盐仓村人，不知是1922年即加入还是迁到广州后加入？盐仓村附近的盐厂就是黄学增在养成所里留下的通信地址。盐仓村以操客家话为主，这在当时乐民地区比较少见；据说该村在20世纪50年代仍然讲客家话，现在讲雷州话。

渊、陈荣福、陈尊〔遵〕魁等7人为执行委员，陈材幹、田迺瑛、余冕等3人为候补委员，推选韩盈为主任，黄斌为书记（文书），陈荣位兼任会计。青年同志会的目的是“训练各社员，用以革命雷州与促进国民革命”。会后，该社将上述情况“报请国民党中央执行委员会及省长公署备案”。[1]据了解，雷州青年同志社在省城的会址设在广州长塘街金鱼塘内，其亦为遂溪学会地址，遂溪学会是邑人陈景星在1918年当选为广东省第二届参议会议员时，以议员身份发起建立的，“旨在解决三雷同乡赴省就学之困难及集会之所……凡雷州三县在广州求学之学生都可到该会馆免费食宿。该馆后改为遂溪县同乡会”。[2]据后期广东南路中共党员陈以大的回忆，“1922年后，该馆成为广东省共产党之农民运动领导人黄学增同志地下活动机关”。他在1932年到广州读书时，住在遂溪县同乡会时亲听到炊厨员老莫说的。按目前掌握的材料，陈以大的回忆应该是可信的。据目前留下的中国国民党“汉口档案”，1924年5月黄学增等人曾呈书国民党中执委，要求国民党政府通缉究办广州湾闻人陈学谈，雷州青年同志社书记（文书）黄斌留下的名片其联系地址就是长塘街金鱼塘遂溪学会。[3]1927年2月开办的广东地方武装团体训练员养成所第一期同学录，遂溪籍学员留下的当时广州联系地址就是此金鱼池（塘）遂溪学会地址。如周固山（别号秀森），时年21岁，遂溪籍。现在地址为本市长塘街金鱼池遂溪留穗学会，永久地址：遂溪洋青市合丰油房转道孟村交。周□尧（别号敏卿），20岁，遂溪籍，现在地址：本市长塘街金鱼塘巷遂溪留穗学会，永久地址：遂溪城市博成记。梁树本（别号邦基），23岁，遂溪籍，现在地址：本市长塘街金鱼塘遂溪留穗学会转，永久地址：遂溪麻章市时和堂转。陈亚登（别号伯钟），23岁，遂溪籍，现在地址：本市长塘街金鱼塘遂溪留穗学会，永久地址：广州湾铺仔公局

[1]《广州民国日报》1924年8月23日。

[2] 陈以大、陈雪琴：《同盟会员陈景星先生事略》，政协湛江市委员会文史资料研究委员会编：《湛江文史》第8辑，1989年，第65页。

[3] 中国国民党汉口档案，中国社会科学院近代史所藏。

转竹尾村；等等。[1]

雷州青年同志社在广州机构组织正规化后，即投身当其时热烈开展的国民革命中去。在1924年9月，广州各界人士在第一公园举行盛大的“九七国耻纪念大会”，瞿秋白、阮啸仙、刘尔崧、孙律西、罗绮园、彭湃等人相继在大会上发表演说。出席这次大会的团体有：“各界反对苛例大会、农工旬刊社、雷州青年同志社、新学生社、工程学会、辗谷工会、新岭东社、陆军军官学校、广州学生联合会、国民党中央党部暨各级党部、农科学院、文理科学院、警察教练所、农民自卫军、警卫军讲武堂、社会主义青年团……，等共百团体以上，参加人数约共数万……由谭平山主席宣布开会理由”。[2]在10月举行的举行“警告商团示威大会”中，雷州青年同志社连同农讲所、新学生社等社团共同推进并联合发表《为抗议商团军屠杀双十节示威的市民告国民书》，谴责帝国主义及其走狗屠杀中国人民的滔天罪行。[3]10月13日，雷州青年同志社在广州召开会议，反对段祺瑞政府与帝国主义勾结，加重关税，坑害中国工人、农民和商人。会后向全省发出通电。[4]中国青年军人联合会，是在中共黄埔军校特别支部和军校政治部主任周恩来同志领导下，以该校教职员和学生中的共产党员为核心，并遍及全国各地军队中的革命团体。它于1925年2月1日正式成立，负责人为共产党员蒋先云、周逸群等人。在它的成立大会上，雷州青年同志社作为革命社团，到会助阵。[5]而在社会主义青年团的工作上，雷州青年同志社亦给予相应的支持。“民权社合作问题，范围已扩大，加入团体有：（新）学生社、民权社、学联会、青年农工社、青年军人联合会、香江青年社、香江学联会、妇女解放协会、

[1] 见“民国广东地方武装团体训练员第一期同学录”，遂溪县档案馆。

[2] 广东省档案馆、广东青运史研究委员会办公室：《新学生社史料》，1983年，第45页。

[3] 中央档案馆、广东省档案馆：《广东革命历史文件汇集》（群团文件，一九二二～一九二四年），1982年10月，第502页。

[4] 中共遂溪县委党史研究室:《中国共产党遂溪地方史》第一卷，中共党史出版社，2004年，第26页。

[5] 《中国青年军人联合会成立大会记》，《中国军人》创刊号（1925年2月20日），第6页；见广东省立中山图书馆、广州市社会科学院、中山大学图书馆编：《黄埔军校史料汇编》第1辑第二册，广东教育出版社，2012年，第173页。

琼崖革命大同盟、女权运动大同盟、雷州青年同志会（社）。”[1] 9月26日，革命青年代表大会在广州召开，大会的目标旨在成立革命青年联合会，该会宗旨，则定为“本国民革命之精神联合青年肃清一切反革命派以实现民族解放”。黄学增、韩盈等人发动在广州的“雷州青年同志社”与新学生社、民权社、青年农工社、青年军人联合会、广州学生联合会、香港学生联合会、香港青年社、琼崖革命同志大同盟、妇女解放协会“等团体代表六十余人”到会，“选新学生社代表邓颖超为主席，书记则为香港青年社代表彭月笙”。[2] 雷州青年同志社社员陈荣福被选举为农民部执委，陈光礼被选举为军人部执委。[3] 1925年5月，广东省第一次农民代表大会暨广东省农民协会成立大会在广州召开，黄学增参加了大会并当选省农民协会的执行委员；雷州青年同志社是广东南路唯一“赐福祝词”的社团。[4]

雷州青年同志社在黄学增的领导下，在广州期间也积极投身于农民运动活动中去。如在1924年11月18日，雷州青年同志社致电孙中山及中央执行委员会等，请严办各地捣毁农会之军队及劣绅土恶，以慰农民。“孙总理、中央执行委员会、广州民国日报转东莞农民协会、香山农民协会、花县农民协会、广宁农民协会、钟村特别区农民协会、南浦农民自卫军、本部均鉴，双十西路军谭启秀部邓营在东莞农民协会第一区宵边乡拉伕、滋扰并将执行委员长蔡如平、会员蔡兆两君殴至重伤。九日东莞怀德乡团长邓远昌邓

[1] 张善铭：《与民权社合作问题》，广东省档案馆、广东青运史研究委员会办公室：《新学生社史料》，1983年，第140页。

[2] 载《工人之路》特号第九十六期（1925年9月28日），湘潭大学出版社《红藏·进步期刊》系列影印本，2014年，第326页。

[3] 载《工人之路》特号第九十七期（1925年9月29日），湘潭大学出版社《红藏·进步期刊》系列影印本，2014年，第331页。

[4] 见《广东省农民协会成立大会会场日刊》（1925年），广东省中山图书馆收藏。另外，这次大会“赐福祝词”的社团除了雷州青年同志社（文献上写为“雷州同志社”）及个人名录外，还有如下社团：广东玻璃总工会、香山工业联合会、酒楼茶室研究工会、广州漆器工会、广东油业工会、洋服同研工会、广州理发工会、省港华人船主司机总工会、广东车衣总工会、省港茯苓工会、广东轮渡船务总工会、土洋杉椎木工联合会、香港同德工会、驳载总工会、岭南农学会、顺德第五区桂圃农民协会、顺德第五区教德农民协会、中山第九区民团总局、国民党广州市第一区第六区分部、国民党第五区党部、肉行昭信工会等。

国修等督率团丁数十人持枪实弹闯入东莞农民协会第三区射击会员，捣毁总理肖像、党旗、文件用具等，并将会员邓雨君兄弟二人护去谣刑禁殴。十三日香山劣绅土豪商团陈思敬、陈革新、刘恒等纠众八名持枪实弹闯入香山农民第九区小黄圃□将会内一切文件书籍用具及总理肖像党旗等撒毁，并劫去各职员行李等件。第九区坡头沙北侧乡农民协会所有文件用具党旗农旗等□被福军胡部洗劫撒毁，并将会员三人护去客所禁押。最近南浦农团被滇军第三军围攻，缴去团械十二杆，折毁团部，并将雇役一名护去。花县农民协会被田主维持会江耀中、刘寿朋等纠集商团乡团土匪攻击。广宁农民协会被李济源纠党破坏。钟村特别区农民协会被钟村商团护去会员二名，囚禁商会。窃维农民组织协会为本党所提倡，在本党政府旗帜之下，所有农民协会应绝对得本党政府保护。何物谭部滇军福军商团田主维持会李济源等竟敢任将各农民协会蹂躏似此。倒□逆犯殊属不法已极，若不严厉痛剿，难平公愤，而慰农民。□请总理、中央执行委员会分别按照各该地农民协会历次文电所陈，各□通行惩办，并派员前赴各该地农民协会慰问。雷州青年同志社□铣印”。[1]21日，中央执行委员会为此致电各军总司令：“查各县农民协会之组织，固为解放真正农民之要图，且属本党目前之重要工作，凡本党同志所统辖之军队，自应特别保护。今乃演出捣毁农会殴伤会员种种惨剧，宁非怪事。据电前由，相应函请贵司令查照，希即令饬所部遵照，嗣后对于各县农民协会，务须恪守军纪，特别保护。”[2]

国共合作不久，国民党内部进一步发生分化，左右派之间的矛盾和冲突日益明显。针对如此局面，中国共产党中央及时调整策略，于1924年5月召开的执委会扩大会议上通过《共产党在国民党内的工作问题议决案》，要求要正确对待国民党左右派之间的斗争：“照现在的状况看来，国民党的左派是孙中山及其一派和我们的同志——我们同志其实是这派的基本队；

[1]《雷州青年同志社代电》，中国国民党汉口档案；中国社会科学院近代史所藏。

[2]《中央执行委员会致各军总司令函稿》（1924年11月21日）。转梁尚贤：《国民党与广东农民运动》，广东人民出版社2004年，第123—124页。

因此所谓国民党左右派之争，其实是我们和国民党右派之争。”[1] 1924 年 10 月，在黄学增等人的指示下，雷州青年同志社致电国民党中央执委会，要求惩办“马超俊以党员身份行斯压迫工人，背党举动”，认为“若不严为惩处，则党将不党”。[2] 马超俊是国民党出名的右派分子，长期把握工运工作。据了解，马超俊是美国华侨，在美国加入致公堂，毕业明治大学，是同盟会会员，参加过讨袁运动；1909 年促使 “广东机器研究公会”结成，该会于 1912 年改称为“广东机器总会”。1924 年 4 月担任广东机器工人维持会主任、广州特别市党部执行监察委员会执行委员、广州市特别党部工人部长等职务，是典型的国民党右派人物。

1925 年 9 月黄学增奉区委之命，从广州秘密回到遂溪，协助已提前回到雷州半岛的韩盈、黄广渊等，建立“雷州青年同志社”乐民分社。[3] 雷州青年同志社在遂溪恢复活动后，即投入国民革命中，相关人员下乡开展宣传和组织农会、农军工作。同年，雷州青年同志社纪家分社在遂溪第七区成立，成员包括黄仲琴、黄魁元、黄雨农等人在内 10 余人。雷州青年同志社文书黄斌的家乡就在纪家上郎村。1925 年 12 月国民革命军光复雷州半岛，雷州青年同志社在雷州半岛的活动由秘密转为公开。是月 15 日，雷州青年同志社公开发表对雷州善后的宣言：[4]

邓逆本殷，自盘踞雷州以来，给予雷民之痛苦：如迫种鸦片，包庇烟赌，勒捐军饷，私铸假银，巧设人头税及各种苛税杂捐，纵兵奸淫抢掠及强占民房，种种事实，罄竹难书，雷民何辜，遭此蹂躏！遂致耕者不给食，织者不给衣，民穷财尽，生计日非。酿成哀鸿遍野，盗匪充斥，甚至因此流离

---

[1] 中央档案馆:《中共中央文件选集》第一册(一九二一～一九二五)，中共中央党校出版社，1982年，第 186 页。

[2]《函中央监察办理雷州青年同志社控告马超俊罪状》（1925 年 10 月），中国国民党汉口档案；中国社会科学院近代史所藏。

[3] 许振泳、林忠佳选编:《一九二五年国民革命军东征南征资料选辑》，中央档案馆、广东省档案馆:《广东革命历史文件汇集》，1992 年 10 月，第 31 页。

[4] 中国国民党五部档案，中国社会科学院近代史所藏。

失所，转死沟壑者，二十万人，言念及此，痛心靡既！迺者国民革命军南征，一呼而南路各属次第克复，邓逆之命运于以短促，雷民之痛苦，至此可告一结。然而国民革命军此次南征，不惟在驱除邓逆一人，尤以在驱除邓逆之后，永无与邓逆同样之继起者，雷民急切之要求，亦尽在于此。所以此后对于邓逆之一切恶政，务须根本取消，对于地方之一切建设，务须站在人民利益上面；同时并要灌输以孙总理之三民主义，以冀雷民之彻底觉悟，履行国民党政纲之对内政策，以致雷民之生活满慰，此不惟表现南征之意义，抑亦巩固革命之根基。本社本爱国爱乡之心，谨代表雷州一般民众提出以下最底的要求：一、铲除贪官污吏劣绅土豪；二、肃清散兵土匪。民众提出如下最底的要求：一、铲除贪官污吏劣绅土豪；二、肃清散兵土匪；三、废除苛捐杂税；四、严禁烟赌；五、救济失业农民；六、扶助工农团体之发展；七、保护青年之一切利益；八、改良盐务；九、振兴实业；十、整顿教育；十一、提倡女权。

雷州青年同志社除了乐民分社、纪家分社外，还有遂溪分社。1926 年 5 月在国民党贪官劣绅杀害农运人员程赓时，雷州青年同志社遂溪分社在时任广东省农民协会南路办事处主任黄学增等人的指示下，连同国民党遂溪县党部、遂溪农民协会等机构社团向国民党中央执行委员会等部门发出如下通电：“中央执行委员会、中央组织部、监察委员会、广东省执行委员会、省组织部、广东省政府民政厅、南路特别委员会、各县执行委员会钧鉴：徐闻县之贪官污吏现任县长谭鸿任、课员陈兆革〔萃〕、土豪劣绅现任保卫团总局长邓祖禹等，向为反革命分子，逆贼余孽。如邓祖禹屡充邓逆本殷之谘议局长等职，陈兆革〔萃〕充陈逆学谈之参谋书记等职，至谭鸿任乃无耻之官僚政客，与匪为友之徒。今互相勾结，狼狈为奸，伪名入党，欲乘机操纵选举，把持党政，为他的护符，遂其私欲。组〔早〕为该筹备处窥破他的阴谋手段。于是挟恨含忌，对于筹备处施以攻击，所有党务进行，莫不为其摧残破坏，筹备经费亦为制止。目下该处因压迫过甚，进行工作完全停顿。呜呼！贪官劣绅之阴恨罪恶，其肉足食乎！兹为党务前途计，用特声罪臻援。务望钧会诸公，对于该县筹备处迅赐维持，而贪官劣绅则严为惩治，以维党务而除党祸，本党幸甚。遂溪执行委员会、遂溪农民协会、遂溪县商民协会、遂溪县学会联合会、国民会议促成会遂溪分会、雷州青年同志社遂溪分社，遂溪县总工会、妇女协会遂溪分会叩。印。”[1] 随后在1926年5月30日的“五卅”纪念大会召开日，雷州青年同志社遂溪分社发出《“五卅”中杀案敬告民众书》，揭露帝国主义屠杀上海工人的罪行，号召民众“联合一致”，“向帝国主义、军阀、贪官污吏、大地主进攻”，为死难同胞报仇。如下是“告民众书”的内容：[2]

“五卅”中（惨）杀案敬告民众书

工友们！农友们！各界同胞们！

数千年来，我们呻吟于帝国主义、军阀、贪官污吏、大地主铁蹄之下，任他们摧残、杀戮，□□我们，欲灭我国。我们仍不知道吗？如去年五月廿九日，在上海日本纱工厂的时候，我们的工友，感其生活程度太多，乃群起要求厂主□□□□工资，以维生计。而日本之帝国主义者，觉得这样的要求，与他□□很大的权利。至五月卅日，□□□他们武装，开枪向我们的工友轰毙。我们国民，若作哀心痛狂，□□忍受。

现帝国主义者，横行我国，他们天良，已丧失了。而国内军阀、贪官污吏、大地主，就不惜我们的生命，互相勾结，狼狈为奸，□□我们的□□转于沟壑，比比散消四方。□□遍野，惨无天日，而良心又安在呢？

同胞们！同胞们！现我们自己联合一致，□□牺牲向帝国主义、军阀、贪官污吏、大地主□进攻，□□我们□□□□□□□复仇，□□一般民众，完全的解放，免受帝国主义□□□□□□，□□□□□□的街头，不□中国变成了朝鲜第二，则□□□□□□□，而含笑于九泉……

[1] 中共湛江市委党史研究室编：《南路农民运动史料》，广东人民出版社，1997年，第95—96页。

[2] “遂溪县人代会、农协会宣言等”，遂溪档案馆。按，此份文献已注明1962年12月从广东省档案馆抄摘。

我们最亲爱的同胞们！帝国主义、军阀、贪官污吏、大地主，现□命运快终了，我们的解放时期已到了，应即一致奋起反抗！

打倒帝国主义！

打倒卖国军阀及一切贪官污吏！

打倒大地主！

废除不平等条约！

雷州青年同志社遂溪分社

1925 年 6 月 23 日，英国士兵在广州沙基一带开枪镇压游行队伍，造成严重伤亡事件。1926 年 6 月 23 日，雷州青年同志社连同遂溪县农民协会联合发出《纪念沙基殉难烈士告各界同胞》传单，揭露帝国主义屠杀广州爱国群众的罪行，号召民众“联合起来，继承先烈的革命精神，猛烈向英、法帝国主义进攻，铲除其工具——吴佩孚、张作霖，以完成革命事业”。如下是“告同胞书”的内容：[1]

纪念沙基殉难烈士告各界同胞

各界同胞们！今天是什么日子呢？就是英法等帝国主义者□□□□的今天，在广州屠杀我们爱国的巡行群众的日子啊！这种□□酷□的残杀之所以发生，其近因□在去年五卅惨杀案之引□；其远因由八十年来我们受了帝国主义者强迫□□□一切不平等条约□□□□的结晶。所以，我们要中华民族求得自由独立，就只有□□帝国主义的羁绊、一切不平等条约的束缚。上海、青岛、汉口、九江、安东等处惨杀案件，就是中国人民争取自由独立的流血的表现。□六月廿三日的纪念日在中国民族革命史上是有极重大的意义。我们深知道帝国主义者要延长其生命，巩固其地位，挟一切不平等条约日日向我们示威耀武。今日在此地施其野蛮杀戮，明日在□处恣意□□□！

[1] “遂溪县人代会、农协会宣言等”，遂溪档案馆。按，此份文献已注明 1962 年 12 月从广东省档案馆抄摘。

冀□害尽了我国群众，其管了我国土地然后快。然而帝国主义者——英日法——见其直接以武力压迫杀戮，□起我们更加反抗，所以他们不□□□加谋，还资利诱一般军阀吴佩孚、张作霖——作其鬼儡，捣乱中国局面，以期扶持他们的命运。但是我们洞烛其奸，挑破其诡计，对于他们一切军略，更加防范，他们的命运不久崩坏了。同胞们，在此时□□，速起！速起！一致联合起来，继续先烈的精神，猛向英日法——帝国主义者进攻！同时，铲除其工具——吴佩孚张作霖，以完成革命事业！

遂溪县农民协会执行委员会

雷州青年同志社遂溪分社

一九二年六月廿三日

但雷州青年同志社终究是代表广大贫苦民众的利益，与劣绅地主阶层是水火不相容的。遂溪部分地主豪绅等群体随即组织雷州革命同志社与雷州青年同志社争斗。随后在1926年，国民党广东省党部决议两者解散。[1]黄学增的战友、时人纪继尧回忆说：“一九二五年十一月，广东省国民党就派洪铁鎏、洪铁保、王天一等反动头子回海康穿插入县国民党党部，逐步夺取中央农运〔特派员〕陈荣位等的领导权。在一九二六（按，应为五）年十二月，他们就组织‘海康革命同志社’（应为‘雷州革命同志社’）来有意地对抗陈荣位等前组织的‘雷州青年同志社’，致纠纷后，结果两社均被取消，表面上他们虽未获得什么大胜利，其实，雷州青年同志社是我们（雷州）三县革命巩固和发展的基础，被取消是革命的一个大失败。”[2]

团体的解散，对于雷州青年同志社作为一个革命社团而言，也许是历史任务完成，但它培育的种子却在不断发芽，为广东南路的解放作出贡献。

---

[1]《南路特别委员会工作状况概述》，见《黄学增研究史料》，第148页。

[2] 纪继尧:《大革命时期海康农会运动草录》，中共湛江市委党史研究室编:《南路农民运动史料》，广东人民出版社，1997年，第220页。

第二节 1923年早期的一段谜——或者是农民运动的初涉

从历史上看，中国国民党是由兴中会、同盟会、中华革命党等演变而来的，这些组织的建立和发展与自由资产阶级民主派、小资产阶级、知识分子和部分工人有着密切的关系。因而在国民党内部结构中，这几个阶层的人员中占优势地位。早期作为一个革命党，国民党长期活动于海外及城市，依靠的力量主要是资产阶级、小资产阶级阶层，自然地，对农民阶层不太重视是在所难免的。如在广州国民政府时期，孙中山曾对时任农民部顾问的德国人法朗克说过："迄今为止我和国民党还没有与农民接触。在国民运动中出现这一大的疏忽主要是由我的拥护者们的社会成分造成的。""我的大部分拥护者属于大学生的阶层、城市知识分子，有相当一部属于商界。因此，我们没有合适的人去深入农村，在那里扎根。"[1]

可以讲，在国民党"一大"前，国民党并没有把农民作为革命动员的主要对象。相对于国民党不同，中国共产党从建党之始即看到农民阶层的作用。如党的第一个纲领就明确指出："本党承认苏维埃管理制度，把工人、农民和士兵组织起来，并承认党的根本政治目的是实行社会革命。"事实上对于国共合作前的共产党来说，它对农民运动的重视程度远远大于国民党。1922年中国共产党即意识到："中国三万万农民乃是革命运动中的最大因素"，"大量的贫苦农民能和工人握手革命，那时可以保证中国革命的成功"。是年召开党的"二大"即提出了："必须有步骤有计划地在农村中进行鼓动工作。如果工人阶级不能得到哪怕是一部分雇农和贫农的拥护，不能用自己的政策去中立一部分其他农村居民，那就不能巩固自己的胜利。在目前这个时期，共产党在农村中的工作具有头等意义。这项工作主要应当通过同农村有联系的革命的工人共产党员去进行。放弃这项工作，或者把它交

[1] 载黄修荣主编：《共产国际、联共（布）与中国革命档案资料丛书》（1），北京图书馆出版社，1997年，第515页。

给不可靠的半改良主义者，就等于放弃无产阶级革命。”1923年6月召开党的“三大”通过了《农民问题决议案》，这是中国共产党专门就农民问题做出的第一个决议。它指出：“我党第三次大会决议认为有结合小农佃户及雇工以及反抗牵制中国的帝国主义者。打倒军阀及贪官污吏，反抗地痞劣绅，以保护农民之利益而促进国民革命运动之必要。”[1]党的三大的文件显示，当其时的共产党已经将农民当作革命的主力军对待：“只有能够吸引中国农民基本群众——小农——参加运动，这个革命才能取得胜利……因此，中国共产党——中国工人阶级的政党——就应力求工农联盟的实现。而达到这一目的之唯一方法，则就只有不倦地宣传和实际上实现土地革命的口号：如没收地主土地，没收寺院庙宇的土地，无代价的交给农民，取消苛租，取消现行税则，取消税卡，取消官僚制度，建立农民自治机关，以处理已被没收之土地等等。”[2]正是中共对农民问题认识比较深入，故在农民运动的开展方面是比较早的。如在1921年9月27日共产党员沈玄庐即在浙江萧山成立衙前农民协会；1922年彭湃在广东海丰地区发动农民运动，先后成立了六人农会、赤山约农会等。

对于1922年就加入中国共产党、系统接受过马克思主义理论教育、训练、党性极强的黄学增来说，深入这些地方从事农民运动毫无奇怪，毕竟他是从北部湾农村走出来的，对农村他是深有感情的。“一九二三年初，广州新学生社负责人阮啸仙（共产党员）深入花县发动组织农工协会，开办农民夜校……同年夏天，他和该社骨干黄学增、高恬波等深入花县的九湖、推广等乡区发动农民。在他们的帮助下，花县各乡区陆续建立农民协会，并开展与地主豪绅的斗争。”[3]可惜的是，这段对于1923年黄学增到花县

[1] 中央档案馆：《中共中央文件集》第一册（1921—1925），中共中央党校出版社，1982年，第5、3、42、118页。

[2] 中国人民解放军政治学院党史教研室编：《中共党史参考资料》第2册，1979年，第519页。

[3] 陈登贵：《一九二二至一九二七年广东农民运动综述》，载广州农民运动讲习所旧址纪念馆编：《广东农民运动资料选编》，人民出版社，1986年，第601页。陈登贵：《广州第三届农讲所主任阮啸仙》，载刘林松主编：《阮啸仙研究》，广东人民出版社，1985年，第139页。

从事农民运动描述的出处并不是很清楚。但不少著述是认同黄学增这段历史的。如杨绍练和余炎光共同撰写的《广东农民运动》：“一九二三年夏天，阮啸仙又率领‘新学生社’的骨干黄学增、韦启瑞、张善铭、高恬波等人，再次来到花县，先后深入到花东的九湖、联安、推广；花山的元田、宝珠岗、杨村；新华的公益等地，发动农民建立农民协会。”[1] 1997年中共花都市委党史研究室编写的《中共花县地方史》（新民主主义革命时期）亦是采用上述一模一样的内容。[2]而《花县志》的时间有些不同：“1923年冬天，阮啸仙率领‘新学生社’骨干黄学增、韦启瑞、张善铭、高恬波等人再次来花县，先后深入花东的九湖、联安、推广，花山的元田、宝珠岗，新华的公益等地，开展农运工作。”[3]又如张江明、刘林松的《阮啸仙思想研究》认为：“一九二三年七月八日，阮啸仙主持召开的团广州地区全体团员大会，就讨论了‘农民运动问题’，并提出要开展“农村调查”。在这之前，他和黄学增、彭刚侠、丘鉴志等分别到顺德、鹤山、花县、广宁的农村中进行宣传活动。组织农民夜校及平民阅报社，并特别注意从民团方面着手。”[4]湛江地区的党史则记曰：“（1923年）秋，黄学增在甲种工业学校毕业，由中共广东党组织派遣到花，与阮啸仙、周其鉴等人一道开展农民运动，在九湖、元田、宝珠岗等地宣传发动农民，组织农民协会，进行反封建斗争。”[5]据了解，新学生社正式成立的时间大约在1923年6月17日，社址在广州司后街四十五号。“社员已日见扩充，现在一百十人，遍十校，都是各校很活动的分子，而S.Y.居多数。”[6]而根据《新学生社组

[1] 杨绍练、余炎光：《广东农民运动》，广东人民出版社，1988年，第56—57页。

[2] 中共花都市委党史研究室编：《中共花县地方史》（新民主主义革命时期），1997年12月，第12页。

[3] http://lbzyj.com/newsdetail.asp?sn=150312665098。

[4] 张江明、刘林松：《阮啸仙思想研究》，载刘林松主编：《阮啸仙研究》，广东人民出版社，1985年，第30页。

[5] 中共湛江市委党史研究室编：《中共南路党史大事记》，广东人民出版社，1996年，第6页。按，考虑黄学增在宣讲员养成所读书的经历，从时间上考虑，他从甲工毕业的可能性很小。

[6] “阮啸仙致施存统信”（1923年6月19日），广东省档案馆、中共广东省委党史研究委员会办公室：《广东区党、团研究史料（1921—1926）》，广东人民出版社，1983年，第34页。按，S.Y.是英文Socialist Youth League的缩写，即社会主义青年团。

织大纲》第三条："已出校之学生，热心赞助本社者，经本社执行委员会认可，为本社社员。"[1]也就是说，即使不是学生，也是有可能成为新学生社的社员的。已有明确史料显示，韩盈、陈光礼、陈荣位等人皆是新学生社员，雷州青年同志社亦常与新学生社一起在广州参加国民革命活动。或者，在相关原始史料浮出水面之前，1923年黄学增这段的经历也许成为一个谜。但不可否认的是在1923年，确实有不少共产党党员、共青团员、黄学增的战友在从事农民运动。如阮啸仙在1923年给邓中夏、卜世畸信中就谈道："本区西北两江的农民运动，现在和西校合作，从民团方面着手。北江如花县、高塘等民团已由我们同志在中指导；西江如鹤山、广宁等处民团已由我们同志跑进去做教练，成绩亦不错，俟有实际，当做详细报告。"[2]北江的花县、西江的广宁在黄学增后期的生涯，或者说在1925年、1927年可谓是不可或缺的地方，这两个地方在1925—1928年期间是黄学增一直革命的地方。1923年，"陈式熹，丘鉴志，彭湃（按，此处的彭湃仍彭刚侠，梅县人）三同学均到鹤山当教员，他们很能努力于农民运动，一班农民也很表同情于他们。我们已以办农民夜学及平民阅报社，使他努力去干，式熹同学已进到民团里头当教练，此是很好的现象。"[3]陈式熹、丘鉴志后来皆就读农讲所第一届，与黄学增同学及成为第一批农民运动特派员。

第三节 广东南路初涉国共合作的工作

1921年6月22日至7月12日，张太雷代表成立不久的中国共产党出席了在莫斯科举行的共产国际第三次代表大会。他回国时，给共产国际在

[1] 广东省档案馆、广东青运史研究委员会办公室：《新学生社史料》，1983年7月，第4页。

[2] 广东省档案馆、中共广东省委党史研究委员会办公室编：《广东区党、团研究史料》（1921—1926），广东人民出版社，1983年，第38页。

[3] 《阮啸仙致实庵信》，广东省档案馆、中共广东省委党史研究委员会办公室编：《广东区党、团研究史料》（1921—1926），广东人民出版社，1983年，第40页。

中国的代表马林（原名亨德立克斯·斯内夫利特，荷兰人）带回了共产国际“三大”的有关文件。通过这些文件，马林认为“共产国际的新方针就是要求在落后国家实行无产阶级与资产民主派的联合，共同建立反帝联合战线。”遂分别向国民党与共产党提出建立合作关系的想法，他认为，“中国共产党只有加入国民党，才能有效地改造国民党，并利用国民党的组织开展工作，这样才能在中国的政治舞台上发挥重要作用。”[1]马林的想法当时遭到陈独秀等人的极力反对。1922 年 4 月 6 日陈独秀给另一位曾在中国待过的共产国际代表维经斯基信中谈道：“兹特启者，马林君提议中国共产党及社会主义青年团均加入国民党，余等则持反对之理由如左：（一）共产党与国民党革命之宗旨及所据之基础不同。（二）国民党联美国、联张作霖、段祺瑞等政策和共产主义大不相容。（三）国民党未曾发表党纲，在广东以外之各省人民视之，仍是一争权夺利之政党，共产党倘加入该党，则在社会上信仰全失（尤其是青年社会），永无发展之机会。（四）广东实力派之陈炯明，名为国民党，实则反对孙逸仙甚烈，我们倘加入国民党，立即受陈派之敌视，即在广东亦不能活动。（五）国民党孙逸仙派向来对于新加入分子，绝对不能容纳其意见及假以权柄。（六）广东北京上海长沙武昌各区同志对于加入国民党一事，均已开会议决绝对不赞成。在事实上亦已无加入之可能。第三国际倘议及此事，请先生（按指维经斯基）代陈上列六条意见为荷。”[2]但随着形势、环境的变化，在 1922 年 7 月中共“二大”上通过了《中国共产党加入第三国际决议案》，短短的 217 个字正式决定了中国共产党与共产国际的关系：“无产阶级是世界的，无产阶级革命也是世界的，况且远东产业幼稚的国家，更是要和世界无产阶级联合起来，才足以增加革命的效力。现在代表世界的无产阶级为世界无产阶级革命大本营的，只有俄罗斯无产阶级革命后新兴的第三国际共产党。第

---

[1] 苏若群、姚金果著：《第一次国共合作始末》，中共党史出版社，2016 年，第 24、26 页。

[2] 中央档案馆:《中共中央文件选集》第一册(一九二一～一九二五),中共中央党校出版社,1982年,第 15 页。

三国际共产党，是和一方面利用无产阶级另一方面供资本帝国主义利用的第二国际，正立在对抗的地位，中国共产党既然是代表中国无产阶级的政党，所以第二次全国代表大会议决正式加入第三国际，完全承认第三国际所押运人加入条件二十一条，中国共产党为国际共产党之中国支部。”[1]随后，为了贯彻执行共产国际的战略策略，共产国际在中国的代表马林先与张太雷、陈独秀、邓中夏等中共领导人及张继、孙中山等国民党领导人会面，双方反复会谈国共关系和合作事宜。根据马林的提议，1922年8月28日至30日，中共中央在杭州西湖召开特别会议，参加这次会议的人员有陈独秀、李大钊、蔡和森、张国焘、高君宇、马林、张太雷7人。杭州西湖会议上，中共中央做出了党的领导人率先加入国民党的决议，李大钊、陈独秀等人并于是年9月份由孙中山亲自主持入党仪式而加入国民党，国共合作实际初步开展。到了1923年1月12日，共产国际执委会通过了由拉狄克起草、由马林和维经斯基修改的决议，名为《关于中国共产党与国民党关系问题的决议》。这就是共产国际关于国共实行党内合作的正式决议。“一、中国唯一重大的民族革命集团是国民党，它既依靠自由资产阶级民主派和小资产阶级，又依靠知识分子和工人。二、由于国内独立的工人运动尚不强大，由于中国的中心任务是反对帝国主义者及其在中国的封建代理人的民族革命，而且由于这个民族革命问题的解决直接关系到工人阶级的利益，而工人阶级又尚未完全形成独立的社会力量，所以共产国际执行委员会认为，国民党与年青的中国共产党合作是必要的。三、因此，在目前条件下，中国共产党留在国民党内是适宜的。……七、只要国民党在客观上实行正确的政策，中国共产党就应当在民族革命战线的一切运动中支持它。但是，中国共产党绝对不能与它合并，也绝对不能在这些运动中卷起自己原来的

[1] 中央档案馆:《中共中央文件选集》第一册(一九二一～一九二五)，中共中央党校出版社，1982年，第39页。

旗帜。”[1]同年6月12日至20日在广州召开中共“三大”，会议的中心议题之一仍为国共合作问题。会议通过的《关于国民运动及国民党问题的议决案》明确提及：“工人阶级尚未强大起来，自然不能发生一个强大的共产党——一个大群众的党，以应目前革命之需要。因此，共产国际执行委员会议决中国共产党须与中国国民党合作，共产党党员应加入国民党。中国共产党中央执行委员会曾感此必要，遵行此议决，此次全国大会亦通过此议决。”一方面“我们加入国民党，但仍旧保存我们的组织，并须努力从各工人团体中，从国民党左派中，吸收真有阶级觉悟的革命分子，渐渐扩大我们的组织”；另一方面“我们须努力扩大国民党的组织于全中国，使全中国革命分子集中于国民党，以应目前中国国民革命之需要。”[2]随后在1924年1月，中国国民党第一次全国代表大会召开，重新解释了三民主义，确立了联俄、联共、扶助农工的三大政策，为国共合作奠定了政治基础。同时大会确定了中国共产党党员和社会主义青年团以个人身份参加国民党的原则。中国国民党“一大”的召开标志着第一次国共合作正式形成。当时，很多中共党员和共青团员加入国民党，一方面协助国民党发展党务，另一方面以国民党员的身份开展对农民运动的组织工作。

国民党“一大”以后，根据中国共产党中央的决议，黄学增以个人名义加入国民党，并根据党的决议，回到家乡雷州半岛协助国民党发展基层组织。当其时，中国共产党的不少文件都在要求加入国民党的跨党党员积极参加到国民运动中去，协助国民党发展基层组织，以便促进国民革命的进行。“我们须努力扩大国民党的组织于全中国，使全中国革命分子集中

---

[1]《马林第三次来华和中国共产党第三次代表大会》，中共中央党史研究室第一研究部编：《共产国际、联共（布）与中国革命档案资料丛书》第2卷，北京图书馆出版社，1997年，第436—437页。转苏若群、姚金果著：《第一次国共合作始末》，中共党史出版社，2016年，第54—55页。

[2] 中央档案馆：《中共中央文件选集》第一册（一九二一～一九二五），中共中央党校出版社，1982年，第115—116页。

于国民党，以应目前中国国民革命之需要。”[1]“国民运动之主要动力固然是国民党，而国民党之力量必须建设在各种人民的组织上面，必须以国民党的名义去创造或参加各种人民的组织。”[2]“本党以后一切宣传、出版、人民组织及其他实际运动，凡关于国民革命的，均应用国民党名义，归为国民党的工作。”[3]

雷州半岛国民党组织的发展可追溯到中国同盟会时期，同盟会在雷州半岛的分会应是国民党组织的前身。1910 年底，孙中山先生胞兄孙眉（字德彰，号寿屏）就潜至广州湾租界，化名黄镇东、刘汉生，设立秘密机关，联络同志，发展同盟会员，随后被任命为同盟会南方支部副支部长（正部长为胡汉民）。如 1911 年 7 月 15 日孙眉写给其儿子孙昌（字建谋）的家信中就提及：“字示男建谋知之：父有信你二叔，筹舟资费打法（按，“法”即“发”）你等一齐回来。父在广州湾运动高雷两府人民，数月经营，今得两府民智大开，高州六县人民入会者源源不断。旧年（按，即“去年”之意，1910 年）十一月，父到湾时，觅得地方一所，创立机关，外面开一药房，名叫祐生药房，此地方面，并无西医及西药房。今民智开通，用西药者大不乏人，今虽有药房，亦无西医，故望你速即与二叔商量筹舟资，速回来料理药房事务，极之合宜。高属革命风潮，日进千丈。各府州县清官不敢出来干涉。父在此地办事平安，见字不用介怀。父德彰字，辛亥（按，即 1911 年）七月十五日湾付。”[4]在孙眉等人的努力，雷州半岛同盟会略有发展，出名的同盟会成员有杨益三（遂溪黄略文车村人）、陈鹤舫（吴川泗岸埗上村人）、李汉魂（吴川岭头村人）、梁海珊（高州人）等人；

---

[1]《关于国民运动及国民党问题的议决案》，见中央档案馆：《中共中央文件选集》第一册（一九二一～一九二五），中共中央党校出版社，1982 年，第 116 页。

[2]《国民运动进行计划决议案》，见中央档案馆：《中共中央文件选集》第一册（一九二一～一九二五），中共中央党校出版社，1982 年，第 147 页。

[3]《同志们在国民党工作及态度决议案》，中央档案馆：《中共中央文件选集》第一册（一九二一～一九二五），中共中央党校出版社，1982 年，第 181 页。

[4] 2014 年 12 月 6 日广东中山市孙中山故居纪念馆举办《兄弟同心：孙眉与孙中山》珍贵文物史料展览。

廉江还成立中国同盟会粤支部廉江分部，部长为江琮（玉泉、山渊）。其后虽然经过国民党、中华革命党、中国国民党的阶段，但由于雷州半岛一直由于陈炯明、邓本殷等军阀的势力范围，加上广州湾为法殖民者管辖的区域，国民党组织一直都没有得到很好的发展。如 1921—1922 年间廉江已存在分部，分部长是潘林雄[1]但至 1924 年 2 月，国民党廉江分部党员人数仅为 10 人，[2]1921—1922 年遂溪分部长是黄荣，具体人数不详。其后我们在 1922 年 3 月印刷的《省立第一甲种工业学校同学录》中发现黄荣的姓名。黄荣，别号见龙，遂溪人，时为染织本科三年级学生，与周其鉴、罗国杰等人为同班同学，通信地址为广州湾寇竹新市公局转。寇竹，亦称库竹，库竹为“寇竹”雷州话转音，据说宋朝官员寇准被贬雷州逝世后，灵柩曾停于此渡，因此得名。寇竹乡时与法租借地广州湾太平市接壤。再，黄学增在 1926 年写成《广东南路各县农民政治经济概况》里也谈到黄荣，“他是该区（按：指遂溪第四区，管辖寇竹乡、文里乡、城月市乡等）区长，颇肯努力工作，但名利心稍重”。[3]根据雷州半岛国民党组织的情况，黄学增在 1924 年国共达成第一次合作后，奉命回到家乡发展国民党。黄学增以他卓越的才能与丰厚的革命理论水平，一方面发展当地的国民党基层组织，另一方面大力发展倡导国民革命；他的努力遂引起当地多支敌对势力——如法殖民地政府、陈炯明势力集团等——的恐惧，遂遭受他们的追杀与通缉。

1924 年 5 月 26 日黄学增等人向国民党中央执行委员会发出请愿书：“为请愿事，窃查雷州伪善后处处长陈学谈即陈焕……于本年二月四日捕党员黄汝南梁竹生（均遂溪人），在雷垣惨刑处死。复相继通缉党员黄荣、

---

[1] 按：潘氏后担任遂溪县第六区区长，在 1927 年 4 月时因税务之争被乐民农会扣押，引发了“海山暴动”。

[2] 转见（日）深町英夫著：《近代广东的政党·社会·国家——中国国民党及其党国体制的形成过程》，社会科学文献出版社，2003 年，第 204、202 页。

[3]《中国农民》第一卷第四期（1926 年 4 月 1 日），湘潭大学出版社《红藏·进步期刊》系列影印本，2014 年，第 412 页

黄学曾、黄河丰、方景、黄汝清等，种种罪恶实为罄竹难书。噫雷祸极矣，倘非迅即厉行绝对剿缉，该贼则残喘，雷民将必同归于尽。是以学曾等用特沥情呈诉恳钧会迅赐议决，分行指日痛剿，令缉该悍贼陈学谈，俾免法外逍遥而拯黎庶。”[1]“自土匪头陈学谈受逆命，擅称雷州伪善后处长之时，该探以捣乱时机已至，始则合同陈逆学谈解散雷州各县国民党分部，捕杀遂溪国民党分部党员黄汝南、梁竹生，通缉党员黄学曾、黄荣、方景等”。[2]文书中虽言陈学谈是伪善后处处长，其实陈氏当时主要职务还是法殖民政府属下的广州湾赤坎公局局长。在1898年侵占广州湾后，法国为了推行其殖民统治政策，初期，以西营为首府，把租界划分为四大行政区管理，即硇州区、东海区、坡头区、赤坎区，并在这些区建立中层行政机关，每行政区设一名高等参办，由法当局派员充当。同时在各区的繁盛乡镇设立公局，由地方人士推选公局长，每届任期三年，可连选连任。这是法国殖民主义者统治广州湾租界人民所设的地方政权机构，法帝的殖民统治政策是通过法公局这一级机构来贯彻实施的。陈学谈即是当时赤坎公局局长。由文中，我们不难发现，至少在1924年2月4日前黄学增已回到雷州半岛发展国民党组织。被捕杀的黄汝南、梁竹生情况不详。通缉中的黄荣，除上述内容相关信息外，另有新中国成立后黄学增的战友——周纪有回忆曰：“在农村期间，战友韩盈、黄荣（可能是化名）等革命同志都到农村和周纪联系，大家吃住在一起，时间大约半个月。”[3]黄河丰（即黄河沣），海山村人（村落距离敦文村不远），是顽固的国民党员右派分子，极其反动，后来曾任遂溪县县长、1927年的“清党委员会”委员等职。

---

[1]《黄学曾请愿书》，中国国民党汉口档案，中国社会科学院近代史所藏。这份请愿书寄出地址是长塘街金鱼塘遂溪学会，落款人包括如下这些人员：雷州国民党员 黄学曾（印）、薛文藻（印）、黄荣（印）、韩盈（印）、陈家聪（印）、陈光礼（印）、黄广渊（印）、田迺瑛（印）、黄斌（印）、余冕（印）、邓成球（印）、陈荣福（印）、陈进修（印）、陈荣位（印）、陈炳森（印）、黄杰（印）。

[2]《党员黄学曾等请愿书》，中国国民党汉口档案。中国社会科学院近代史所藏。

[3]许和达：《黄学增的战友——周纪》，政协湛江市委员会学习和文史资料研究委员会编：《湛江文史》第23辑，2004年，第528页。

方景，资料比较少，不清楚何处人，几乎没有文献记载。但在新中国成立后的纪继尧回忆中有所提及：“一九二七年某月，农会完全解散，杨枝水在洋村，塘边村一带，领导组织农民地下军，准备暴动。上面也派方景同志在赤坎暗中组织中央地下机关，秘密联络海遂农会旧人员。”“（1928年）后国民党镇压太严，日日趋势恶劣，无从下手，方景等领导人有的回去上面，有的往安南，中央又无联络，所以当地人员分散为隐。”[1]在这里，纪氏回忆中提及1927年方景在赤坎组织的地下机关，目前无论是湛江市党史资料、赤坎党史资料，抑或是广东省党史资料都没有提及。不知为何？不知道当时方景是否是跨党的共产党员，但至少在1927年他一定是共产党员了！黄汝清的详细情况不详，另在当地党史文献上，有一段有关黄汝清后期的记载：1944年8月，中共南路特委在遂溪以老马为中心举行武装起义，遭受到以国民党军队为首的反动武装围剿。10月，起义部队进入到遂溪西南区，随后决定对西南区的海山村进行统战工作。海山村邻近敦文村，是大革命时期不少革命人士的故里，亦是顽固反共分子、国民党官僚黄河沣的老家。当其时，黄河沣不在家，“其胞弟黄河澧和以经商为业的黄汝清两人是村中头头”。“部队到达海山村一带后，随即对黄汝清、黄河澧开展统战工作，同时召开全村群众大会，宣传共产党的政策，消除群众的各种疑虑……队伍迅速扩大到300多人。”但“起义部队在开展统战工作方面执行了过‘左’的政策，……根据雷州地区党组织负责人的指示，把海山村的黄汝清抓了起来，要海山村用钱和枪支来换人。海山村按要求交出了几千元和几支枪之后，黄汝清却没有得到释放，而是被秘密杀了。此事当即引起海山全村群众的不满，黄河澧随即乘机组织反动武装，与共产党和革命武装对抗”。[2] 1924年7月，4位留省雷州籍学生（陈鹏、符孔扬、蔡幹材与陈善）经广州湾西营回家途中，“法国政府袒助，陈学谈

---

[1] 纪继尧：《大革命时期海康农会运动草录》，中共湛江市委党史研究室编：《南路农民运动史料》，广东人民出版社，1997年，第224、225页。

[2] 中共遂溪县委党史研究室：《中国共产党遂溪地方史》（第一卷），中共党史出版社，2004年，第190—191页。

嗾使巡捕将该生等捕逮拘禁在赤坎公局，惨加虐待。”黄学增在广州的主要活动团体——遂溪留省学会、海康留省学会、徐闻留省学会三团体即向中国国民党中央执行委员会上书控告陈学谈：“国际地位原重各享平等独立之权，国内法规本与人民身体自由之利，两关法定，奚待赘陈？查广州湾自被法人占据以来，对本国人民常施压迫，近复勾结雷州伪善后处长兼赤坎公局长陈学谈作俑其间……”为了“保人民而维国脉，收领土而复主权”，请求孙中山、伍廷芳、廖仲恺和许崇清等一致向广州法领事交涉。[1]

或许黄学增在家乡发展国民党情况比较好，或许黄学增已在当地国民革命圈颇有地位，即使后来黄学增回到广州从事另外国民运动工作，但广州湾的敌对势力仍然对他恐惧，还派人前往广州刺探黄学增的情况。1924年7月23日《广州民国日报》以“陈学淡（谈）大捕学生 原来是土匪头”为题，登刊一则报道曰：“雷州伪善后处长兼广州湾赤坎公局长陈学淡（即雷州著名土匪头）历年勾结广州湾法政府之败类，焚杀雷州，雷人恨之入骨，日益加甚，即印发传单，宣布该匪罪状，因此该匪甚含恨雷州旅省各界，尤其是含恨黄学曾、陈家聪等。上月该匪侦知学曾有行李书籍印刷品等件，放在坎义利号，即差人到店将物件搜去，并将店伴三人拘去监禁，后经各商店盖章取保，赤始将三人放出。迄本月初八日，留省学生陈鹏陈善等六七人，由香港搭河内船经广州湾西营返家，船抵西营时，该匪侦知，命伯长将陈等六七人拿入西营绿衣楼，越日将陈等押赴赤坎公局拘禁。该匪党徒梁道济等，多端凌辱，状极难受。现雷州在省各界，以法政府无故拘拿学生，交与该匪，甚为愤激，拟联请政府向沙面法领事提出抗议，以保学生自由云。”1924年7月26日《广州民国日报》继续刊登相关这方面的消息——“又捉获逆党恶探陈磊夫 原来是陈怀琦”：“雷州伪善后处长陈学谈，派海康分庭检察官陈怀琦，一名陈禹铸，假名陈磊夫，潜来省城，刺探军情，以思祸国害乡，于廿三晚十二时，为公安局特别侦缉处侦知，不动声色，在西湖街公益旅

[1]《遂溪留省学会上中执会呈》，1924年8月4日，中国国民党汉口档案；中国社会科学院近代史研究所藏。

馆二十七号房，将该探捉获。于廿四日解赴公安局。查该探为陈逆学谈健将，所有陈逆解散国民党党部捕杀通缉国民党员，强夺公枪，开铸伪银，协编民团，诛勒商民，及拿捕学生各事，均为该探主谋。现雷州在省国民党员，以该探罪恶贯盈，经联名到局指证，请求严办，但尚有与该探关系密切之吴某谢某等，极力为该探奔走求保云。”

根据相关资料，1881 年陈学谈出生于遂溪铺仔北月村（现湛江霞山区北月村）的一个贫困家庭，小时候因家贫而辍学，一直都是文盲，或者说几乎大半生是不识一字。成年后曾混迹于赌场和烟馆。他的发迹全靠拳头打拼出来，1910—1911 年，广州湾总公使的西贡籍秘书到西营后任命他为海头墟民团团长。至于他如何在鸦片贸易中致富发家和成为赤坎乡绅，这些都无从得知。当时广州湾法国殖民者曾说到，“必须承认，赤坎、志满、铺仔和太平的绥靖和安全更赖于此位忠义、热心的助手，而非我们自己的努力”。在 1914—1915 年，陈学谈已成为广州湾“富商”，拥有巨额财富（估计约 4 万皮阿斯特）和大批不动产。据了解，在 1914 年 12 月 10 日，广州湾殖民地政府驻赤坎副公使兼市长戴维（David）应赤坎商界的要求任命陈学谈为“绥靖长官，赤坎商团团长”；虽然法国相关部门对此不同意，甚至“认为这将给（当地）社会秩序混乱埋下祸根，不宜提倡，因此要求立刻撤销任命，并成立真正的治安力量，取代私人治安力量”。[1] 但此时陈学谈已通过向当地商贾募集资金，招募队员了。在 1916 年 4 月 1 日，陈学谈被当地殖民地政府任命赤坎公局局长。为 5 月 21 日，赤坎被殖民地政府升格为自治市，拥有自己的预算权。陈学谈手上掌握的私人力量随后被整编为赤坎市治安队，成为公共治安力量。但按照权限职责，陈学谈的管辖也只是殖民地的赤坎范围，且是维护秩序而已。1922 年 10 月，陈学谈计划“担任遂溪县署理县长”而之前他却已根据殖民地政府的意思拒绝陈炯明授予“雷州善后处处长”之职。即使如此，在法国殖民政府看来，在“时局如此纷乱频仍

[1]（法）安托万·瓦尼亚尔著，郭丽娜、王钦峰译：《广州湾租借地：法国在东亚的殖民困境》（下卷），暨南大学出版社，2016 年，第 164—165 页。

和弊病丛生，而其他所有考量都被搁置在旁，陈学谈不能牵涉我们卷入广东混战不已的军阀争斗之中。我们务必避免干预中国的政治事务，尤其是孙逸仙煽动者的政党和广州新掌权者（按，指陈炯明及其追随者。）之间，否则将挑起危险的棘手困难。我们务必尽力恪守中立态度。”要求陈学谈不能接受遂溪县长之职，哪怕有当地乡绅所谓的挽留之说：“倘陈县长去职，不恃属内人民受害匪浅，即贵租界与敝县毗连，唇齿相依，恐亦不免受多少影响。素叨睦邻至意，感激无涯。伏乞转请东法全权大臣俯顺舆情，核准陈县长留任，以维危局。则遂属人民之受赐，实靡有涯也。”仍然要求包括陈学谈在内的殖民政府相关人员不要涉足中国内部纷争。面对法人的压力，陈学谈似乎是被迫辞去遂溪县长一职：“您的信件知会，由于我同时担任遂溪县官职和赤坎市的公局长可能造成不便，加上印度支那总督关于我的情况的建议。作为回应，我辞去兼任的职务。我荣幸地向您介绍马英先生，他已被提名为接替我担任遂溪县长的人选。”“我已经发出一份电报催促上述继任者前来遂溪上任。万一县长工作交接有所延误，我将被迫应对即将抵达雷州的黄明堂将军，派一位官吏到遂溪暂代我的工作，直到我能符合总督先生的良好意愿。”[1]

虽然法殖民政府如此命令赤坎公局局长陈学谈，但似乎陈学谈却是有着自己的算盘打算的，仍然保留着自己的武装力量。1924 年 6 月 9 日《广州民国日报》以《高雷陈军内乱倾轧》为题报道曰：“高雷陈军第二十七旅长兼雷州善后处长陈学谈，于五月十九号，被邓承(苏)孙诱学谈部入驻雷州，将学谈所部枪支缴去，约七百支，并将办事职员全数拘留，学谈避窜广州

[1] 相关材料选自法国艾克斯国立海外档案馆（Archives nationales d’outre-mer）印度支那总督府档案的 56499 号案卷；转见广州湾资讯公众号 2018 年 1 月 14 日《谁能选遂溪县长？》（该文是七则来自法国艾克斯国立海外档案馆的材料）。按，黄明堂（1866—1938），广西钦州人，早年为会党成员，先后参加中国同盟会所发起的镇南关、云南河口起义。1916—1922 年间，先后领兵参加讨龙（济光）战役、援闽战役和驱桂运动等。“六一六事变”后，黄明堂支持孙中山，以廉州和北海为基地，活跃于粤西南一带。1923 年 9 月，北海和廉州城先后被支持陈炯明的邓本殷等人之南路八属联军攻陷，黄明堂养子黄日安被杀。1925 年，黄明堂部被蒋介石所领导的国民革命政府解散，闲居广州。

湾，不胜愤怒，遂暗将遂溪各属民团，集中新桥城月各处，联络黄明堂旧部，希图围攻某处。闻林部已令第六路总指挥梁某，率部猛攻廉江各处，以绝逆军之后援云。”1924年8月19日《广州民国日报》以《南路陈军内讧未已》为题提及：“太平洋社云，高雷陈军内部发生变化，已志前报。兹据高州讯息，邓承荪、陈学谈，现仍在相持中。陈学谈以兵力比邓薄弱，未敢深入邓地，只恃广州湾为根据；而邓亦以广州湾系属法国租界，不能越境，故双方均为力量所限，尚无若何剧战。然陈之能据广州湾为阵地者，以陈身任广州湾华民公局局长，生杀有权；邓亦无如之何也。刻邓以林申等部节节布防，战事在所不免。而自量能力，虽非林申所敌，但不能无所准备。故邓氏日来筹划作战异常忙碌。高城驻军经完全调赴安铺，即各军官家眷，亦已迁返海口或港澳，高城商民睹此情形，故亦顿作恐慌之象，其稍有资财者，均相率迁徙云。”事实正是如此，在后来，陈学谈长期与共产党人作对，1929年破坏中共广东南路组织，逮捕了南路特委主要负责人，并将他们移交给国民党反动势力。“广州通信　南区共党朱也赤黄平民等，迭在茂名信宜各县设立（机）关，杀人放火。朱自称为共党南路总司令，黄则自称为共党前南路执委，纠率党羽，到处糜烂地方。后经十一军第二十四师积极围剿，朱黄等遂窜匿广州湾，仍暗设暴乱机关，及分派党羽，潜入内地散布印刷品。二十四师一面派队在梅菉水东各处搜缉其党羽，一面派探赴广州湾侦查其机关。当先后查悉其总机关名曰大学堂，中机关名曰中学堂，小机关名曰小学堂，设置异常秘密。于是会同梅菉警察局长及南区善后署特派员，赤坎公安局警兵，在广州湾之赤坎埠，破获共党机关三处，拿获朱等反其党羽共十余人，并搜出广东南路总指挥大印一颗，各种印信重要文件反动宣传品三担，设法引渡朱黄等。旋据法领函覆，除将无确□犯罪证据者释放外，其余悉照引渡，并谓此后广州湾政府，始终帮助。”[1] 1929年的《广东民政公报》亦的有相关的说法：“第八路总指挥部函开，现据第十一军军长陈铭枢呈称，呈为呈报并请特奖事。窃据联部兼第二十四师师长蒋光鼐呈称，

[1]《申报》1929年1月29日。按文中一些用词，乃国民党诬蔑共产党用词。

据职师七十一团团长丘兆琛呈称，职团特派员冯文协同第八路总指挥部特派员梁武山军部特派员胡日贞，侦探结果得悉首要共匪朱也赤等，在法租界广州湾赤坎街内设有机关三处，并藏匿重印信文件，所在报告请示办法前来。当嘱梅菉警察局局长陈蓼楚，于十二月八日到广州湾与赤坎公局磋商，派出法差将共匪各机关，一律破获，交拘有匪首朱也赤及陈妹胡亚安（即刘汉）聂都山（即聂阳光）王进芬陈周鉴林伯全易永言张秀莲等九名，及方圆大印各一颗印刷品数担，解回赤坎公局，分别押存。讵该匪多方运动法官，借口国事犯不予引渡。职闻讯，即于九日亲往指明该犯等，均系杀人放火之土匪，历经我国通缉有案，几度交涉，方允通融办理。一面由法吏驱逐出境，并将日期地点，先行通知，一面由我方预派军队，在租界外作半引渡式之接拿。"[1]

事实上，陈学谈等敌对势力对黄学增的敌视似乎一直都在延续着。1926年6月黄学增写给罗绮园信提及："六月廿五日，我刚从广州到梅菉，因为雷州方面党务和农运工作，须我去指导，故于廿七日又从梅菉起程赴雷州。本来从梅菉赴雷州，经过广州湾路程较近而且易行，但广州湾法帝国主义及其走狗——一般反革命派极其痛恨我，每想伺而食之。不得已，是日从梅菉绕道吴川，决定从吴川至黄坡、龙头岭、企坎、直趋遂溪之新埠以入麻章，出安铺而抵雷州城。"正是这次行程，黄学增遇上了土匪，被劫去银圆、手表、衣服、纪念章、职员证章等物件。"本来此处经过吴川之龙头岭一带，在梅菉早已知道有土匪的，不过为着党和农民的利益，不得不去，而且一个真正的革命党人，时时是准备牺牲的。"[2]后来罗绮园在第二次农民代表大会上作报告时，也专门提及此事。"土匪民团进攻农会的情形……土匪一方面攻打农会，另一方面又混进农会。南路更是随处都行不通，黄学增同志最近曾被土匪掳去，结果欺骗土匪，说自己是小学教师，生活很苦，

[1] 广东秘书编译室：《广东民政公报》《公牍·令》，1929年第三期，第18—19页。按，文中一些用词，如"共匪"等，乃国民党诬蔑共产党用词。

[2] 黄学增：《吴川遇险情形》，《犁头》第十一期（1926年7月21日），湘潭大学出版社《红藏·进步期刊》系列影印本，2014年，第290—291页。

并非机关里面的职员，后来算是被骗倒了，并且还骗得一元六角钱走。”[1]

至于 1924 年 7 月 23 日《广州民国日报》提及的“学曾有行李书籍印刷品等件，放在坎义利号，即差人到店将物件搜去，并将店伴三人拘去监禁，后经各商店盖章取保，赤始将三人放出”。按，据抗战时期韦健调查，赤坎法国大马路（现中山二路）仍有义利行商号存在。[2] 说明黄学增与家乡时有联系，也利用在广州读书、工作的机会，将先进的知识向家乡人传播。遂溪党史有载：“在广州等地开展革命活动期间，经常给家乡青年同学寄回各种进步书刊，向家乡青年介绍和宣传新文化思想、五四运动思想以及社会主义、共产主义思想。其时，各种进步书刊源源不断地涌入遂溪、遂溪县立第七小学（在麻章）、遂溪中学、遂溪简易师范、雷州省立第十中学等地的青年教师和进步学生也相互传阅进步书籍，救国救民思想逐渐在这些青年师生中传播开来……为开展革命运动奠定了重要的思想基础。”[3] 1942 年曾参加过延安文艺座谈会的邑人郑星燕回忆中也提及：“学习所在的麻章圩县立第七小学，是我县（按，指遂溪县）革命运动中心之一。”[4]

通过 1924 年黄学增与陈学谈之间的关系，我们不难发现，虽然国民党在 1924 年在广州建立大元帅府、在 1925 年建立国民政府，但由于国民党在组织网络、自主性及内聚力三个层面全面弱化，使其在地方管理、组织建设中处于绝对劣势，同时还被乡村劣绅、土匪恶霸势力裹挟、俘获，尤其在军阀占据的地方表现更加明显，如何在帝国主义、军阀包围的环境进行国民革命？对国民党而言，举步维艰。

---

[1] 广东省档案馆、中共广东省委党史研究委员会办公室编：《广东区党、团研究史料（1921—1926）》，广东人民出版社，1983 年，第 388 页。

[2] 韦健：《广州湾商业指南年鉴合辑》，（香港）东南出版社，1943 年，第 46 页。

[3] 中共遂溪县委党史研究室：《中国共产党遂溪地方史》第一卷，中共党史出版社，2004 年，第 23 页。

[4] 郑星燕：《关于 1925 年以后遂溪和南路革命活动的一些情况》，中共遂溪县委党史研究室编：《历史回顾——新民主主义时期遂溪革命回忆录》（第一辑），2003 年，第 27 页。

第四章

农民运动讲习所、农民运动特派员及宝安创建党组织

1924 年 1 月中国国民党第一次代表大会的召开，标志着国共第一次国共合作正式形成。国民党一大通过了《中国国民党第一次全国代表大会宣言》，确定全力扶助农民运动的政策，但如何落实这一政策，如何开展广东农民运动，如何宣传组织动员农民参与到国民革命中来，无疑是摆在国共两党面前需要思考的问题。毕竟，当时大多数农民还沉睡在宗法社会里，家族亲属地方观念非常严重，他们处在独立生产者的环境，日出而作日落而息，靠天吃饭并不感政治的需要。同时因循保守的性格，亦害怕任何性质的社会变动，害怕尝试新的东西。如何改变农民的思想，以何形式来免除群众参加国民革命的后顾之忧，自然是国共合作进行国民革命需要考虑的问题。在当时，针对农民运动人才缺乏的情况，富有农村斗争经验的共产党人首先提出办学培才的形式，开办农民运动讲习所，培养农运人才。黄学增在 1924 年 7 月入读农讲所，成为农讲所第一届学员，毕业后作为国民党中央农民部农民运动特派员，积极投身广东农民运动热潮中去；在农民运动活动中，在广东各地相继建立中共党组织，其中深圳宝安即是其中一个。

第一节　第一届农民运动讲习所学习

1924 年 1 月 20—30 日，中国国民党举行了第一次全国代表大会，这是中国国民党自成立以来第一次召开如此规模的大会，亦是国共携手合作的盛会，大会参加代表有李大钊、谭平山、毛泽东、林祖涵、瞿秋白等共产党人，它标志着当时中国两个最先进的政党在反帝反封建的旗帜之下走到了一起。大会一致通过了《中国国民党第一次全国代表大会宣言》，重新解释了三民主义，确立了联俄、联共、扶助农工三大政策。宣言充分肯定农民在国民革命中的地位和作用：“中国以农立国，而全国各阶级所受痛苦，以农民为尤甚。”“其要求解放之情至为迫切，则其反抗帝国主义之意亦必至为强烈。故国民革命之运动，必恃全国农夫、工人之参加，然后可以决胜，盖无可疑者。”宣言明确了国民革命的目的在谋农民之解放：“盖国民党现从事于反抗帝国主义与军阀，反抗不利于农夫、工人之特殊阶级，以谋农夫、工人之解放，质言之，即为农夫、工人而奋斗，亦即农夫、工人为自身而奋斗也。”重申要“改良农村组织，增进农人生活”。“国民党之主张，则以为农民之缺乏田地沦为佃户者，国家当给以土地，资其耕作，并为之整顿水利，移植荒徼，以均地力。”更重要的是强调国民党要扶助农民运动：“国民党于此，一方面当对于农夫、工人之运动，以全力助其发展，辅助其经济组织，使日趋于发达，以期增进国民革命运动之实力；一方面又当对于农夫、工人要求参加国民党，相与为不断之努力，以促国民革命运动之进行。”[1]同时在组织机构方面也表达了对农民的重视——农民部是成立的八大部委之一：组织部、宣传部、工人部、农民部、青年部、妇女部、调查部、军事部。此八大部连同秘书处，归属中国国民党中央执行委员会管辖。执委会常务委员时为廖仲恺、戴季陶、谭平山三人。

国民党中央农民部第一任部长是林祖涵，秘书是彭湃，两人均为中共党员。[2]按照决议，农民部仍为“专理农民事宜”的中央一级部门。根据规定，农民部的职责大致包括如下几个方面：“（一）详细调查农民状况及各省田地面积并其分配方法……（二）调查农民组织之目的及其形式；（三）各省通行之税法；（四）制订农民运动计划；（五）出版关于农民状况之小册子及传单；（六）计划召集农民会议，设立本党一种土地政纲，并建立本部之基础使之能代表农民利益；（七）与农民发生关系时，应出版一种农民报，此事应与宣传部联合；（八）农民报未出版以前，至少每两星期将调查结果及农民现况，如组织斗争等类报告于宣传部一次。此种报告在党报上及其他宣传机关上发表。”[3]1924年3月19日，在国民党中央执行委员会第

[1] 荣孟源主编：《中国国民党历次代表大会及中央全会资料》（上），光明日报出版社，1985年，第16—19页。

[2] 荣孟源主编：《中国国民党历次代表大会及中央全会资料》（上），光明日报出版社，1985年，第67页。

[3]《中国农民》第一卷第二期（1926年2月1日），湘潭大学出版社《红藏·进步期刊》系列影印本，2014年，第157—158页。

十五次会议上，农民部提交了“制订农民运动计划案”让执委会审议。“为增进农人生活的起见，如自耕农受官吏的苛待，佃农受地主的苛待，雇农受雇主的苛待，次之又受到军阀的剥削，土匪的抢劫等。故欲除种种痛苦，非三民主义实现不可。所以要求三民主义之实现，非有大联合的强健的团体组织，扫除一切的障碍不为功，是以组织各种团体。”[1] 1924年6月18日《广州民国日报》亦为国民党此举措助威：“国民党为求促醒农民，为自己之利益，起而组织真正农民团体，将来得以自己力量解决本身之一切问题，且以巩固国民经济的基础。昨经农民部长彭素民，向中央执行委员会提出农民协会章程一案，其前文云，农民协会为本三民主义解放劳动阶级之意志，集合全国受压迫之贫苦农民而组织之，其目的在谋农民之自卫，并实行改良农村组织，增进农人生活，又声明该章程所称之农民，为自耕农、半自耕农、雇农、佃农、农村之于工业者，及在农村中为体力的劳动者，其组织则以乡为基本组织，乡以上为区为县为省为全国，各以执行委员会办理会务，乡执行委员会之重要任务为，（一）实行协会之议决各口号。（二）宣传三民主义之农民政策，并从事于三民主义建设的工作。（三）说明农人与工商经济之关系，及联络扶助之方法。（四）提倡合作事业。（五）厉行禁止烟赌。该章程业已通过，俟建议于政府发表施行云。”毕竟相对国民党而言，由于发端于小资产阶级，对农民问题一直都不关注，而中国却是一个农耕社会，农民占据人口的绝大多数，若要完成国民革命，农民问题是不可避免的问题。

随着各方面农民事务的推进，如何发动农民进行国民革命成为农民部重要任务之一；同时，国共两党也达成一大共识，乃新型农会的出现将成为广州国民政府动员农民一大举措。1924年5月5日国民党中央农民运动委员会成立，由廖仲恺、谭平山、戴季陶、佛郎克（德）为委员，“借以

[1]《中国国民党第一届中央执行委员会会议记录汇编》，第30—31页，党史馆藏铅印本；转梁尚贤：《国民党与广东农民运动》，广东人民出版社，2004年，第18页。

协助农民部的工作”；“由委员会的建议，农民部始组织农民运动讲习所”。[1]也就是说，培训农民运动特派员被认为是进行农民运动宣传与组织一个好途径。7月18日，国民党重要顾问、俄人鲍罗廷在给共产党人瞿秋白的信也谈及：“政治局（按，指国民党中央执行委员会）通过了以下决定：1.减少地租25%，出租者减一半，政府减一半。2.为贯彻这个法令，在专门的学校培训200名工作人员到农民中间做三个月工作。根据政治局决定，他们到农村组织农民协会同匪患作斗争，贯彻减租法令。”[2]事实上，由于当时国民党并非很重视农民运动，虽然在一大宣言上表达对农民运动的关注，但自身带来的阶级属性，令国共合作时期，奋斗在农民运动第一线上的仍然是以个人身份加入国民党的跨党共产党员。根据1924年7月21日中国社会主义青年团广东区委向团中央报告，建议设立农民运动讲习所的理应是中国共产党人：“本区同志之在民校任职者，曾在民校提出设立农民运动讲习所一所。”[3]当其时，管理农民事务的机构为农民部，而在国民党中央农民部任职且行具体事务者只有彭湃（时任农民部秘书）——林祖涵任职不久，即于2月起提出请假，随后更是请求辞职；在4月17日由彭素民接任农民部长。结合彭湃的革命经历，由他建议设立农讲所可信度是比较高的。彭湃，乳名天泉，学名汉育，广东海丰人，出生于工商业兼地主的家庭，日本早稻田大学毕业，1921年加入中国社会主义青年团，1924年初转入中国共产党。早在1922年即在广东海丰地区发动农民运动，先后成立了六人农会、赤山约农会等；1923年海丰县总农会成立，选举彭湃为会长。至3月底，

---

[1] 张自强：《广东农民运动》，《工业改造》1927年第14期，第11页。另，1924年6月30日，国民党中央执行委员会第三十九次会议即通过“农民运动第一步实施方案”，方案中认为“组织农民运动讲习所，以一个月为讲习其间；讲习完毕后，选充为农民运动特派队员。”转梁尚贤：《国民党与广东农民运动》，广东人民出版社，2004年，第25页。

[2] 《鲍罗廷给瞿秋白的信》，中共中央党史研究室、中央档案馆编：《中国共产党第四次全国代表大会档案文献选编》，中共党史出版社，2014年，第52页。

[3] 见“刘尔崧给社会主义青年团中央的报告（第三号）”。载广东省档案馆、中共广东省委党史研究委员会办公室编：《广东区党、团研究史料（1921—1926）》，广东人民出版社，1983年，第115页。

会员达 2 万户、10 万多人，占全县总人数的四分之一。至 5 月初，海丰、陆丰、归善（惠阳）三县农会会员达 20 余万人。随后海丰总农会改组为“惠州农民联合会”，彭湃为会长。7 月再扩大成立“广东省农会”，他当选执行委员长。彭湃后来被誉为“农民运动大王”。1926 年中共广东区委在《广东农民运动报告》中也指出：“国民党改组后，国民党认定农民运动是革命工作之一，我们因用国民党中央农民部名义工作，开办农民运动讲习所。”[1]

农民运动讲习所全称是“中国国民党中央执行委员会农民运动讲习所”，一般称之为广州农民运动讲习所。讲习所的任务是：“养成农民运动人才，使之担负各处地方实际的农民运动工作。”[2] 1924 年 7 月 3 日，农讲所第一届在广州开学，所址在广州越秀南路 53 号（今 89 号）惠州会馆，时为中国国民党中央党部所在地。彭湃任主任，教员有彭湃、谭平山、阮啸仙、罗绮园、鲍罗廷、法朗克、加伦等。第一届农讲所招生工作由国民党中央组织部主持，中国农民部规定学员的报考条件是：“中国国民党志愿从事农民运动者皆得报考。”[3] 但“选派学生应注意”几点，其中包括：“（一）学生须经过严格考试，具备下列三项资格：1. 决心做农民运动，并无他项异想；2. 中学程度，文理通顺；3. 年龄十八以上二十八以下，身体强健无疾病；4. 富勇敢奋斗精神。（二）不收女生。”[4] 第一届共录取学生 38 人，其中中共党员和社会主义青年团员占 20 人。1924 年 7 月 3 日黄学增开始入读农讲所，成为农民运动讲习所第一届学员。同学之中包括韦启瑞、侯凤池、丘鉴志、陈式熹、梁复然、陈伯忠等人，他们后期一直从事农民运动、从事中国共产党早期活动。

考虑到广州农民讲习所是以“养成农民运动之指导人才”“养成冲锋

[1]《中共广东区委关于广东农民运动报告》（1926 年 10 月印），载中央档案馆、广东省档案馆：《广东革命历史文件汇集》（中共广东区委文件，一九二一～一九二六年），1982 年 10 月，第 256 页。

[2] 罗绮园：《本部一年来工作报告概要》，载《中国农民》第一卷第二期（1926 年 2 月 1 日），湘潭大学出版社《红藏·进步期刊》系列影印本，2014 年，第 169 页。

[3]《广州民国日报》1924 年 7 月 24 日。

[4] 广州农民运动讲习所旧址纪念馆编：《广州农民运动讲习所资料选编》，人民出版社，1987 年，第 32 页。但第一届却有两名女生，其中一名是广东第一个中共女党员，阮啸仙的夫人高恬波。

陷阵之战斗员”为宗旨，以研究中国农民问题为主课。故在教学中强调“四注重”：“第一在本党主义之解释；第二注重国民革命的基础知识之灌输；第三注重农民运动之理论及其实施方法；第四注重集会结社之实习及宣传之训练。而尤注重于军事训练，盖学生熟习军事训练，一方可以当指导农民组织农民自卫军，以为拥护革命之真实武装或防御敌方阶级之侵害；一方可以养成有纪律有组织之农民运动的战斗员。”[1]因而其教学内容主要包括国民革命的基本知识、农民运动之理论和实施方法，学习军事并进行严格的军事训练。学员要学习二十多门课程，如《帝国主义侵略史》《中国民族革命史》《每周政治报告》《农民运动之理论》《中国农业情形及改良方法》《中国工人运动及工人状况》等内容。农讲所第一届学员陈雄志后期有回忆说道：“第一届农讲所的教员多系著名的社会活动家或学者，绝大多数是兼职，如彭湃、谭平山、阮啸仙、罗绮园、孙科、鲍罗廷、佛朗克、加伦等。讲习所聘请教员原则是选择在各领域有实践经验或有理论研究的专家，进行专门的授课，如彭湃、阮啸仙等是‘农头’，就请他们讲授农民运动课；李立三是从事工运的，就请他讲授中国职工运动。国民党的著名人士及学者也应邀授课，如孙科主讲《三民主义与三大政策》，刘卢隐主讲《世界教育概况》，林伯生、甘乃光主讲《帝国主义侵华史》等，国民党左派领袖廖仲恺也曾在这届农讲所作了《农民运动所当注意之要点》的重要讲演。另还有外籍教员来授课，如鲍罗廷主讲的《十月社会主义革命概况以及当前军阀割据的背景》，佛朗克主讲的《国民革命与扶助农工》等。”[2]虽然当时由于特殊的年代，“全部课程都没有书本和讲义，我们那时也没有笔记的习惯，只是晚上各自记录一些要点。但结业时刘卢隐曾发给每人一本铅印的《世界教育概况》”。但新时期赋予的使命感仍然令这些正处于旺盛年龄的学员如饥如渴地学习，这从他们后期的活动中有所反

[1] 罗绮园：《本部一年来工作报告概要》，《中国农民》第一卷第二期（1926年2月1日），湘潭大学出版社《红藏·进步期刊》系列影印本，2014年，第169—170页。

[2] 陈雄志：《在第一届农民运动讲习所学习概况》，广州农民运动讲习所旧址纪念馆编：《广州农民运动讲习所资料选编》，人民出版社，1987年，第286页。

应。黄学增、韦启瑞、侯凤池、丘鉴志、梁复然等，皆是一地或多地农会的创立者。授课者如彭湃、谭平山、廖仲恺、鲍罗廷等人仍为既有理论，亦有实践经验的先进仁人志士。如廖仲恺曾到第一届农讲所专门讲授《农民运动所当注意之要点》。他说：“吾人须知，国民革命之主要分子为农民，国民中最多者莫如农民。故国民革命之惟一要件为须得农民大多数了解与集中本党旗帜之下，如农民不了解与不集中本党旗帜之下，则革命断无成功之可言。故我国国民革命之成功与否，全在乎农民之了解革命与否一问题。”“吾人其不欲国民革命成功则已，否则必先去干农民运动！”他勉励学生说：“各位在此时此处来研究农民运动方法，这对于本党是有非常重大关系的。”他强调：“吾人做农民运动时，若只对农民要求他加入本党做党员，犹不可靠。必要使他明了何以要起国民革命，国民革命之成败与他有何利害关系，他方有参加革命之希望。此为最要之点。”农民运动要点之二，是“要使全国农民皆知我国何以会变成如此贫弱，如此痛苦，如何能改变贫弱，除去痛苦”。“故今日之农民运动，其根本原因为国际问题，国民革命问题，非只为对付地主之内部问题，愿诸君此后再三注意！”[1]而彭湃的讲课，不但从理论上阐明农民问题的重要性，更是把他在海丰及东江从事农民运动的实践经验向学生作了详细的介绍，来一个理论与实践相结合的教学。据当年的学生肖一平回忆：“他（彭湃）讲的课很实在、很具体、很生动。他把他在海丰搞农民运动的经验总结教给我们，是我们以后在广东开展农民运动的最好的知识。”[2]能够接受如此之多当时优秀仁人志士的教育，黄学增的政治素养大为增进！政治理论水平突飞猛进！对农民运动理解提高到更高的层次，这也为后来长期从事农民运动活动，成为广东农民运动领袖奠定了理论基础。

在学习中，广州农民讲习所对学员作了严格的纪律要求：“一切行动，

[1] 尚明轩、余炎光编：《双清文集》（上），人民出版社，1985年，第698—703页。

[2] 见肖一平1964年的回忆材料，存广州农讲所纪念馆资料室。转杨绍练、余炎光：《广东农民运动》，广东人民出版社，1988年，第80页。

均以军事训练方法管理”，“一切规例及命令，均须绝对服从遵守”，以便使学员成为“有纪律有组织的活动干员”和“坚忍卓绝之农民运动战斗员”。在第一届学生中，“学员除正式授课外，最注意所外活动，凡星期日须有农村运动实习，步行训练，马术训练，又有农民党员联欢大会之组织，市郊农民协会之成立，及东西南北四郊之实际调查与宣传组织”。[1] 在越秀南路农讲所学习理论知识等后，考虑今后农民运动的恶劣环境以及开展情况，第一届学员随后来到市郊的黄埔军校进行紧张的军事知识学习——学习是非常正式的：“敬启者，农民运动讲习所学生拟于下星期赴黄埔作军事实习，需用军装（并帽）三十六副，请由贵处向军警机关借用”[2]，此为农民部向国民党中执委秘书处提出的请求。对于当时黄埔学习军事的经历，当时的学员陈雄志回忆说：“这十天过得特别紧张，大家对严肃、紧张的军事生活都是初次尝试。一天三顿饭是从来未吃过的淡馒头和稀粥，不少人因不习惯只吃得半饱，加以每天十四个小时不停地操练，真是格外疲劳，但想到练会军事本领才能和军阀以及封建势力斗争，又意气风发，忘记了疲劳。”“十天训练期满，七月二日（按，似是农历）上午，经总教官何应钦检阅后，每人发给一张军训修业证书。大家带着学习时间太短的遗憾返回农民运动讲习所。”[3] 对于第一届广州农民讲习所学员赴黄埔军校受训的经过，当时《广州民国日报》曾给予详细报道：“本党（按，指国民党）农民运动讲习所第一届学生，原于八月三日修业期满。该所以各生将来到农村组织农会，关于农民自卫军之设备务须略具军事常识，指导农民方能妥善，乃于六日送各生去黄埔军官学校学习军事十天。计除有少数学生因有特别工作不能同去外，去者共二十五名，蒋介石校长即派定严副队长凤仪及分队长刘云等七人，专任教授。严副队长及训分队长，均极热心教育。关于散兵

---

[1] 罗绮园：《本部一年来工作报告概要》，《中国农民》第一卷第二期（1926 年 2 月 1 日），湘潭大学出版社《红藏·进步期刊》系列影印本，2014 年，第 174、176 页。

[2] 中国国民党汉口档案，中国社会科学院近代史所藏。

[3] 陈雄志：《在第一届农民运动讲习所学习概况》（1965 年 10 月 5 日），《广州农民运动讲习所资料选编》，人民出版社，1987 年，第 287 页。

教练、进行队形、射击要旨及姿势瞄准、和用地物、距离测量、视察战场、命令通报、侦探进行要旨、阵地前线后方联络、衡（冲）锋要领、刺枪术、行军驻军警戒及宿营要旨、步哨之位置、姿势联络及对敌之动作、巡查传令勤务、防御要领、构筑破坏障碍物之方法、埋伏要旨、森林战、山地战、或村落战之要旨，皆详为教练。训生又皆乐育，且每日均到郊外演习，故成绩极为可观。十六日何总教练官及校之俄顾问到场阅操，亦大为之赞许。十六晚蒋校长暨何总教练官，以各生将离校，特邀请各生谈话，致辞劝勉。后蒋校长又挽留各生多留校两天，与各生摄影纪念，及制修业证书同学录等，各生无不感激蒋校长之优遇。同时本党特别区党部，亦极力挽留各生多留校四天，在附近农村作调查宣传工作，惟各生因农部别有重要工作，只答应多留两天，即于十七、十八两日偕同特别区党部各演传员，分头去新洲、黄埔、上庄、下庄、长洲、洪福市、平冈、东埔、深井各处调查宣传。各处农民，极为欢迎，对于组织农会，尤表示同情，下庄且已选筹备委员从事组织。十八日晚区党部开茶会欢送各生，除蒋校长因有事不能莅会外，何总教官、俄国顾问、各队长及各区分部职员，均到会，共有数百余人，颇极一时之盛。由何总教官主席，俄国顾问及各长官均有演说，至十时候始尽欢而散，次早各生即由黄埔回省云。”[1] 这些当时的回忆、报道内容，自然是当时在农讲所学习的黄学增在当时的生活态势，是他在农讲所相关生活真实的、侧面的反映。

农讲所里还建立了共产党和青年团的组织机构，发展党团员，开展正常的组织活动，以加强党对人员的领导。一九二四年七月二十日，广东区委团委代理秘书刘尔崧在给团中央的报告中就提到，第一届“我们同志在该所组织一小组，每星期开会讨论一次”。[2] 在学习、军事训练之余，黄学增等共产党员、共青团员仍坚持过组织生活，不松懈自己。

---

[1] 《农生学习军事之经过》，《广州民国日报》1924 年 7 月 21 日。

[2] 《刘尔崧给社会主义青年团中央的报告（第三号）》，广东省档案馆、中共广东省委党史研究委员会办公室：《广东区党、团研究史料（1921—1926）》，广东人民出版社，1983 年，第 115 页。

紧张与活跃往往是教育的两方面，农讲所在紧张学习、训练之中，当然间或之中是有相关娱乐活动的。《广州民国日报》1924 年 7 月 29 日一则对此略有反映：“昨廿八日为本党农民党员联欢会。开会之期，是早八时各办事人即齐集广东大学礼堂，十一时开会。到会来宾有广东警卫军讲武堂全堂员生共百余人，警察教练所员生六十余人，及第一师军乐队等共二千余人，由彭湃主席，宣布开会理由毕，即选举主席团（由廖省长介绍五人）旋请孙总理出席下训词，后由农民代表钱维方演说，继复有廖省长（按，即廖仲恺）及佛郎克先生演讲，均痛快淋漓，掌声不绝。当时并由人力车工合作社同人演奏潮州丝竹助庆，音韵悠扬，极为动听；后由主席提出组织市郊农民协会，并选举农民协会临时职员，乃由国民党致祝词，及授农民协会旗，最好的未来复由农民讲习所学生演白话剧，直至五时后，始茶会散会云。”[1] 白话剧，自然说明在日常之中，农讲所员生训练之余亦有文艺生活。《中国农民》刊物也提到：“第一届农民运动讲习所……在（38 名学生）中以‘五四’运动奋斗的经验而觉悟到要‘人民间去’之分子为多，次则为农民已接受本党政纲而做农民运动于前者，次则工人曾参加工会组织运动者，有女生二名……学生除正式授课外，最注意于所外活动”；第一届学生经过艰苦、多学科、多技能的训练，各方面素养都得到极大的提升，从而获得上级部门的高度认可：“故此期学生实为本党农民运动之推进机，现在亦为主持各重要农民协会区域之战斗员。”[2]

第一届农讲所学员黄埔军校军训后，随后回到位于广州越秀南路 53 号惠州会馆的学校。根据学员陈雄志的回忆，“（回到省后）我们依照农运讲习所的通知到南园酒家参加结业聚餐。彭湃同志和佛朗克顾问都在宴会上讲了话。我记得彭湃同志当时讲话的大意是：大家在受训期中，已知道国民革命运动必须有全国工农参加然后才能获得胜利的道理，所以对工农

[1] 《农民联欢会之盛纪》，《广州民国日报》1924 年 7 月 29 日。

[2] 罗绮园：《本部一年来工作报告概要》，载《中国农民》第一卷第二期（1926 年 2 月 1 日），湘潭大学出版社《红藏·进步期刊》系列影印本，2014 年，第 176 页。

的宣传组织工作，是目前的特殊责任。如何把仍然沉睡在宗法社会里的工人、农民唤醒起来，如何把居住散漫的工农群众组织起来，使他们成为革命主力军，以打倒强大的帝国主义者及其代理人——封建军阀恶势力，这就要求大家发挥忘我精神，负起这特殊的责任。”“当时省长廖仲恺即席发表讲话，他开头故意这样说：我近来不断听到一些令人难以相信的传说，各地农民经常吃不饱，有些甚至没有饭吃。这种传说我完全不相信。大家都见到我每天在省署办公，不是耕田的人尚且有饭吃，而且餐餐都吃得饱。哪有亲自种出谷米的农民反而没有饭吃的道理呢？这种莫名其妙的传说，引起我很大怀疑，所以委托你们替我去彻底调查。接着又说，我认为你们去调查时，必须先到圩场市头看看哪种人爱买哪种东西，能买多少，买卖双方的表现有何不同，再查耕田人每人有多少田耕，每亩年产多少谷，特别是查他们是否真的吃不饱，究竟为什么吃不饱，最后要问他们是否打算永远这样生活……”[1] 似乎孙中山对这一届学员也给予很大的厚望，在他们毕业典礼上亲自到场训词。“本党农民部所办之农民运动讲习所第一届学生，于日前曾送往黄埔陆军军官学校，见习军事，昨已期满回所，该所乃定昨二十一日举行毕业礼，及第二届新生开学礼。是日早九时，新旧各生二百余人齐集礼堂，至九时半，各来宾鱼贯而至，总理十时到会，即奏乐开会。由农民部长李章达致开会词，并令各生向党旗国旗行三鞠躬礼，即请总理致训词（另录），并请俄国代表鲍罗庭先生演说，语多勉励，极为动听，一时鼓掌之声如雷。后由学生伍（按，“丘”之误）鉴志致答词，即拍照茶会散会云。”[2] 孙中山的训词后来《广州民国日报》连日刊登。孙中山 1924 年 8 月 21 日在广州农民运动讲习所第一届毕业礼的演说内容如下：[3]

---

[1] 广州农民运动讲习所旧址纪念馆编：《广州农民运动讲习所资料选编》，人民出版社，1987 年，第 287—288 页。

[2] 《农生行毕业及开学礼》《广州民国日报》1924 年 8 月 22 日。

[3] 广东省社会科学院历史研究室、中国社会科学院近代史研究所中华民国史研究室、中山大学历史系孙中山研究室合编：《孙中山全集》第十卷，中华书局，2006 年，第 554—558 页。

学生诸君：你们这次毕业，到各乡村去联络农民，这是我们国民党做农民运动所办的第一件事。我们从前做革命事业，农民参加进来的很少，就是因谓他们知识程度太低，不知道有国家大事，所以对于国家很冷淡，不来管国事。你们毕业之后，到乡村去联络农民，首先便要一般农民知道对于国家有什么责任，农民所仰望于国家的有什么利益，这个革命政府，是想要做成一个人民为主体的国家。农民是我们中国人民之中的最大多数，如果农民不参加革命，就是我们革命没有基础。国民党这次改组，要加入农民运动，就是要用农民来做基础。要农民来做本党革命的基础，就是大家的责任。大家能够担负这个责任，联络一般农民都是同政府一致行动，不顾成败利钝来做国家的大事业，这便是我们的基础可以巩固，我们的革命便可以成功。如果这种基础不能巩固，我们的革命便要失败。诸君在这地学了几个月，知道我们革命是要根据三民主义，大家到各乡村去宣传，便要把三民主义传到一般农民都觉悟。农民在中国是占人民的最大多数，所以农民就是中国的一个极大阶级。要这个极大阶级都能够觉悟，都能明白三民主义、实行三民主义，我们的革命才是彻底。如果这个极大阶级不能觉悟，未实行三民主义，就是我们的革命在一时成了功，还不能说是彻底。

大家到乡村去宣传，有什么方法可以讲明白三民主义，令一般农民都觉悟呢？要一般农民都容易觉悟，便先要讲农民本体的利益。讲农民本体的利益，农民才注意。如果开口就讲国家大事，无知识的农民怎么能够起感觉呢？先要讲农民本体有什么利益，国家有什么利益，农民负起责任来把国家整顿好了，国家对于农民又有什么利益，然后农民才容易感觉，才有兴味来管国事。大家都知道，中国把社会上的人分成为士农工商四种。这四种人比较起来，最辛苦的是农民，享利益最少的是农民，担负国家义务最重的也是农民。在农民自己想起来，以为受这种辛苦，尽这种义务，这是分内应该有的事；这种应该有的事，是天经地义、子子孙孙不能改变的；祖宗农业受了这种辛苦，子孙也应该承继来受这种辛苦，要世世代代都是一样。这种思想，是从前的旧思想，我们现在用政治力量来提倡农民，就是要用国家的力量来打破这种思想，就是要一般农民不要从前的旧思想，要有国家的新思想；有了国家的新思想，才可以脱离旧痛苦，要一般农民都有新思想，都能够自己来救自己的痛苦，还是要农民自己先有觉悟……农民只要知道了痛苦，便一定有觉悟。农民有了觉悟，自然要来向政府求救，解除他们的痛苦……便是劝农民结团体。农民是多数，地主是少数，实在的权力还是在农民手内。如果由政［一］府一省的农民推到全国的农民都能够联络起来，有很好的团体，农民要解除痛苦便有好办法，政府便可以靠农民做基础。……要农民将来可以享幸福，便要诸君赶快去宣传联络。农民都联络了之后，我们的革命才可以成功。

宣讲员养成所学习期间，黄学增聆听陈独秀、谭平山、谭植棠等人的教导；现在在农讲所学习时，黄学增又聆听孙中山、廖仲恺、鲍罗廷、谭平山、彭湃等的教育，如此的学习经历，令黄学增在后来的工作中受用匪浅，政治素养大大提高！对中国命运前程有着更深一层的理解！

根据记载，农讲所经严格的毕业考试，38 名学员中考试不合格者 3 名，退学者 1 名，病殁者 1 名。获得毕业证书的有 33 名：李冠南、黄学增、韦启瑞、陈伯忠、何植霖、王镜湖、郭新、黄超凡、郑千里、苏南、高恬波、李曼如、洪春荣、侯凤池、侯静山、胡任兴、李可群、莫萃华、梁复然、陈雄志、李民智、周镇元、梁功炽、黎轻发、陈振铭、梁桂华、王振柔、叶介之、钟觉、萧一平、李元、丘鉴志、陈式熹。虽然在 8 月，第一届农讲所学员即已正式毕业，但他们的毕业礼似乎却是拖了很久，或许是在 1924 年 11 月初，1924 年 11 月 4 日《广州民国日报》对这次毕业礼报道曰："国民党中央农民部设立之农民运动讲习所第一期学生经学习期满，已于□月□日□惠州会馆□□毕业式□□□□甚众，由该所所长彭湃主席，直至下午六时始拍照茶会而散去。"在这篇报道刊出的第二天，即 11 月 5 日，黄学增在广州参与共青团大会。

第一届农讲所是在 1924 年 7 月 3 日开学，8 月 20 日毕业，包括 10 天到黄埔军校军事训练的时间；这期间，第一届学生曾发表过两次《敬告农民书》，揭露帝国主义和封建势力的罪恶，号召广大农民"赶快大家联合起来，组织农民协会，组织农民自卫军，同工人们团结一致，向前猛攻！推翻帝国资本主义！”[1]

第二节　成为国民党中央农民部农民运动特派员

《广州民国日报》1924年7月15日发布了《政府对农民运动宣言》一文，表达当时国民党政府对农民运动的态度：“本政府（按，指国民党政府）为代表全国民之利益，贯彻三民主义，实行国民革命，故在革命期间，本政府有督促全国民，加入国民革命运动之使命，而其特别之任务，尤在于督促占全国民百分之八十的农民使之加入国民革命运动。”[2]督促的方法之一，就是派出特派员深入乡村基层进行一线动员，毕竟传统乡民所以因循保守，害怕任何性质的社会变动，害怕尝试新的东西，最主要的原因是因为这种变动和尝试常常都带有某种程度的危险和不确定性，甚至可能导致第二年没饭吃。按照西方学者米格代尔的说法，农民所以“对变革充满怀疑，因为他们意识到那些所谓进步可能把他们带入比现在还糟糕的地步。对这些挣扎在生存边缘上的农民来讲，这是种无法承受的风险。”[3]若要传统社会的农民参与到社会变革中去，引导者是必不可少的。国民党广州政府成立农民运动讲习所的意图也是如此的。“组织农民运动讲习所，以一个月为讲习其间；讲习完毕后，选充为农民运动特派队员。”[4]第一届农讲所学员陈雄志回忆说道：“七月八日（时间应指农历）农运讲习所全体学员又到国民党中央党部集中，会上宣布分别派学员到各县去调查农村经济情况，期限一个月，

---

[1]《新琼崖评论》第14期，1942年出版；转杨绍练、余炎光：《广东农民运动》，广东人民出版社，1988年，第84页。

[2]《政府对农民运动宣言》，《广州民国日报》1924年7月15日。

[3]（美）米格代尔著，李玉琪、袁宁译，姜开君校：《农民、政治与革命——第三世界政治与社会变革的压力》，中央编译出版社，1996年，第43页。转周晓虹：《传统与变迁：江浙农民的社会心理及其近代以来的嬗变》，生活·读书·新知三联书店，1998年，第71页。

[4]转梁尚贤：《国民党与广东农民运动》，广东人民出版社，2004年，第25页。

每人发给旅费三十元，并由农民部发给‘兹委 ××× 为 × 县农村经济考察员’的证件，我被指定到新会县去。”[1] 陈雄志所言的农村经济考察员指的应该是农民部所属的农民运动特派员。特派员身份与从事农民运动的一般人员应是有所区别。这也可以从 1924 年 9 月 5 日农民部颁布的《特派员办事细则》得到体现。毕竟农民运动特派员是农民部的职员，他们每月领取薪金，到广东各地农村开展工作。为了有效管理这些分散各地的特派员，9 月 5 日，农民部就制定并公布《特派员办事细则》，其内容为：“一、特派员应受本部之指挥。二、特派员所到各乡村每日须有六小时之工作（调查宣传及组织等）。三、特派员到各乡村应将其工作随时报告，至少一星期报告一次。四、特派员接到本部命令后，非有特别事故，不得延缓停顿其执行。五、特派员回部时，应即向本部报告，听候指挥。六、特派员无论在部在乡，如无特别事故，不得擅离职守。七、特派员出发各处后，如遇有关于运动上应作开销之用款，应具理由报告本部核准然后具领。八、特派员应将现在住址报告来部，以便有事时容易调遣。九、特派员办事处为特派员回部时办事之用，特派员在未派出时，每日上午八时半至十二时下午二时至五时为办事时间。凡本细则如有未尽之处，召集特派员开会，得由农民部修改之。”[2] 根据记录，农讲所第一届毕业的 33 名学员中，25 名被中央农民部聘为第一批农民运动特派员，派往广东各地农村地区。“农民部特派员本来弍十五名，都是第一届农民运动讲习所的卒业生充当的，一月死了一个何植霖，十月十一（日）萧一平又辞了职，转入商民部去了，现在实际特派员只有二十三人。”[3] 另有文献则谈及：“特纪：一、本届学生原共三十八名。二、缺席旷课过多者退学一名，不能毕业者三名，自请退学者一名。三、女生二名，一调充农部庶务。四、学生死去一名。五、初次共派出特派员二十四名。派出时

---

[1] 广州农民运动讲习所旧址纪念馆编：《广州农民运动讲习所资料选编》，人民出版社，1987 年，第 288 页。

[2]《中国农民》第一卷第二期（1926 年 2 月 1 日），湘潭大学出版社《红藏·进步期刊》系列影印本，2014 年，第 168 页。

[3] 中国国民党五部档案，中国社会科学院近代史所藏。

期为十三年八月二十日。给发第一届毕业证书共三十三份。”[1]这里言及初次共派出24名，估计是最初决定的名额。相对而言，农民部1924年11月30日这份文件记载是准确的数字，因为农民运动特派员是由农民部秘书管理考核，而秘书向部长负责。在派出农民运动特派员两个多月后的十一月，农民部对此二十三名农运特派员进行考核，其中包括了黄学增。

我们考核这二十三个特派员在数月中的工作，有些很努力做事很有成绩，有些太麻木了，两个多月竟没报告过一次！更有些在外招摇谋个人活动的。所以不能不甄别一下，以定去留。我们考察的结果，定了几种办法：1.撤销，2.停止津贴，3.警告，4.留职，5.奖励。现在将各特派员甄别如次：1.叶介之、钟觉、李可群三人，应即撤销特派员资格。（理由）叶介之屡次在花县破坏县农民协会，浮开川资，在外为个人活动；钟觉于一月来绝不到部，函称病剧，一再请假，而每日均见其逛街喝茶；李可群在新会不努力工作，连两月不报告农民部。2.丘鉴志、陈式熹、李元、陈雄志、李冠南五人，应即停止津贴。（理由）本部第十六次会议通过在外兼职或不努力工作者，即行停止津贴。今丘鉴志、陈式熹虽甚努力为农民运动，然他们同时兼任小学教员，于决议案不符，特派员津贴仍应取消。李元、陈雄志、李冠南对工作不甚努力，间有报告，亦寥寥数语，未能尽责，应停止津贴一月，在一月内能努力工作，一反从前情习，经本部查确，始于恢复。3.黎轻发、王镜湖、周镇元三人应留部察看，加以警告。（理由）黎轻发办理长洲农会，王镜湖办理花县农会，周镇元办理顺德农会，颇有薄效，亦尝努力。惟一则过于浪漫，一则做事颇颟顸，是其弊病，留部察看一月，再定去留。4.韦启瑞、苏南、郭新、李民智、梁复然、莫萃华、梁功炽、陈伯忠、郑千里、梁桂华十人应留职任事。（理由）该特派员等三月来办理各处农民协会，甚著劳绩，四处宣传，不畏艰难，各次报告，均能详尽。5.黄学曾、侯凤墀应各每月加薪五元，用示奖励。（理

[1] 广州农民运动讲习所旧址纪念馆编：《广州农民运动讲习所资料选编》，人民出版社，1987年，第43页。

由）黄学曾勇于任事，才能称职。侯凤墀办理花县农会，心力交瘁。众人之中，可称佼佼（姣姣），应予奖励，以为众瞻。综上所列，凡撤差者三人，停止津贴者五人，应加警告者三人，留职者十人，奖励者二人。谨将我们的意见报告部长，是否可行，仍候钧裁。秘书罗绮园　组织员阮啸仙　彭湃。

以上是1924年11月29日，罗绮园、阮啸仙、彭湃三人联名递交的一个有关农民运动特派员考核情况的报告，据此，廖仲恺向各特派员发出如下通告："据本部秘书罗绮园组织员阮啸仙彭湃等报告称……查本部特派员在各县宣传本党主义，组织农民协会，职责綦重，其不能称职或卓著成效者，自应分别惩奖。该秘书等所称自属实情，准如所拟办法，于十二月一日起实行。为此函知，仰该员即便遵照。此致　特派员　部长廖仲恺　十三年十一月卅日。"[1]

中共广东区委《广东农民运动报告》（1926年10月）提及："我们党在广东开全国第三次大会后，C.P.和C.Y.分化清楚，定出农运政策，农运便放在党的指挥之下。但当时并没有公开招牌做，同时因为国民党改组后，国民党认定农民运动是革命工作之一，我们因用国民党中央农民部名义工作，开办农民运动讲习所，彭湃同志到国民党农民部去做秘书……"[2]据中共广东区委给党中央的报告称，当时农委负责指挥"（一）民中农民部（即国民党中央农民部——笔者注）；（二）省农民部；（三）省农民协会；（四）各县地方或支部的农委；（五）农民运动特派员同志"。[3]也就是说，当时农运特派员大部分是共产党人，由于处于国共合作时期，共同为国民革命而努力，自然采用国民党的名义。

那么黄学增农讲所毕业后，到哪里充当农民运动特派员呢？上述农民

[1] 中国国民党五部档案，中国社会科学院近代史所藏。

[2] 广州农民运动讲习所旧址纪念馆编：《广州农民运动讲习所资料选编》，人民出版社，1987年，第1页。

[3] 广州农讲所纪念馆教员档案：《谭植棠》，第7页。转魏雅丽：《大革命时期广州农讲所学员充任农民运动特派员探析——以第一届农讲所学员为例》，《红广角》2013年第6期，第39页。

部那份农运特派员考核中，提及的人员中，叶介之是在花县从事农会活动，但“屡次在花县破坏县农民协会，浮开川资，在外为个人活动”，后来“叛变革命”；[1] 李可群在江门新会；黎轻发是在市郊的长洲（池）办理农会；王镜湖办理花县农会；周镇元则是在顺德办理农会；侯凤墀办理花县农会。除上述提及 6 人外，根据根据广州农讲所纪念馆学员档案记载，还有 5 人的情况如下：“李元当特派员后，怕辛苦危险，很快便辞职不做；陈雄志在新会开展农村调查没多久转去广东省农民自卫军总部工作，大革命后也没再参加革命工作；李冠南大革命期间在新会开展农民运动，被选为新会县农民协会执行委员会常务委员兼办事处的秘书主任、中共江会支部委员，1930 年被国民党杀害。”“丘鉴志和陈式熹同学‘到鹤山当教员，他们很能努力于农民运动，一班农民也很多同情于他们，我们已经办农民夜学及平民阅报社，使他努力去干，式熹同学进到民团里头当教练。此是很好的现象。’”[2] 另有资料记载：“八月十日（时间可能为农历），陈伯忠同志参加由彭湃任所长的第一届广州农民运动讲习所学习后，被委任为中央农民部特派员派返回广宁，领导农运工作。陈伯忠，出生于广宁县第十二区黄田江头村一个有大量出租土地的富有家庭。”[3] 而李民智似乎也是在农讲所毕业后回到顺德——他长期活动的地方：“顺德县农民协会成立以后，李民智同志接到中共广东区委的通知，到省农民运动讲习所训练三个月，学习结束后，得到国民党中央执行委员会部取录，并委任为广东省农民运动特派员，派回县工作。李民智同志回来以后，即开始在云路、蚬肉基、亲

[1] 魏雅丽：《大革命时期广州农讲所学员充任农民运动特派员探析——以第一届农讲所学员为例》，《红广角》2013 年第 6 期，第 39 页。

[2] 魏雅丽：《大革命时期广州农讲所学员充任农民运动特派员探析——以第一届农讲所学员为例》，《红广角》2013 年第 6 期，第 39 页。

[3] 陈昭华编写：《大革命时期的广宁县农民运动史实纪要》，中国人民政治协商会议广东省委员会文史资料研究委员会编：《广东文史资料》第 30 辑，广东人民出版社，1981 年，第 144 页。

滘口、六湾社、白石、细岗这六个农民协会，组织成立农民自卫军。”[1]苏南似乎也是毕业后到花县参加农民运动。[2]而莫萃华则是先到西江后到东莞。“东莞的农民协会是在彭湃及第一届农讲所学员莫萃华等人的宣传发动下组织起来的。莫萃华从农讲所毕业后最初派往三水、四会县工作。九月底，他陪同彭湃回到东莞，在家乡洪屋涡开展农民运动。”毕竟莫萃华是东莞人，且比较早已在家乡开展农民运动。“莫萃华早在一九二三年初，便受广东区团委的派遣，从广州回到洪屋涡建立了广东社会主义青年团直属支部，并担任支部书记。团员有张法、陈昶等七人。他们在农村中‘（1）组织农会；（2）组织农民俱乐部；（3）调查各乡村农民经济状况。’”[3]这些特派员的分配主要是在珠江三角洲及诸如广宁这样农民运动比较发展的地方，似乎与后期农民部的报告相适合。“农民运动第一步实施方案（六月卅日中央第三十九次会议通过）：（一）择定广州市交通较便在政治上军事上重要之县地，及农民运动有根据者如广宁、顺德、鹤山、东莞、佛山、香山及本市郊外各乡村。（二）组织农民运动特派员二十人，向各县地实际运动。（三）组织农民运动讲习所，以一个月为讲习期间，讲习完毕后，选充为农民运动特派队员。（四）农民运动讲习所之组织章程另定。（五）预定本年九月为成立全省农民协会之期间。（六）编定农民歌。（七）制定农会旗样式。”[4]

国民党中央农民部的职务，“至（1924年）六月卅日，中央卅九次决议，即由计划而进于实施时期。（一）择定广州市交通较便，在政治上军事上重要之县地，及农民运动有根据者，如广宁顺德鹤山东莞佛山香山及本市区部。（二）组织农民运动特派员廿一人，分向各地实际运动。（三）

---

[1] 中国人民政治协商会议广东省委员会文史资料研究委员会编：《广东文史资料》第30辑，广东人民出版社，1981年，第214—215页。1925年5月，郭新与李民智、郭竹朋、黄泽南、郭剑华共五人作为顺德农会代表出席第一次全省农民代表大会。见第219页。

[2] 卢克文遗稿：《花县农民运动纪实》，中国人民政治协商会议广东省委员会文史资料研究委员会编：《广东文史资料》第30辑，广东人民出版社，1981年，第244页。

[3] 杨绍练、余炎光：《广东农民运动》，广东人民出版社，1988年，第97页。

[4] 罗绮园：《本部一年来工作报告概要》，《中国农民》第一卷第二期（1926年2月1日），湘潭大学出版社《红藏·进步期刊》系列影印本，2014年，第160—161页。

组织农民运动讲习所。（四）预定九月为成立全省农民协会之期。”[1]或许根据农民部的提法，确定为农民运动特派员的农讲所逐奔向“广州市交通较便在政治上军事上重要之县地，及农民运动有根据者”，如广宁、顺德、鹤山、东莞、佛山及香山等地，进行农民运动指导工作。

对于黄学增农讲所毕业后去向，有一些学者说是到花县：“1924年8月间，在阮啸仙的主持下，花县农民协会在广东花县花东九湖乡王氏宗祠举行了正式成立大会，广东农民部派往花县领导农民运动特派员、共产党员黄孝（学）增被选为花县农民协会执行委员会委员长，原九湖乡自治会、自卫农团的组织者和领导者被选为副委员长。”[2]“黄学增同志系遂溪海山村人，他在农民运动讲习所毕业后，先被派到花县搞地下党的组织工作，三个月后又被派到海陆丰负责‘青年同志社’的秘书工作。一九二五年中共广东区委派他任南路特委书记，一九二六年担任广东省农民协会南路办事处主任，积极从事农民运动，并办了雷州宣传讲习所，培养了九十多名农民运动的骨干。在他的努力下，中共党的组织在廉江、遂溪、海康等县普遍建立起来，各地的农民协会、工会、妇女协会也相继建立。黄学增同志的足迹遍布于南路和琼崖地区。在实际斗争中黄学增同志成长为广东农民运动的四大领袖之一。”[3]但时人卢克文遗稿中却谈到“一九二四年十月十九日，花县农会在九湖显承堂（王家祠）正式宣告成立”。“这次大会选出了王福三、江汉如、侯立池（按，即侯凤墀）、黄毅雄、陈炳辉、刘伯强、欧阳 ×、陈道周等为执行委员会委员，并选出王福三同志为花县农民协会执行委员长。”同时卢克文或许因为是当时人，对于大会诸多细节内容记忆都有，给人可信度更高的感觉：“在县农会成立的当天，所有农会会员，

[1] 陈公博：《农民运动报告》，《中国农民》第一卷第二期（1926年2月1日），湘潭大学出版社《红藏·进步期刊》系列影印本，2014年，第120页。

[2] 周满华：《花县农民自卫军始末》，中共广东省委党史资料征集委员会、中共广东省委党史研究委员会编：《广东党史资料》第十二辑，广东人民出版社，1988年，第132页。

[3] 陈登贵：《试论第一次国内革命战争时期广东农民运动的历史地位》，《学术研究》1979年第6期，第8页。按，黄学增是遂溪乐民镇敦文村人，文中所言的海山村是敦文村的邻近村。

都穿着节日的新衣，胸前佩戴着铜质圆形红底中有银色犁图形的会员证章，高举着红色中有银色犁的农会会旗（俗称犁头旗），各村农军都全副武装，雄赳赳、气昂昂，涌向九湖显承堂。该堂是日布置得比任何时候都辉煌壮丽；会场入口大门左右贴上了'坚忍卓绝，为吾人本色；艰苦奋斗，是我辈精神，红底白字的对联（这副对联是阮啸仙同志撰写的）。会场正中和左右两侧，悬挂着孙中山、列宁、马克思、恩格斯、卢森堡、李卜克内西等革命导师肖像；会场四围，悬挂着大小不一的由各县农会、广州市各工会送来的画屏，会场内外，贴着：'农民团结起来''工农联合起来''打倒帝国主义''打倒军阀''打倒土豪劣绅''打倒贪官污吏''工农联盟万岁''农民协会万岁''国际共产党万岁'等标语。时间还未到十二点，显承堂前后左右的大草坪，早已万头攒动，各村小学生和农军此伏彼起的高唱着《国际歌》和'打倒列强，除军阀'的国民革命歌，热闹非常。"[1] 对于1924年花县农会成立的相关情况，1924年8月28日《广州民国日报》以"花县农会开幕之情形"给予相关报道："花县农会成立以来，进行之速，为各处所未有，本月廿二廿三廿五等日，为该县农会第二区九湖村农民协会及元田村农民协会第一区宝珠岗村农民协会等三村开幕之期，已于三日前报告中央党部请示办法，并通函各处参加盛典。廿一晨中央党部农民部即派何友逖等数人前往，并有广州市第一区农民协会代表三人、广州人力车工人俱乐部代表数人偕往。所有赠品，应有尽有。是日三时到该县平山墟农民数百人，在此守候。一闻各代表到来，即鸣炮燃爆竹表示欢迎，即在该墟巡游一周。廿一日为九湖村农会开幕之期，计是日到会者约五百余人，各村农会代表到者亦有十余人。会场设置，正中挂中央党部赠送之孙大元帅肖像，及农旗党旗，两旁则□镜□余幅，为广宁农会、顺德农会、广州工人代表会、新会工会联合会、农工旬刊社、新学生社等团体者，赠送，即该各村农会及各学校等亦互相赠送横衽，余为各种标语，为组织农会解除痛苦、农工

[1] 卢克文遗稿：《花县农民运动纪实》，中国人民政治协商会议广东省委员会文史资料研究委员会编：《广东文史资料》第30辑，广东人民出版社，1981年，第242—243页。

大联合等等，不一而足，五光十色。十二时开会，秩序如下：（一）奏乐；（二）向农旗党旗行三鞠躬礼；（三）向大元帅肖像行鞠躬；（四）主席宣布理由；（五）宣读祝词；（六）来宾演说；（七）答词；（八）唱歌；（九）茶会；（十）拍照；（十一）巡行示威。是日演说者有阮啸仙诸人云。”似乎 1924 年 8 月，黄学增并没有到花县参加花县县农民协会成立活动及参加农民运动。因而如此的说法还是值得商榷：“1924 年 8 月，花县农民协会正式成立，会址设在九湖。至 1928 年被停止活动。委员长为黄学增（1924 年 8 月—1925 年 9 月）。”[1] 亦有学者提及是去南海：“花县农民运动开展之时，在第一届农讲所毕业的苏南和高恬波，就多次到花县指导农民运动。在农讲所毕业的梁复然被派往南海、佛山，梁桂华被派往中山，罗亭派往广州市郊，黄学增到南海，萧一平、李民智到顺德，侯凤池到北江。”[2] 亦有学者提及是回到南路：“当时比较后进的南路（现湛江地区），经第一届农讲所学生黄学增开拓性的奋斗，也有了较大的改变。黄学增毕业后被派到南路，他首先在廉江、遂溪、海康等县建立了中共党的组织，然后以此为核心，培训农运干部，开展农民运动。”[3] 可惜的是没有史料佐证，且该说还是比较笼统的。在这里，根据田野的调研，以及黄学增提及的报告和他后期在宝安活动的熟悉程度，笔者认为是到东莞，或者说是在东莞与宝安交界的霄边村一带，即茅洲河流域一带。

1924 年 10 月 20 日中国国民党中央执行委员会召开第五十六次会议，会议由胡汉民主持，常务委员谭平山记录，邹鲁、汪精卫、廖仲恺、谭平山、邵元冲、刘震寰等人出席。会议讨论事项的第三十二项内容是“农民部请通函各军总司令，禁止拉农民充夫役，及特派员黄学曾报告农民运动困难情形，

---

[1] 中共广东省委组织部、中共广东省委党史研究室、广东省档案馆：《中国共产党广东省组织史资料》（上册），中共党史出版社，1994 年，第 105 页。

[2] 广东省人民武装斗争史编纂委员会编著：《广东人民武装斗争史》（第一卷，大革命时期），广东人民出版社，1995 年，第 108 页。

[3] 杨绍练、余炎光：《广东农民运动》，广东人民出版社，1988 年，第 85 页。

请设法解决案。决议：交常务委员审定。”[1]也就是说经过下面的农民运动二个月左右，黄学增向上级部门——中央农民部报告所在地区的农民运动情况。那是否说黄学增是因为无所作为，随便找个借口来推托呢？似乎并不是如此。因为在11月30日农民部报告说道：“在数月中的工作……黄学曾勇于任事，才能称职……众人之中，可称佼佼（姣姣），应予奖励，以为众瞻。”他与侯凤墀是23名农运特派员中深受奖励的两名！[2]若我们将农民部报告中所言的：“农民运动第一步实施方案……择定广州市交通较便，在政治上、军事上重要之县地，及农民运动有根据者，如广宁、顺德、鹤山、东莞、佛山、香山及本市郊外各乡村。”以及这次第五十六会议上讨论事项的第二十八项：“农民部列举东莞一区农民协会进行困难问题，请决定办法案。决议如下：一、农民如有痛苦，可由农民协会随时报告，本会如法援助；二、训令农民部，以后对于农民宣传，应明白告诉农民，如真欲解除本身痛苦，非加入国民革命战线不可。”结合当时这些地方的农民运动情况来看，我们大致推定黄学增应在此期间在东莞与宝安一带进行农民运动工作。

那我们可以看看东莞宝安的农民运动情况。东莞农民运动的发端者之一为霄边村人蔡如平。1924年9月1日《广州民国日报》以“东莞宝安农会之发达”报道曰：“东莞宝安两县农民，惨被劣绅土豪，等之掠夺，非常痛苦。两县农民，受此痛苦，发生许多反感。前月有东莞宵边乡蔡如平，发起组织东莞农民协会，经将本乡及邻乡多数觉悟农民赞成后，即联合多人分赴各乡向农民联络，令其加入农会，各乡农民，受此联络，都明了农会利益，一时风起云涌，相率加入农会。计加入农会者，东莞除洪屋涡外，宵边一带，有宵边乡、锦厦乡、涌头乡、下边乡、下岗乡、五桂塘乡等，与宵边接近之宝安罗田一带（叩云霖区属）有罗田乡、燕川乡、楼村乡、水贝乡、塘严涌乡、沙浦乡等（此带暂划归东莞农会特别区），会员不下万人。如农民群信农会确能解放痛苦，对加入农会，比前更为热诚，各乡均欢迎该员到

[1]《广州民国日报》1924年10月27日。

[2] 中国国民党五部档案，中国社会科学院近代史所藏。

乡演讲农会事宜。由罗田而燕川、楼村、永（水）贝、塘厦、涌沙浦、涌头、锦厦、宵边各乡，该员每到演讲，（晚间）辄合有数千百人听讲。现各乡农会及东莞第一区农会特别区农会定子（于）九月间继续成立云。”据了解，蔡如平，原名祖荫，字锡蕃。东莞霄边村，出生于清光绪十四年（1888年），父亲蔡滋润，母亲陈氏，都是朴实的农民。1924年结识廖仲恺，后参加革命，1948年因病去世。曾任广东省农民协会常务委员、东宝工农革命军总指挥等职。[1]东莞霄边村，位于东莞南部，北与大岭山镇交界，西与虎门镇相邻，南临珠江口，东南与深圳宝安接壤；自古以来是东莞至宝安，广州至深圳的必经之路。村落为单姓村，绝大多数是蔡姓，人口众多，达数千人，村内拥有三个宗祠；乡民操广府话系。大约在1924年4月间，蔡如平即从广州返乡从事农民运动，并在1924年8月6日成立霄边乡农会，会址设在蔡氏宗祠内，农会主要领导人有蔡如平、蔡日新、蔡庭谦、蔡满福，会员一百余人。随后在9月10日左右成立东莞第一区农会。1924年9月4日《广州民国日报》以“东莞农会一区成立”为题报道：“东莞农民协会，自日兹开筹备大会后，已积极进行，虎门霄边第一还（区）农会加入者，已达廿余村，计千余家，人数达五千人以上，并定九月十开成立会，其余第二区洪屋涡等村，第三区大怀德等村，并将于最近期间开成立会也。”农会推选蔡如平为农会会长，李海东为副会长兼农民自卫军队长。不幸的是，不久，当地劣绅土豪就买通凶手暗杀了李海东。估计此是否是上述农民部所言的“东莞一区农民协会进行困难问题”及黄学增报告的“农民运动困难情形”？因为两份报告的详细目前还没有发现。但在1926年阮啸仙在广东第二次全省农民代表大会作的《广东省农民一年来之奋斗报告大纲》有一些内容可以关注：“十二年至十三年间：顺德农民为反对民团苛抽，组织顺德第一区云路乡农团为劣绅土豪勾结县长周之贞不准立案，转而秘密运动，此为广东近南路有农民运动之起点。”除了顺德外，阮氏还提及广宁与花县，同时指出：“以上是民国十一年至十三年为陈炯明专政时代递到中国国民党改组之初期”。而在“民

[1] 参阅霄边社区党总支、居委会编写：《将军山下的革命》，2005年3月，第23—41页。

国十三年至十四年春间为国民党在广州与小军阀及官僚组织混合政府时代”包括：“（一）民国十三年秋工农团军出发宣传，赞助中山先生出师北江。（二）同年十月十日双十敬告节工农参加大示威巡行为买办阶级的商团叛变而牺牲，认识了反革命军人及买办、地主与帝国主义之勾结。（三）同时，东莞霄边锦夏等乡，因反抗虎门要塞司令廖湘芸及联团之卅余种苛捐成功，并成立了第一区农民协会，该副委员长，李海东，竟因此被民团买凶暗杀毙命。（四）同年十一月广宁农民协会为……”后面就是11月发生的内容了。[1]在这里，我们不难发现，在1924年8月至11月1日之间，广东省农民运动发生一件比较大的挫折事就是东莞第一区农会副委员长李海东被杀。由于时间的因素，能够快速将事情汇报出去的，应该就是在该地区进行农运工作的人。当然，在10月20日国民党中央执行委员会第五十六次会议上，报告事项中的第9项就是“广宁县党部周其鉴等报告土豪劣绅督毁农会情形，及此后进行程序案”。但当时，广宁农民运动主要是由周其鉴、陈伯忠（农讲所第一届毕业生、农运特派员）、罗国杰等人在开展。故此，推断黄学增应该当时就在东莞霄边村一带工作，而霄边村恰好与宝安隔一条茅洲河！这也为黄学增在宝安进行农运活动、建立宝安农民协会、创建中共宝安党组织奠立了基础。

此外，在9月23日，农民部还就宝安县罗田乡农民协会一份申诉转交国民党中执会要求帮忙处理：“据宝安县罗田乡农民协会报告，该乡劣绅赖道生在该乡阻止农民入会，散布谣言，指农民为匪党之结合，希图破坏等情。又报据烟村乡农民协会报告该乡劣绅陈耀卿等散布谣言，谓陈炯明军到来，必杀入会者，并借名筑路向农民抽捐，每人一元之重，凡入农会者，必多方为难，种种破坏，殊有扶助维持之责任，岂容奸人散布谣言，希图破坏？敝部为党务计，为农民计，敢请迅函省署饬宝安县长对于各该乡农民协会，切实保护。如赖道生、陈耀卿等确有散布谣言破坏农会情事，应予查办，

[1] 阮啸仙：《广东省农民一年来之奋斗报告大纲》，《中国农民》第一卷第六、七期合刊（1926年7月1日），湘潭大学出版社《红藏·进步期刊》系列影印本，2014年，第31—35页。

严为处缔，以儆效尤而维农会，实纫公谊。”[1]

但不管如何，不管黄学增毕业后到何地从事农民运动，其毕业后从事农民运动的成绩是非常不错的，此不仅得到国民党农民部的肯定，也在中共广东区委那里也得到肯定。例如，同时期，黄学增根据党组织的指示，参与团区委的工作，并被团粤区委选举为候补委员，从事其中的农运工作。[2]毕竟在当时的环境，动员农村群众参加国民革命并非是一件容易之事。“基于长期的实践经验，农民自己已经积累了很多有关农业周期的每个方面的实际知识，包括种植和收割每一种作物的最佳时间和地点等等。事实上，这种知识通常与经验有着极为紧密的联系，因此对绝大多数农民来说，背离原有的经验会遇到巨大的风险，即使是现代政府在说服农民改变其习惯时也会面临极大的困难。”[3]陈独秀曾在1923年7月1日给萨法罗夫的信中表示：“农民的发展水平很低”，把他们“吸引到国民革命运动中来不是轻而易举的事”。[4]

事实上，在包括黄学增在内农民运动特派员的努力下，当其时，整个广东的农民运动得到非常大的发展！1925年4月，蔡和森在《向导周报》上发表评论谈及，“广东农民运动是国民党改组后实行其新政纲之一部分的产物”，“从去年国民党中央农民部颁行农民协会章程及设办农民运动讲习所派出特派员实地宣传之后，广东遂开始了系统的农民运动”。无论是农民协会的发展规模，还是农民斗争的开展情况，都大大超过了以往，并一改从前农会“总不免染着一种狭义的地方主义色彩”，而成为自上而下

---

[1] 中国国民党汉口档案，中国社会科学院近代史所藏。

[2] 1924年11月14日《团粤区委报告》（第一号）：改组区委情形……举出得尔崧、杨石魂、沈厚堃、黄居仁、周文雍、郭寿华、赖玉润七人为委员，兰（蓝）裕业、彭月笙、黄学增、韦启瑞、邹师贞五人为候补。工作分配 工农部 厚堃 助理 月笙、学增、启瑞。见《广东革命历史文件汇集》（群团文件，一九二二～一九二四年），1982年10月，第508、509页。

[3]（美）巴林顿·摩尔著：《专制与民主的社会起源——现代世界形成过程中的地主和农民》，王茁、顾洁译，上海译文出版社，2013年，第208页。

[4]《陈独秀给萨法罗夫的信（1923年7月1日于广州）》，载《共产国际、联共（布）与中国革命档案资料丛书》（第一卷），第261页。

的有组织机构和统一计划的全省范围的运动，成为“全国农民运动的先导”。[1]

对于中央农民部农民运动特派员如何在下面开展工作，目前还没有见到黄学增相关报告，但下面这份林培斌报告或许会给我们一些启示。[2]

特派员林培斌等以广西省苍梧县第一区高才乡组织农会，将调查该乡一切状况呈报前来

林培斌等经于一月十日到高才村调查。初到刻〔该〕村，适遇青年农民梁凤岗在村边种果，遂与之谈话，询其农村状况，得悉该人口二百余，何姓最多，完全农业。自耕农占十分之一，半自耕农占十分之二，佃农占十分之八。地主绝无，至多者不过五十亩，纳租均是耕主平分，亦无额外征收。唯俱是山边田亩，收获短少，且近杂税繁重，百物昂贵，大有入不敷出之虞。且该村附近之刘秉扬，乃该堡劣绅，动辄扩大是非，包抗词讼，极为农民所憎。十一日即在该村附近夏郢圩演讲农民痛苦之由来，组织协会之必要，听者百余人极为倾听者十七。廿一均连圩在圩上演讲，散发传单。至二月二日，黄啟滔特到高才村宣传，颇得一般农觉悟，并得黄寿南、梁凤岗、何树藩三人为筹备。至二月十七日，由林斌培〔培斌〕、罗瑞咸再往该村沿家宣传，遂得签名名者五十余人，即定于廿八日开会，由林培斌到会监视选举。是日上午十一时开会，到会者五十二人，林培斌先演说，讲明农民协会之精神，选举之要义及方法手续，然后照章投票选举。选完之后再演说，讲明会员须要团体行动，遵守章程。是日到会参观者有妇女及附近各农村尚未入会农民廿余人，各人听后均谓若果如此做法，确是有益无损，似极得意。至下午三时散会。此乃自调宣传以至成立之大略情形。

另外，梁尚贤著的《国民党与广东农民运动》也给出了五个特派员例了，

[1] 和森：《今年五一之广东农民运动》，《向导周报》第112期（1925年4月20日），湘潭大学出版社《红藏·进步期刊》系列影印本，2014年，第1030页。

[2]《广东省农协会执委会致中央农民部函》（1926年4月2日），中国国民党五部档案，（台湾）中国国民党党史馆藏。

反映了特派员工作的状况及特点。[1]

第三节　宝安建党

在农讲所毕业后到1924年年底，有关黄学增这段历史的记录史料似乎不多，除了上述提到的10月20日国民党中央执委会第56次会议的记录及11月5日至12日社会主义青年团广东区委代表大会记录外，或者还可以考虑到11月农讲所举行毕业式时，可能黄学增也参与在内。[2]其实，有关这半年多时间内，黄学增活动轨迹历史记载真的不多。在11月这次共青团广东区委代表大会上，黄学增与蓝裕业、彭月笙、韦启瑞、邹师贞一起被选举为候补委员，委员七人包括刘尔崧、杨石魂、沈厚堃、黄居仁、周文雍、郭寿华、赖玉润。黄学增与彭月笙一起担任工农部助理（部长是沈厚堃）。[3]有后期文献说道："（1924年）11月初，广宁县农民自卫军与地主阶级武装在潭布区发生激烈战斗。学增与赵自选、阮啸仙等受中共广东区委的派遣，迅速入广宁协助彭湃、韦启瑞，加强对广宁农运的领导。学增首次入广宁，任务是了解战况。"[4]这段记述可惜的是没有出处。但查阅相关的纪实类文史资料以及研究，[5]当时去协助处理者有农民部彭湃、郑千里等，以及大元帅府铁甲车队的廖乾五、周士弟、赵自选、徐成章等人，有关黄学增与韦启端的记录不见。故《黄学增研究史料》这部分有关黄学增在1924年11月去广宁协助处理潭布事件的记录，值得商榷。另外，该文献记载的1924年

[1] 广东人民出版社，2004年，第599—605页。

[2] 这场毕业会所长彭湃参与。《广州民国日报》1924年11月4日。

[3] 广东省档案馆、中共广东省委党史研究委员会办公室：《广东区党、团研究史料（1921—1926）》，广东人民出版社，1983年，第125—126页。

[4] 《黄学增研究史料》，第252页。

[5] 如陈昭华编写：《大革命时期的广宁县农民运动史实纪要》，载中国人民政治协商会议广东省委员会文史资料研究委员会编：《广东文史资料》第30辑，广东人民出版社，1981年，第134—211页。按，该文1977年10月是第二稿，1980年10月是第四稿。以及梁尚贤：《国民党与广东农民运动》，广东人民出版社，2004年，第128—142页。

10月到花县协助成立农会的记载，已在上面探讨过，也是值得商榷的。而在深圳党史文献上，时人郑哲对黄学增1924年年底这段历史却有一段回忆：“1924年下半年，上级党组织派广州农民运动讲习所第一届学员、共产党员黄学增、龙乃武，以国民党中央农民部特派员的身份来到宝安，他们在开展农民运动的同时。积极从事建党工作，吸收农民运动的骨干进党。 1924年底，黄学增、龙乃武在四、五区发展了第一批党员，其中有麦福荣、麦金水、陈细珍、麦牛、潘寿延、潘国华、潘满容等。1925年上半年，又在二区发展了一批党员，有蔡子如、蔡励卿、蔡子湘，郑泰安、文季彬、郑庭芳等。以后，党的组织继续发展到二区、一区、六区。”[1]郑哲，原名，郑奭南，宝安县深圳镇上步村人（今深圳市福田区南园街道巴丁社区人）；深圳（原宝安）早期党组织的领导人之一，1927年时曾担任宝安县委书记以及东宝工农革命军副总指挥。1942年从香港到黄学增的家乡广州湾（即现在湛江，遂溪是湛江下面一个县）从事教育工作，先后任教于赤坎韩江小学、赞化中学；1958年从赤坎去香港，改革开放后回家乡深圳上步村定居，1998年去世。当其时，宝安县在行政区划上分为七个行政区，“第一区，东起白石洲、杨树角，西沿海洲、下隔岸，南至蛇口、赤湾等地，北沿大沙河一带；第二区，东起凤凰、铁岗，西至固戌沿海，南沿灶下一带围基，北面是黄田各农村；第三区，东自沙头角、大小梅沙，西至车公庙、沙头，南濒深圳河一带，北达李朗、布吉；第四区，茅洲河一带农村；第五区，茅洲河之北一带农村，与东莞接壤；第六区，乌石岩、龙华、平湖一片狭长山地区；第七区，东北接壤惠阳，由大鹏城起，西至沙鱼涌，南沿海滨山地。”[2]也就是说第四、五区，就是在茅洲河的南面，北面则是东莞地区的霄边乡一带。按照史料记载，当时蔡如平在家乡霄边乡从事农运活动时，“与宵边接近之宝安罗田一带（叩云霖区属）有罗田乡、燕川乡楼村乡、水贝乡、塘严涌乡、

[1] 郑哲:《深圳市早期党组织的活动》,载深圳市史志办公室编:《深圳党史资料新编》,海天出版社,2007年，第1页。

[2] 郑哲:《深圳市早期党组织的活动》,载深圳市史志办公室编:《深圳党史资料新编》,海天出版社,2007年，第1页。

沙浦乡等”处农民涌向霄边乡，要求成立农会，后被蔡氏他们将“此带暂划归东莞农会特别区”；日常时，蔡如平亦到罗田、燕川、楼村、水贝、塘厦、涌沙浦等乡进行演讲，演讲时“辄合有数千百人听讲”。虽然我们不敢非常明确黄学增农讲所第一届毕业时即是到达该地进行农民运动，但他是8月20日农讲所毕业并同时担任国民党中央农民部农民运动特派员却是有史料证明的事实。而龙乃武，顺德人，农讲所第二期学生。农讲所第二期学习的时间是从8月21日—10月30日，虽然并非所有农讲所第二期学员都能担任农民部农运特派员，但有规定：“毕业成绩最优者选充农民部农民运动特派员指导其在各地活动。”[1]在1926年国民党中央农民部组织名单中，65名特派员之一就龙乃武。[2]下面是1926年农民部的组织情况：部长：陈公博；秘书：罗绮园；组织干事：阮啸仙、彭湃、谭植棠；干事：何友逖、石盛祖；书记：吴子泉、谢实存；录士：金肃凯、刘冠英；特派员（共65名）：黄学增、韦启瑞、苏南、侯凤墀、黄果强、陈克武、卢达云、王岳峰、黎炎孟、宋华、梁伯舆、梁庆根、梁伟民、龙乃武、蔡日新、刘庆培、陈道周、陈炳辉、罗顺球、赖彦芳、周其鉴、陈伯忠、谭鸿翔、关仲、林焕文、陈均权、蔡日昇、丘鉴志、黄克、古栢桐、戴耀田、罗瑞成、黄居仁、冯保葵、李民智、梁复然、梁坤、莫萃华、罗享、刘镛鉴、徐金良、邓广华、王镜潮、周其栢、罗团杰、李华昭、程垣生、廖有源、刘胜侣、王蔚垣、刘战愚、卢耀门、苏其礼、何毅、黄启韬、谢铁民、林培斌、李芳春、伍腾洲、蔡如平、郭剑华、梁栢、黄泽南、梁九胜、梁九。也许，龙乃武在第二期农讲所毕业后即到宝安进行农民运动。也许由于熟悉情况，后来在1925年9月又被派回来进行国民党宝安党部筹备工作：“组织部昨派员筹备宝安党部函云，敬启者，兹依据广东省内各地党部进行计划决议案，特选派龙乃武、蔡德皇、郑庭芳、卢耀门、陈克武五人为宝安县党部组织员，尅日前往该县仿照本党总章，从区分部着手

[1]《广州民国日报》1924年7月24日。

[2]《中国农民》第一卷第二期（1926年），湘潭大学出版社《红藏·进步期刊》系列影印本，2014年，第162—164页。

组织，除分函龙乃武五同志及函请该县县长饬属妥为保护外，相应函请查照，希将办理情形，随时具报核办为要。此致，龙乃武、蔡德皇、卢耀门、郑庭芳、陈克武同启。中央执行委员会组织部长谭平山，八月廿九日□。”[1] 至于郑哲在补充材料谈及的“1923—1924年之间，黄学增、龙乃武、何友逖、郑奭南（即郑哲）等，以中国国民党中央农民部特派员身份，衔命来宝安，分住活动。黄学增驻第五区，龙乃武驻第四区，何友逖驻第三区（短期调离，郑奭南接替）。”[2] 部分内容是值得商榷。何友逖，惠州人，1924年5月由彭湃、阮啸仙介绍加入中国共产党。当时任职农民部干事；也许作为农民部干事，我们在长洲农民协会开幕会上，见有何友逖参加；[3] 如上面提到的花县农会成立时，何友逖也到场；某些政治场合亦出现他的姓名，“（中国国民党）中央委员会会议纪（第四十二次）……何友逖报告组织宝安深圳区分部情形案”；[4]9月何友逖担任惠州同志会会计。[5] 因而何友逖即使来宝安，也只能是农民部干事身份，并非是农运特派员，来的时间将会很短的。而郑哲作为农民运动特派员应是1926年初之事。1926年3月1日农民部农运特派员姓名及出发地点记载，当时宝安农运特派员有三人：龙乃武、郑奭南、谭少华。而这个时候，黄学增已回到南路从事农运工作。[6]

根据当时的时代背景，中国共产党党员虽然以个人加入国民党，以国民党的名义从事国民革命，但仍然保留自己革命的本色。“固然我们可在国民党名义之下以农民协会的组织去团结农民，但同时应注意利用每个具体争斗的机会，根据国民党拥护工农利益的政纲作反抗国民党右派及军阀的压迫，并使农民觉悟国民党及其政治的势力，可以利用保护农民利益的；但必须农人自己团结及城市工人联合，才能得到真正的保障，才能以工农

[1]《派员筹备宝安县党部》，《广州民国日报》1925年9月4日。

[2] 郑哲：《深圳市早期党组织的活动（补充材料）》，载深圳市史志办公室编：《深圳党史资料新编》，海天出版社，2007年，第6页。

[3]《广州民国日报》1924年9月30日。

[4]《广州民国日报》1924年7月21日。

[5]《广州民国日报》1924年9月3日，该会由廖仲恺任委员长，彭湃等人在内。

[6] 中国国民党五部档案，中国社会科学院近代史所藏。

阶级势力影响国民党——使国民革命在工农势力的影响之下向前进行。打倒帝国主义与军阀的压迫束缚，成功无产阶级革命和社会主义的前提，农人阶级才能得到真正的解放。因此我们须于国民党之外，同时独立地进行本党公开的宣传和支部的工作，此项工作以各地农会中之支部为中心，并将各地农民运动特派员放在本党地委指导之下。在农民反抗右派官僚军阀和地主争斗中，本党地委应作适当的宣传或发布宣言，务使农民渐渐知道本党是真为他们利益而奋斗的党。”[1] 1924年10月，中共广东区委决定：“原由团组织领导的广东农民运动，改为由党组织直接领导。从事农民运动的团员及积极分子，尽量接收为党员。”[2] 因而，黄学增、龙乃武利用农民运动特派员的身份在从事农民运动之际进行建党工作也是自然之事。事实上，虽然国共合作进行国民革命，但由于国民党自身根源问题——由小资产阶级而建党、党内纷争不断、党内党派林立等因素，对于解放农民，为农民谋利益、为民众谋利益，并没有多少真心实意！如以1924年的宝安为例，时人曾曰：“吾尝默察社会之情形，人群之状态矣：闻军队之名，则缩头而股慄；听盗贼之号，时失措而仓皇；低首下心，□□□□，鱼肉刀俎，莫可谁何！而军队之骄横，匪氛之滋□，乃日益加甚。况乎县政府彷徨靡定，警察所风雨飘摇，呼吁无门，将伯何助。故吾人为自立计，为自卫计，欲保邑之安宁，图人民之幸福，苟非组织民团实行联团自治，其亦何能生存于豺虎交横之世耶？”虽然这里采用“民团”一语，其实是讲组织起来的必要性，毕竟对政府而言，除了收税外，真的不顾什么了：“兹因县会议决，准商承办全邑生猪中资捐一案，邑人以为苛捐剥民，群情反对，舆论哗然。窃以此捐业蒙县长允许取消，何以复交县会再议，此同人等不无疑义者也。又查该捐每年报效公家不过

[1] 中共中央党史研究室、中央档案馆编：《中国共产党第四次全国代表大会档案文献选编》，中共党史出版社，2014年。第19—20页。

[2] 中共广东省委党史研究室编：《中共广东党史大事记（新民主主义革命时期）》，中共党史出版社，1993年，第41页。按，1984年版的《中共广东党史大事记（民主革命时期）》说10月28日，“陈延年向团中央邓中夏报告：以往由团组织领导的广东农民运动，现经中共粤区委议决，改为党组织直接领导。”见中共广东省委党史研究委员会、中共广东省委党史资料征集委员会编：《中共广东党史大事记（新民主主义革命时期）》，1984年，第16—17页。

二千余元，使人民损失金钱数万，今议会以四月为期，准商承办，未免罔今艰。总之，自治以利国福民为前提，而苛细病民之事断不可行诸今日，且生猪一项，多由贫民之豢养，借资弥补家计，当此民穷财尽之日，尤复苛捐剥民，是因一项之用途，不惜朘万民之脂膏也。”[1]故组织农民起来是很有必要的，培养、发展农民群体中积极分子也是很有必要的。“决不能由宣传小团体的工作进到鼓动广大的工农阶级和一般的革命群众的工作。……引导工业无产阶级中的先进分子，革命的小手工业者和知识分子，以至于乡村经济中有政治觉悟的农民参加革命，实为吾党目前之最重要的责任。”[2]故郑哲这则有关黄学增在宝安建党工作的珍贵回忆亦被目前各级党史材料所采用。“共产党员黄学增、龙乃武和何友逖到宝安县（黄学增驻第五区，龙乃武驻第四区，何友逖驻第三区）开展农民运动，建立乡村农民协会、农民自卫军和建党工作。年底，黄学增、龙乃武在四、五区吸收麦福荣、麦金水、陈细珍、麦牛（麦志兴）、潘寿延、潘国华、潘满容等入党，是为宝安第一批共产党员。”[3]“1924年下半年，中共广东区委派黄学增等人到宝安县开展农民运动，从事建党工作。1925年7月中旬，中共宝安县支部成立。书记黄学增（1925年7月—年底），龙乃武（1925年底—1926年三四月间）。该支部直属中共广东区委领导。”[4]“1924年下半年，中共广东区执委派黄学增等人到宝安县开展农民运动，从事建党工作。1925年7月中旬，中共宝安县支部成立……书记黄学增（1925.7.—12），龙乃武（1925.12—1926.3）”。[5]根据郑奭南的回忆，宝安在1924—1925年之间建立的中共党小组包括如下：“第

---

[1]《宝安学会杂志》史料，载深圳市史志办公室编：《民国时期深圳历史资料选编》，深圳报业集团出版社，2014年，第51、70页。

[2] 中共中央党史研究室、中央档案馆编：《中国共产党第四次全国代表大会档案文献选编》，中共党史出版社，2014年，第27页。

[3] 深圳市宝安区档案局（馆）、深圳市宝安区史志办公室编：《中共宝安地方史大事记（1924—2000）》，中国社会出版社，2003年，第1页。

[4] 中共广东省委组织部、中共广东省委党史研究室、广东省档案馆：《中国共产党广东省组织史资料》（上册），中共党史出版社，1994年，第19页。

[5] 中共中央组织部、中共中央党史研究室、中央档案馆：《中国共产党组织史资料》第一卷（党的创建和大革命时期）（1921.7—1997.7），中共党史出版社，2000年，第593页。

五区，楼村党小组，组长陈义妹。周家村党小组，组长麦福荣。燕村党小组，组长陈细珍。第四区，福永党小组，组长潘满容。新桥（玉律村）党小组，组长曾发。第三区，黄贝岭党小组，组长张国勋。蔡屋围党小组，组长蔡励卿，上步党小组，组长郑公法。皇岗党小组，组长庄泽民。第二区，固戍党小组，组长苏仲生。第一区，陈屋（南山村）党小组，组长陈芬联。”在这里，“各乡党小组，以国民党乡区分部为活动中心，先号召乡人加入国民党，取得党籍。然后从中吸收中共党员，建立党小组。”“党小组进行学习，每月至少一次”。在与上级的联系方面，“开始，全由黄学增与上级领导联系，他调离后，龙乃武继之。”[1]

黄学增在宝安建党工作、宝安党组织的建立，在宝安地区（即后来深圳地区）革命历史上具有划时代的意义。随着黄学增的到来，中共党员的发展，宝安地区马克思主义得以有效传播，革命的种子得以种植！黄学增成为宝安地区、深圳地区革命的播火者！成为宝安革命、深圳革命力量的激活者！宝安党组织的建立，灾难深重的宝安人民有了可以信赖的组织者和领导者，宝安革命、深圳革命有了坚强的领导力量！宝安党组织的出现，为根本改变宝安人民被剥削、被压迫的状况，实现人格独立，生活富裕，开始了不屈不挠、艰苦卓绝的斗争历程！

---

[1] 郑哲：《深圳市早期党组织的活动（补充材料）》，载深圳市史志办公室编：《深圳党史资料新编》，海天出版社，2007年，第6—7页。

第五章

繁忙的 1925 年

1925 年是国共合作进行的第二个年头，国民革命在国共两党的共同推动下，获得比较顺利的推进。这一年，黄学增的努力似乎获得很大的回报，工作能力获得了国共两党的认可，一方面频频出现在大庭广众的面前；另一方面，代表国民党农民部等相关机关奔波在全省各地农运第一线上。

第一节　公众活动显才华

经过宣讲员养成所、农讲所的理论学习，以及南路、宝安等地的党建工作、农民运动、国民革命等工作经历后，黄学增迅速成长起来，其工作能力获得了当时国共两党的认可，随之频频以政府代表身份时常出现在公众活动舞台中去。

1924 年 9 月，直系的江苏督军齐燮元与皖系的浙江督军卢永祥之间爆发了江浙战争，随后张作霖麾下的奉军以援助卢永祥为名，组织“镇威军”，开始攻击直军，展开了第二次直奉战争（第一直奉战争是在 1922 年 4 月至 5 月进行）。随后，直军的吴佩孚任命冯玉祥为第三军总司令，率部参战。长期深受孙中山理论影响的冯玉祥，[1] 遂在吴佩孚亲率援军督战之时机，反戈一击，于 10 月 23 日，从热河潜回北京，发动“北京政变”，软禁贿选上台的曹锟并接管防务。而在此之前冯玉祥已决定将所部改为国民军，拥护孙中山的三民主义。在 24 日冯玉祥致电孙中山，邀请孙中山北上共商国是。孙中山认为：“余孽未靖，固当悉予扫除，而根本之图，尤在速谋统一，以从事建设。庶几分崩离析之局，得以收拾，长治久安之策，得以实施”，遂决定“北上，共筹统一建设之方略”，[2]“就是以极诚恳的意思，去同全国人民谋和平统一”。[3] 12 月 31 日，孙中山自天津扶病抵北京，并发表《入

[1] 冯玉祥在读了孙中山的《建国大纲》后，曾说过：“我完全成为中山先生的信徒了”。见冯玉祥：《我的生活》，岳麓书社，1999 年，第 352 页。

[2]《大元帅北上之两令》，《广州民国日报》1924 年 11 月 5 日。

[3] 陈锡祺主编：《孙中山年谱长编》，中华书局，2003 年，第 2068 页。

京宣言》：“中华民国主人诸君：……兄弟此来，不是为争地位，不是为争权利，是为将来与诸君救国的。十三年前，兄弟与诸君推翻满洲政府，为的是求中国人的自由平等。然而，中国人的自由平等已被满洲政府从不平等条约里卖与各国了，以致我们仍然处于次殖民地之地位。所以我们必要救国。”[1]孙中山抵京时，北方政局已发生变化，冯玉祥被段祺瑞联合奉系张作霖排挤出京，同时段氏以政府执政的名义提出“善后会议”，维护军阀与列强的利益。1925年3月12日，孙中山因患肝癌不治，在北京逝世，终年59岁。

孙中山先生于北京病逝的信息传出后，3月15日，中国共产党致唁中国国民党中央执委会，对孙中山先生的逝世表示悲悼，希望国民党能够遵照孙中山的遗嘱，继承他反帝反军阀的革命事业。[2]同一天，中共中央发表《为孙中山之死告中国民众》：“在这方兴的民族运动中，失了一个有力的领袖，自然是很大的损失，然而这也不成的问题。因为中山先生所创造的国民党仍旧存在；这个党，尤其是其中革命分子。必然遵守大会宣言，必然遵守中山先生的遗嘱，依照中山先生主张与战略——打倒军阀必须打倒帝国主义——领导中国的民族自由运动，与中山先生在时无异。”[3]当孙中山先生病逝的消息传到广东时，国民革命的根据地人民悲痛万分，纷纷采用各种形式悼念国民革命的先行者。1925年4月12日，“广州各界举行孙中山先生追悼大会。是日农工商学兵政警察妇女各界赴会团体七百余，人数廿余万”。廖仲恺主席、胡汉民主祭，会上黄学增代表农界发表致悼词。[4]黄学增致悼词的主题是：“为平民谋利益”；他谈道：“中山先生虽死，但他的主义是永永存在于世界，他的主义是为平民谋利益的，他也因此奋斗而

[1] 广东省社会科学院历史研究室、中国社会科学院近代史研究所中华民国史研究室、中山大学历史系孙中山研究室合编：《孙中山全集》第十一卷，中华书局，2006年，第532—533页。

[2] 中央档案馆：《中共中央文件选集》第一册（一九二一～一九二五），中共中央党校出版社，1982年，第326—327页。

[3] 中央档案馆：《中共中央文件选集》第一册（一九二一～一九二五），中共中央党校出版社，1982年，第324—325页。

[4]《广州民国日报增刊》1925年4月14日。

死了。吾们农民要一致团结起来，拥护为民族革命而奋斗的国民党。”[1] 除黄学增外，廖仲恺、谭平山、俄代表加伦将军、工界代表冯菊坡、汉冶萍工人代表等人发表演讲。汉冶萍工人代表的演说词是：“今天中山追悼大会，我代表汉冶萍工人全体说话。中国国民尤其是工人，受帝国主义压迫，中山先生领导我们向帝国主义进攻，帝国主义倒了，我们国家才可以独立自由。中山先生死了，从今天始我们要更加联合起来去完成此革命事业。现在五一劳动大会，即在广州开会，联合全国劳工参加此革命大运动并希各界一致团结。”根据《刘少奇年谱》，我们可知道当时汉冶萍工人代表为刘少奇。刘少奇时任汉冶萍总工会执行委员，根据中共中央决定，以汉冶萍总工会名义参与发起召开在广州召开的全国劳动大会。劳动大会决定成立中华总工会，刘少奇当选为副委员长。[2]

1915 年 1 月 18 日，日本驻华公使日置益向中华民国总统袁世凯递交了几页写在有兵舰和机关枪水印的纸上的文件，即臭名昭著的“二十一条”。5 月 7 日，日本政府向袁世凯政府下达最后通牒，要求中国不加修改地接受“二十一条”中第一号、第二号、第三号、第四号和第五号中有关福建问题的要求。5 月 9 日，袁世凯政府接受日本最后通牒的所有要求，并于 5 月 25 日签订了中日《民四条约》。“五七”或“五九”被作为国耻纪念日载入史册，其中，“五七”是指日本政府下达最后通牒的时间，“五九”则是袁世凯政府接受“二十一条”的时间。“五七”国耻纪念日，即是日本帝国主义提出二十一条款威迫中国承认的日子，亦即是军阀官僚卖国的日子。1925 年 5 月 7 日，黄学增代表广东农会，与国民党中央执行委员会委员廖仲恺，中共中央委员、国民党中央执行委员谭平山，第二次全国劳动大会代表刘少奇等人一起出席广东各界举行的五七国耻纪念大会。到会工人、农民、

[1] 三民公司编辑：《孙中山评论集》第一编，三民公司，1927 年，第 77 页。《广州民国日报增刊》1925 年 4 月 14 日。

[2] 中共中央党史和文献研究院编：《刘少奇年谱》（第一卷，1898—1942），增订本，中央文献出版社，2018 年，第 34—35 页。

军人约两万人。上述各人相继在会上发表演说。[1] 对纪念大会的情形，《广州民国日报》以《“五七”国耻纪念大示威详情》作了比较详细的报道：[2]

昨五月七日乃“五七”国耻纪念日第十周纪念的日子，是日正午十时，各□齐集于广东大学操场，是日到会团体、工团，有全国劳动大会代表团、粤汉铁路总工会、广三铁路总工会，辗谷工会、土墨工会、集贤总工会、锦纶织造工业联合会、汉文排字工社、派报工会、建筑总工会、酒业工会、坭水工会、西式傢私工会、杂务工会、唐装首饰工会、人力车工人俱乐部、驳载总工会、草席建造工会联合会、店员工会、景源印务工社、励进车辆木工工会、肉行昭信工会、界木工会、青年工社、伦宝纸业工会、头发工会等二百余，人数万余。农界，有广东全省农会代表团代表二百余人、农民讲习所、农民千余；军队，有滇军干部学校、陆军军官学校、湘军军官学校、桂军军官学校、滇军教导团、军官学校教导团、帅府卫士队、铁甲军队、飞机掩护队、中央海军、飞机学校、广东警卫军、粤军第三军、青年军人联合会等二十余处团体，人数约四千；学校，有学生联合会、广东大学全体、省立女子师范、工业专门、执信学校，育智学校、远东学校、培正学校、市立职业、第一高、第五女高、第七高、第五国民、第十三国民、孤儿院音乐队等五十余间，学生万余人；总计不下二万人，诚空前未有之大会也。兹录其开会详情如下：（一）会场之布置，门首悬一赤色横额，其文曰“五七国耻纪念工农兵大联合示威巡行，为争中国之自由独立，反对帝国主义与军阀，场内设一演说台，高可丈余，工农界代表列队在中、台下左为学生，右为军人，全场赤旗招展，极备壮观。（二）开会之秩序，首由各界推举青年军人代表王一飞主席，即奏军乐，并由主席宣布开会理由，即请廖部长仲凯、谭部长平山、加伦将军、劳动大会代表刘少奇、徐宽、省农会代表黄学曾，相继演说。后全体高呼

---

[1] 中共中央党史和文献研究院编：《刘少奇年谱》（第一卷，1898—1942），增订本，中央文献出版社，2018年，第38页。

[2] 《广州民国日报》1925年5月9日。

农工兵大联合万岁，打倒一切帝国主义，打倒军阀等口号，始宣告整队巡行。（三）巡行之热烈，全体二万余人出发巡行，兹录其路径于下：‘文明路、转文德路、折右惠爱中路、永汉路、直出长堤、由长堤直行至沙基大街、陈塘南、清平街、蓑衣街、杉木栏、十三行、普济桥、西瓜园’。”用赤色大横旗前导领队，上书“五七国耻纪念日工农兵大联合示威巡行为中国之自由独立，反对帝国主义与军阀”，其余工农学生手执纸亦旗军人枪插赤旗、先行为工人农民，次为军人学生，沿途高呼“打倒帝国主义”“打倒军阀”等口号，观者途为之塞，旗帜随风飘扬，飒飒之声，与高呼口号之声，两相响应，巡行群众，甚为热烈云。

1925 年 1 月召开的中共四大文件曾指出：“学生在目前政治运动中，是重要的推动力……学生运动的最重要的目的，是怎样使学生能与工人、农民运动结合起来，使他们到工人、农民群众中宣传和帮助他们组织。”[1] 主要从事农民运动的黄学增在当时亦间或参与相关青年活动，向青年学子宣传国民革命：“省立第一中学青年学社于昨二十日，在该校开半周年纪念会……是日来宾达十余人，下午一时开会，由谢蔚然主席、陈志文宣布开会理由……（三）请该校邓校长及全国总工会代表孙云鹏、全省农会代表黄学曾、苏南等演说……”[2] 在 1926 年 1 月 20 日《广东青年》创刊号中黄学增发表了《怎样去做青年农民运动》一文。[3]

1925 年 5 月 14 日，上海日本纱厂为抗议日本资方无理开除工人，遂举

[1] 中央档案馆：《中共中央文件选集》第一册（一九二一～一九二五），中共中央党校出版社，1982 年，第 300 页。

[2]《广州民国日报》1925 年 5 月 27 日。

[3] 中央档案馆、广东省档案馆：《广东革命历史文件汇集》（一九一九～一九四九，广东报刊资料选辑），1991 年 12 月，第 7 页。按，该刊由中国国民党广东省执行委员会青年部编辑，开始是月刊，后改为半月刊，通信地址为广州广仁路广东省党部青年部。刊物意义为“青年时期的思想是格外的发达而灵敏的，好似白纸一般，染于黄则黄，染于赤则赤”；“要使一般的青年对于革命的中山主义都能彻底认识、信仰、实行和应用”等而刊行。可惜的是目前只见到黄学增的篇目，不见详细文章。同期刊发的还有黄居仁、陈志文等人的文章。

行罢工。罢工过程中日本资本家竟然开枪射击，打死工人顾正红（中国共产党党员），打伤10余名工人。引发上海工人、学生和市民的强烈愤怒。5月22日上海各团体开会追悼顾正红，学生团体参与，但在途经公共租界时4人遭到被捕。5月30日上海学生联合会遂举行游行讲演。当部分学生游行至南京路时继续遭到被捕。学生群体及群众千余人徒手至捕房门口，要求释放被捕者，竟遭到英国捕房的开枪射击，当场死去学生4人，重伤30人。同时租界当局更是调停军队而来，宣布戒严，任意枪击群众。这就是震动全国的“五卅惨案”。惨案信息传出后，全国民意沸腾，全国揭起新一轮反帝国主义示威运动。6月2日，闻知消息的广州市民在国共两党领导下，也进行一场游行示威活动。6月3日《广州民国日报》以《广州市民昨日之巡行示威情形》为题报道一则提及黄学增的信息，因里面不仅保留担任大会主席团主任黄学增的发言与活动概况，还有邓中夏、谭平山等人情况，不妨全文摘录，以备留存史料。

上海日本纱厂华工为向日本厂主要求改良待遇，被日人枪杀，各界起而援助举行巡行大示威，被英巡警开枪扫击，死伤多人，详情已迭登报端。昨得青岛消息，宪兵向纱厂枪杀华工，死二人，伤数十人。广州各界接电之后，莫不发指眦裂。佥以日英帝国主义者今日在上海青岛杀我同胞，他日可在广州残杀吾人，此为民族生死问题，故由工农商学兵五领袖团体发起群众示威大巡行，表示援助上海及反抗英日帝国主义，以图自救，于昨日在广大大学操场，召集各界大会巡行，赴会者团体八十余个，人数万余，先由筹备会推定中华全国总工会代表孙云鹏、广东全省农民协会代表黄学曾、广州市商民协会代表甘乃光、青年军人联合会周□群、广州工人代表会代表刘公素、广州学生联合会刘克平等六人组织主席团，复推黄学曾为主席团主任，下午一时开会，兹将情形略志如下。开会之情形　台前悬白布横额书‘反对日英帝国主义枪杀中国同胞’，台沿遍插长旗，书‘日本帝国主义枪杀上海纱厂华工三名’‘日英协同枪杀上海巡行群众六名’‘青岛被日人枪杀华工二名’‘九江被日人枪杀华工二名’‘打倒日英帝国主义’‘收回租界’‘收回领事裁判权’‘收回外人在华设立之工厂’‘取回不平等条约’‘援助沪青浔同胞到底’等标语。十二时齐集，而尤以学生工人为多。未几，宣告开会，推举主席团黄学曾宣布开会理由。略谓今天大会的意义，是为近两周来日英帝国主义者在上海青岛地方，凡三次屠杀我同胞，此事绝非上海青岛同胞一己之事，乃吾全民族生死问题。彼帝国主义在吾中国一步紧来一步，今日可枪杀上海青岛同胞，他日又何尝不可杀到广州？须知中国未亡，吾人实已受亡国之祸，所以今天大会，一面要援助上海青岛同胞，一面要自家加紧团结，打倒日英帝国主义，不特为上海青岛被害工友复仇，仰亦民族自救也云云。继由全国总工会邓中夏报告情形，略谓上海日本纱厂资本家，破坏二月间与工人订立之条约，开除工人代表，不准工人立会，克扣工人工资。工人起而理论，日人开枪打死工人三名，伤者无算。上海各界同胞愤不能平，起而援助，于前日（卅日）举行示威巡行，日英帝国主义调遣巡捕打死六人，重伤一十四。翌日又死七人，被捕百余。诸君同胞，中国尚未亡国，外人竟胆敢在中国竟开枪杀同胞，若果国亡，岂不将中国人杀绝？又青岛日人杀华工二人，九江日人杀华工二人。诸位同胞，外国人今天杀我上海同胞，明天杀我青岛九江同胞，后天不要杀我广东同胞吗？今天电报，上海已罢市了，我广东市民要立即起来，援助上海同胞打倒日英帝国主义云云。继由中国国民党代表谭平山演说。略谓，各位爱国的同胞们，今天举行示威的理由，在刚才邓代表所报告的事实，诸位皆已明了，毋庸兄弟再为重复报告，但是对于此次日本与英国任意在中国残杀中国同胞，此等惨无人道举动，在帝国主义者的国家对付殖民地的人民殊不足稀奇，如这样事实亦不止此次，但冀今日诸君应要十分注意的下列几点（一）……孙先生在去年北伐宣言中有云‘……尤在推倒军阀所赖以生存之帝国主义，盖必如是然后反革命之根据，乃得永绝，中国乃能脱离次殖民地之地位，以造成自由独立之国家’，这段宣言，经此次事实，更可以证明……只有联合民众向帝国主义和军阀进攻，以促成中国民族解放，舍此没有其他出路。（二）所有世界帝国主义的国家，都是一样向中国进攻，彼此无甚分别，故中国国民革命要打倒一般帝国主义，如此次残杀纱厂华工是日人，而卅日惨杀巡行群众，则是英国巡捕……。次由全国总工会代表孙云鹏、学生联合会代表刘克平、青年军人代表王一飞演说，并皆慷慨激昂，辞不具录。当由主席提出四案:（一）通电，一致全国，一致日本人民，一致全世界;（二）组织工农商兵学联合办事处，专门办理此事，每团体出二代表组织之;（三）各学校各团体自由组织演讲队，逐日在街上向市民讲演;（四）抵制日货英货。付表决，全场狂呼举手通过。旋由群众高呼“反对日英帝国主义枪杀中国同胞”“援助上海青岛九江同胞”“打倒日英帝国主义”“中国民族解放万岁”等口号，遂率□巡行。

△巡行之情形　由文德路出发，出文德路北行，经惠爱路，至中路折南行水汉路，直出长堤，西行至沙基，而桨栏街、十八甫，经太平门口出至西瓜园散队。巡行者各手执五色纸小旗，或白色大旗，上书种种标语，各团体旗学校旗互相辉映，沿途高呼口号时，则手旗纷飘，声动如雷，一种热烈气概反抗帝国主义之精神，令人感动。尤以巡行至沙面时，均停足在闸外高呼口号，声冲云霄。民气如此之盛，外国帝国主义者可以休矣。

杨希闵（1886—1967），字绍基，云南宾川县人，先后毕业于云南讲武堂和江西讲武堂，曾在昆明参加辛亥革命。历任滇军第三旅旅长、代理滇军总司令、西路讨逆军滇军总司令。1923 年，杨希闵率领滇军、刘震寰率领桂军入粤，协助孙中山相继驱逐叛乱的陈炯明部与沈鸿英部，收复广州。杨希闵时获孙中山的嘉许，称之“忠诚特著，督率有方，允为元功，宜加特褒”。[1] 刘震寰（1890—1972）原名瑞廷，字显臣、显承，广西马平县人，同盟会会员，辛亥革命时随同柳州革命党人宣布柳州独立。1913 年“二次革命”时曾成立讨袁军，但在部下沈鸿英叛变后只身逃往香港。1917 年再次回桂，于桂军任职。当广东各部奉孙中山之命进攻广西时，刘震寰临阵倒戈，迫使桂军军阀溃败。刘震寰后被孙中山任命为直辖桂军第二路总司令，

[1] 广东省社会科学院历史研究室、中国社会科学院近代史研究所中华民国史研究室、中山大学历史系孙中山研究室合编：《孙中山全集》第七卷，中华书局，2006 年，第 135 页。

并在国民党一大上被选为候补中央监察委员。但滇、桂两军本来都是未经改造、没有统一组织和严明纪律的旧军队，进入广州后，自恃有功，把持税收、强占民房、勒索财物、生活腐化，引起粤人深刻的不满。更主要的是，杨、刘两人趁孙中山逝世、东征军远驻东江，广州十分空虚之机，酝酿变乱。4月初，当唐继尧的滇军由滇而东之际，刘震寰通电呼应。5月中旬，刘、杨、商团领袖陈廉伯、唐继尧的代表、段祺瑞的代表、林虎的代表、邓本殷的代表及香港当局代表在香港召开会议，意图推翻广州政府。[1]“杨刘之乱”遂至酿成。6月7日，大本营宣布讨伐杨、刘。粤军等革命军以及广东各界纷纷投入反乱战斗中去，以之根除杨、刘之祸，确保国民革命大本营得以保存。面对杨刘之乱，中共广东认为两人的叛乱，实际上是帝国主义与军阀互相勾结，图谋颠覆广州革命政府的反革命活动，要发动革命的力量肃清之。“粤汉、广九、广三三路的工人……海、陆丰及番禺珠村之农民自卫军均派队帮助革命政府的军队……”[2]黄学增当时代表农会对珠村的举措进行嘉勉：“此次党军进讨杨刘暴军开到番禺珠村时，而珠村爱园、新村、沙涌，各乡农民自卫军纷起响义，共讨暴军……秘书黄学曾前赴慰问”。[3]据了解番禺夏园、珠村两乡农民自卫军仍由郑千里、潘文治带领，在此次反革命叛乱期间，竭力起来与革命政府合作，受到广东省农民协会秘书黄学增嘉勉，认为是农民参加革命的第一次，给予很高评价。郑千里是黄学增在农讲所的同班同学，后为农运特派员。潘文治后也与黄学增一起作为农界出任广州市市政委员。在同月的17日，黄学增仍以农会代表的身份表达对清远农民自卫军参与这场革命的努力的肯定。“6月17日，学增代表省农协主持欢迎清远县农民代表的会议，热情赞扬清远县农民自卫军在讨伐反动军阀刘震寰、杨希闵的战斗中勇敢作战的革命精神，鼓励大家再接再厉、奋勇向前，为巩固和

[1] 曾庆榴：《广州国民政府》，广东人民出版社，1996年，第206页。

[2]《中共广东区委对于广东时局宣言》（1925年6月13日），中央档案馆、广东省档案馆：《广东革命历史文件汇集》（中共广东区委文件，一九二一～一九二六年），1982年10月，第21页。

[3]《番禺农民自卫军歼敌殊功》，《广州民国日报》1925年6月20日。

发展广东革命根据地作出更大的贡献。”[1] 正是革命军以及革命力量的努力，至6月12日，叛军基本得以肃清，广州的局势转危为安。

1925年的上海“五卅惨案”在全国引起极大愤怒，全国人民对帝国主义草菅人命的做法强烈愤慨、义愤填膺，决心与帝国主义者进行坚决的斗争。1925年6月19日，在中共广东区委和各界的努力，一场工人罢工、商人罢市的反帝爱国运动终于全面爆发，这就是震惊中外、罢工期极长的省港大罢工。省港大罢工给予香港港英当局极大的打击，香港经济受到一定程度的冲击。罢工期间，为了加强对罢工全局的领导，省港罢工工人代表大会选举产生了省港罢工委员会，作为最高执行机关，苏兆征担任委员长；同时设立罢工委员会顾问组。7月3日，黄学增与廖仲恺、邓中夏、黄平等人，受聘为中华全国总工会省港罢工委员会顾问，指导省港罢工工人的斗争。[2]1925年6月29日，广州大元帅大本营发布政府改组之通令，说明广州革命政府的更新，决定成立国民政府。7月1日中华民国国民政府宣告正式成立，因为成立地是广州，在中华民国史上亦被称之为广州国民政府。在国民政府成立的同时，广东省政府也作了改组，公布“省政府组织法”，规定省政府“于中国国民党指导监督之下受国民政府之命令处理全省政务”。[3]7月3日，广东省政府举行成立典礼。而在省政府预备会议上，《广州市市政委员会暂行条例》获得通过并公布，规定市政委员会为广州市立法机关，由省政府在农界、工界、商界、教育界，现代职业团体及自由职业者中各委三名委员组成之。1925年7月14日，在广东省政府省务会议第五次议决案上，黄学增作为农界代表被孙科提名为18名广州市政委员人选之一。[4] 同时提名的还有：农界代表：潘文治、李民治；工界代表：林伟民、邓汉兴、

---

[1]《黄学增研究史料》，第254页。

[2]《中共广东区委关于省港罢工情况的报告》（1925年7月），中央档案馆、广东省档案馆：《广东革命历史文件汇集（中共广东区委文件）》（一九二一～一九二六年），1982年10月，第33页。报告中虽曰“此原为应付民校起见”；但在公布的省港罢工工人组织系统里，顾问是为“收集思广益之效”。见《工人之路》第23号（1925年7月17日），第52页。

[3]《广州民国日报》1925年7月1日。

[4] 见广东省档案馆：《民国时期广东省政府档案史料选编》（1），1987年，第7页。

陆枝；商界代表：邹殿邦、蒋寿石、李朗如；教育界代表：邹鲁、金曾澄、韦悫；现代职业代表：谢作楷、程天固、卢维溥；自由职业代表：陈孚木、伍伯良、钱树芬。

在 1925 年，除了在公共政治活动平台、场所黄学增积极参与、推动国民革命外，他还在民间社团方面发挥自己的组织能力，活跃在国民革命的战场。9 月 26 日，黄学增等发动雷州青年同志社联合新学生社等组成革命青年联合会，选邓颖超为主席。[1]10 月，黄学增与王文明、林熙载等人发起组织“广东、高雷、罗阳、钦廉、琼崖八属旅省革命团体联合会”发动旅穗革命青年随国民革命军南征，协助革命军工作。[2] 事实上早在 8 月“八属旅省联合会”就成立了：“八属旅省各界、以邓贼本殷勾结帝国主义宰制八属、图谋危害革命政府、形势日趋严重、一般被压迫民众痛苦日深、经屡次请愿政府早日出兵南征、但因无联合组织、缺少宣传、在政府方面、固置若罔闻、即社会方面亦未曾留意、致使八属复为帝国主义势力范围、而一般被压迫民众直接变为邓贼本殷铁蹄蹂躏之鬼、八属各界团体有见及此、昨星期日即召集各界团体代表在广大礼堂开请愿政府肃清南路代表大会、分向国民党中央执行委员会及国民政府省政府请愿、并在大会通过组织各界联合会、努力宣传、督促政府、以达到肃清南路、打倒邓贼目的。昨日（六日）下午一时该会筹备妥当假座广大礼堂开成立大会、到会团体有三十五个、代表二百人、个人前往旁听者、有百余人、罢工委员会纠察队、亦有一队到会维持秩序、开会结果、通过章程、选举职员请愿广东各界对外协会召集各界民众举行大示威运动、以为援助、并组织演讲队分赴各马路、做大规模演讲云。”[3]“八属各界团体联合会”成立后的第二天起，即开始参加各类国民革命活动，如在广东各界对外协会游行示威会议上，向大会报告“邓贼本殷在高雷琼八属、压迫人民、勾通香港帝国主义、接济香港粮食、收纳香港政府金钱、收受

[1]《革命青年代表大会》，《工人之路》特号第九十六期（1925 年 9 月 28 日），湘潭大学出版社《红藏·进步期刊》系列影印本，2014 年，第 326 页。

[2] 中共湛江市委党史研究室编：《中共南路党史大事记》，广东人民出版社，1996 年，第 12 页。

[3] “八属各界团体联合会成立情形”，《广州民国日报》1925 年 8 月 7 日。

香港政府军械、大招兵马、图谋侵害革命政府、借以破坏人民对外种种不法”，“督促政府肃清东江南路陈贼余孽、并严惩其他一切勾通帝国主义之汉奸反压迫农工之反革命派”。[1]又如召集留省公民大会，讨论南路问题：“高雷钦廉琼崖罗阳留省诸同胞鉴定于八月十三日（星期四）正午十二时假座广大礼堂开公民大会讨论肃清南路问题务希踊跃莅会工商进行为盼。”[2]

此外，10月20日至26日，中国国民党广东省第一次代表会议在广州召开，选出广东省党部执行委员会，黄学增与彭湃、杨匏安、韦启瑞、刘尔崧、蔡如平等共产党员，在省党部中担负工运、农运、党务方面的工作。[3]在中央农民部11月报告中，还提到“选派黄学曾为特别委员会委员”。[4]这个特别委员会应该指的是国民党南路特别委员会。其实，即使在履新职的路途中，黄学增公共政治活动也是比较繁忙的。如被农民部派往江门，出席该市代表大会，监督选举市党部执行委员会委员；事后又前往开平县，“考察该县各级党部之组织及指导”。[5]

第二节 区域农民运动中的黄学增

中共“二大”明确指出:“中国三万万农民乃是革命运动中的最大因素”，“大量的贫苦农民能和工人握手革命，那时可以保证中国革命的成功”。[6]1923年6月，中共三大宣言继续指出，中国迫切需要一个民主革命，因此，“拥护农民的利益是我们一刻都不能忽视的，对于工人农民之宣传与组织是我

[1]《广州民国日报》1925年8月8日。

[2]《广州民国日报》1925年8月11日。

[3]《黄学增研究史料》，第256—257页。

[4]“农民部1925年11月报告”，《中国国民党广东省党部党务月报》第一期（1926年2月），第16页。

[5]“农民部1925年12月报告”，《中国国民党广东省党部党务月报》第一期（1926年2月），第5页。

[6]“中国共产党第二次全国代表大会宣言”，中央档案馆：《中共中央文件选集》第一册（一九二一～一九二五），中共中央党校出版社，1982年，第76页。

们特殊的责任；引导工人农民参加国民革命更是我们的中心工作”。大会通过了《农民问题决议案》，这是中国共产党专门就农民问题做出的第一个决议。[1]1924 年 5 月召开的中共中央执行委员会扩大会议也明确指出：在“反对国际帝国主义及国内军阀的国民运动里，大多数农民群众的加入是最有力的动力”。[2]在 1925 年里，黄学增根据党组织安排、国民革命的需要，积极投身于农民运动中去。

因为邻近广州，花县在农民运动方面相对广东各地而言是比较发达的。早在 1923 年，就有侯凤墀、陈道周、梁伯舆、王镜湖、王福三等人在那里活动。侯凤墀、陈道周、梁伯舆、王镜湖等人后来与黄学增一样，归属为中央农民部的农民运动特派员。而在 1924 年春即已出现花县的第一个村农会——元田村农会。[3]1924 年 10 月，花县县农会即在九湖村王家祠宣告成立。虽然花县的农民运动开展得早，但该地的地主势力、民团势力也是巨大的。1925 年 1 月 7 日，花县田主维持会（该会在 1924 年由花县地主非法组织起来的，会址在平山圩均和书院）主使土豪卢永隆等率带土匪百余人、武装商乡团多人，蜂拥进入花县农会办公处，将会内农民自卫队的“枪支印信衣物银两洗劫一空，并将孙大元帅肖像及农会旗帜器具等物捣毁无遗，并凌辱农民部特派员，四处寻觅九湖乡农军团长王军，意图杀害”。花县农会见此景况，当即致电胡汉民省长、国民党中央执委会及农民部：“敝会前后被田主维持会压迫者屡矣。在此革命政府旗帜之下，竟有此继续不断的反革命行为，倘不从严剿办，则敝会生命从此告绝，而贫苦无告农民长在黑狱矣。”[4]正是在此背景之下，黄学增奉农民部之命来到花县，加强该地农民运动。按：花县档案馆藏的《广东花县九湖乡革命史》谈到，大革命时，彭湃等人到

[1] 中央档案馆:《中共中央文件选集》第一册(一九二一～一九二五)，中共中央党校出版社，1982 年，第 129、118 页。

[2] 中央档案馆:《中共中央文件集》第一册(1921—1925)，中共中央党校出版社，1982 年，第 247 页。

[3] 卢克文遗稿：《花县农民运动纪实》，中国人民政治协商会议广东省委员会文史资料研究委员会编：《广东文史资料》第 30 辑，广东人民出版社，1981 年，第 241 页。

[4] 见梁尚贤：《国民党与广东农民运动》，广东人民出版社，2004 年，第 143 页。

九湖乡，“数日后，再派多数位特派员，黄学增同志、何友逖同志一齐来到九湖乡农民协会”。[1]一些学者认为是1924年发生的事情。但结合1925年王福三被杀事件中，黄、何两人同时出现以及相关的记载，回忆中事情应是1925年发生的。当其时花县洛场大地主江新南，象山大地主江锦堂、平山大地主江季瞻等，勾结县长江侠庵，组织“花县田主业权维持会”（农民称之为地主会），成立民团，增购武器，筹划与农民协会对抗，到处宣扬要“劏大猪（大珠农会），拆大箩（罗洞农会），碎石头（石岗农会），执田螺（田螺湖农会），煲莲藕（莲塘农会），捻出九湖大浓头（设于九湖乡的花县农民协会）”。[2]地主势力很嚣张，形势非常恶劣。来到花县后，黄学增等人针对当时的环境，以及花县农民自卫军武器比较缺乏的情况，建议花县农会提取“猪屎会”款项增购枪支子弹，扩大农军、加强战斗力。按当时规定，“养猪的农民，一律不准他们圈猪，任何人也不准拾猪屎，以五天为期，当众票投，价高者得，投得后才准拾猪屎。此种猪屎捐，年中收入不少，乡民称为猪屎会”，这个会的大权，在农会未成立及未接收前，掌握在村庄恶霸豪绅手里。[3]但提取款项的事情被“花县田主业权维持会”安插在县农协当理财的王锦昭（椒）所阻；1月18日，黄学增、何友逖、王福三带领少数农军到凤岭村逮捕王锦昭；[4]“归途中，被地主江锦堂带领民团堵截，双方激战。县农协派农民自卫军从鱼苟庄来援，却被地主张湾九率民团截在半途。”针对形势的变化，受过专业军事训练的黄学增遂与王福三等人商量，“乃向元田村撤退，退至横枝柄灰沙山边，王福三不幸中弹，身受重伤，但仍英勇还击，打伤江锦堂左耳，自己也因流血过多，不能走动”。面对如此的困境，“农军中有拟背之者，烈士（王福三）厉声曰：‘我退至元田，敌必追至元田，徒增加元田群众受害，我宁死于此！’”坚决拒绝。

---

[1]《黄学增研究史料》，第204页。

[2]《黄学增研究史料》，第251页。

[3]卢克文遗稿：《花县农民运动纪实》，中国人民政治协商会议广东省委员会文史资料研究委员会编：《广东文史资料》第30辑，广东人民出版社，1981年，第246页。

[4]按：卢克文认为是农会遂派人前往王氏家，邀请王氏一同到县农会座谈。

不久“匪众涌至，烈士身中数枪，辗转就死。死后，匪徒以大石击烈士首，并割去左耳左手。”农军退至元田村后，黄学增与何友逖亦“被民团分割包围，互不能援，各自率队员且战且退，入元田村，在该村群众保护下脱险返回鱼荀庄，集农军严阵以待，击退民团，保住了花县农民协会。”[1]事件发生后，虽然农民部等部门派彭湃等人前来处理，胡汉民、廖仲恺也向花县县长下达追凶缉匪的命令。但由于当地劣绅土豪与不良县长勾结一起，置省长与农民部长命令为一纸空文，致事情迟迟不得了结。至 8 月 18 日，才有以如下解决条件来了结的说法：“（一）通缉凶手王善、卢永煊、王熙、王致开归案惩办；（二）赔偿损失一千元；（三）抚恤王福三遗孤二千元；（四）由县长挂回县农会招牌；（五）由县长出示保护农会，并劝谕各乡以后不得仇视农会……”共有十四条条件。[2]

早在 1924 年 7 月，国民党广州革命政府即发布一份《政府对农民运动宣言》，[3]里面指出：

督促一般农民之自觉，引导其团结于国民革命旗帜之下，为全国国民一大联合之奋斗。兹对农民运动有应为规定者如左：一、农民欲达到解除上述种种压迫，应即时组织农民协会。此种农民协会之性质，为不受任何拘束完全独立之团体。二、农民协会在目前战争过渡期间之重要工作，为防御土匪兵灾起见，特许其在一定计划之下，组织农民自卫军。其办法如下：（一）得按照军队纪律及义务军办法组织之；（二）非农民协会不得加入为农民自卫军；（三）农民自卫军得解除村中非会员之武装；（四）农民自卫军当受政府之绝对的监督，但政府不得以农民自卫军充作别种攻击非本村直接防御行动之用。三、农民协会与其各级中之各部，均有警告、控告，以及管理□税之征收，及解决地税问题（如平均问题分仟问题、交付问题、

[1] 参阅花县档案馆：《花县农民协会副委员长王福三烈士传略》。转《黄学增研究史料》，第 252—253 页。

[2]《广州民国日报》1925 年 8 月 21 日。

[3]《广州民国日报》1924 年 7 月 15 日。

额外征收问题等）但无直接行政之权在控告时，村农民协会及区农民协会得控告于区官者，县农民协会得控告于县官者，省农民协会得控告于省长，全国农民协会得控告于大元帅；他如向军事长官控告，亦得按此程序行之，至于各农民协会（村、区、县、省）各该地之官厅有问题不能解决时，该农民协会应请托其较高一级之农民协会，与其所在地方官厅解决之。四、各农民协会及农民自卫军有使用农旗之特许权。农旗之制式为青天白日满地红之国旗，复于红幅上绘一犁，旗之正幅上另备一黄幡，上书中华民国某省某县某区某村农民协会字样。五、各村中之农民协会，为基本组织，每一村农民协会须有十六岁以上之会员廿人以上方能成立。如人民入会之时，有左列条款之一者，皆得拒绝其为会员。（一）有田地百亩以上者；（二）以重利盘剥农民者；（三）为宗教宣教师者如神甫牧师僧道尼巫等类；（四）受外国帝国主义操纵者；（五）吸食鸦片及嗜赌者。六、各级农民协会之组织，对于契约承受财产等贸易均得享有法律保护权。七、农民协会对于横暴官吏，有请求罢免之特权，但此等请求，如反抗行政官、司法官，或军官个人等，必须经过会员全体大会四分之三之通过，地方或中央审查委员会之审查始能执行；审查委员会之主席为检察官，委员为农民协会代表二人工会教育会商会国民党代表各一人。此审查委员会之判决，应由政府机关执行之。八、农民协会得派代表至各□方或中央政府之各机关之农务会议讨论各种之农业问题，如整理水利、救济灾荒、信托贷款及农民教育等。九、农民协会之章程须根据三民主义由会员自己定之。

宣言里明确认为在国民革命中，必须在全省范围内开展农民协会建设，以农民协会作为农民参与国民革命的组织。美国学者亨廷顿曾指出："建立农民协会是一种政治行为，而最经常、最有效地采取这种行动的又是政党，因为它需要农民组织的机制来取得农民的支持，并使农民与党牢牢地捆在一起。在处于现代化之中的国家，几乎每一个强大的政党都与某一个农民组织保持着密切的联系。这种组织当然能给党的领袖，但也同样能给农民效劳。”[1]大致在 1925 年 4 月，已在农民运动得到重要认可、被评价为“勇于任事，才能称职”、可谓特派员中佼佼者的黄学增被派“往宝安成立县农民协会”。[2]事实上，早在 4 月之前，黄学增已在宝安开展农民运动，根据政府的要求，推动宝安各地农民协会的成立，以农会来带动农民参与国民革命活动中去。1925 年 3 月 23 日，“宝安县第一区农民协会在沙莆开成立大会，到会者男女约有三四百人，参加团体有农民部代表黄学曾、东莞县农会代表韦启端、东莞第一区农会代表蔡日新，霄边乡农会代表蔡启芬，涌头乡农会代表蔡日昇等，各团体送赠之匾额、尤为美不胜收。下午一时开会，各代表演说，均能发挥尽致，鼓掌之声，不绝于耳，四时散会后，即举行武装示威大巡行。闻该区农会系海员工人蔡旺运动筹备成立，查蔡极热心从事，故有此成绩云。又宝安第二区楼村乡农民协会于三月二十二日开幕，到会参加团体有农民部代表黄学曾，东莞一区农会代表蔡日新，余如李松朗燕川罗田霄边锦厦涌头亦派有代表参加，宾主约五百余人。该乡会是日并宰猪谦会，宾主极为欢洽，选举选出之职员全属热心之真正农民云。”[3]这里说宝安第一区农会、第二区农会成立时，农民部代表黄学增参与，其实这些农会皆是在黄学增在指导下成立的。在农民部四月份的工作报告里提及全省 57 处农民协会中有宝安农民协会者如下：宝安第二区薯田乡农民协会、宝安第二区燕川乡农民协会、宝安第二区合水口乡农民协会、宝安第二区塘厦涌乡农民协会、宝安第二区田料乡农民协会、宝安第二区楼村乡农民协会、宝安第二区水贝乡农民协会等。[4]这部分宝安各乡的农民协会无疑是由黄学增指导成立的，故农民部命令要求黄学增在宝安成立县一级的农民协会。在 1925 年 4 月 26 日，宝安县农民协会正式成立：“宝安方面计协会正式成立者，达卅四乡，区至四。在

[1]（美）塞缪尔·P. 亨廷顿著，王冠华、刘为等译：《变化社会中的政治秩序》，上海人民出版社，2013 年，第 365 页。

[2]《农民部四月份工作经过报告》（1925 年），中国国民党汉口档案；中国社会科学院近代史所藏。

[3]《广州民国日报》1925 年 4 月 1 日。

[4]《农民部四月份工作经过报告》（1925 年），中国国民党汉口档案；中国社会科学院近代史所藏。

筹间者达二十乡，要求往组织者，西路有福永一带，中路有南头西乡一带，东路有深圳一带，县协会亦于四月二十六日成立。”[1]协会地址在宝安南头关口郑氏宗祠内（即现在深圳南头涌下村升平里18号郑氏宗祠）。虽然在这里不明了当时“区至四”“卅四乡”具体名单如何，但在时人郑奭南的回忆里，至1926年，宝安地区有五个区先后成立了区农民协会：“第一区，会址设在附城关口郑氏大宗祠，常委有陈海东（南山村人）、陈忠侠（南山村人）、黄球（隔岸人），委员有郑东成（大涌村人）、许耀庭（县城九街人），第二区，会址设在西乡绮云书室（俗称界木耀祠堂），常委有梁永康（西乡人）、苏仲生（固戍人）、羌齐（固戍人），委员有温南生（西乡人）、黄福（黄田人）。第二（误，应“三”）区，会址设在深圳南塘东平社学，常委有庄泽民（皇岗村人）、潘达（石厦人）、蔡瑞芝（蔡屋围人），委员有郑公法（上步村人）、张满（黄贝岭人）。第四区，会址设在云霖墟，常委有郑（误，应为“潘”）满容（福永人）、文彭海（岭下人）、曾国有（新桥人），委员有潘寿延（福永人）。第五区，会址设在黄松岗墟，常委有陈义妹（楼村人）、麦金水（周家村人）、陈细珍（燕村人），委员有赖火亮（罗田人）、陈楚贵（楼村人）。”[2]在5月举行的全国第二次劳动大会中，宝安农民代表为5人，宝安县农协成为全省22个县农会之一。在宝安县农民协会成立后的第二天，即1925年4月27日，宝安与东莞两县农民以两地方的“地理及历史上关系密切，且受英国帝国主义包围及各军阀尽力压迫，不可不有一种大规模的联合，以求解放，特在（东莞）霄边乡开东宝两县农民联欢大会”。这次两县联欢会，黄学增参与并发表两次讲话。《广州民国日报》对这次联欢会给予较详细报道：“计是日到会者七十余乡，代表千余，武装农民自卫军数百，道途相隔过远，各乡皆不能到。农民部派有特派员黄学曾、龙乃武参加，会场贴满‘东宝两县农民联合大会’‘东宝两县农民大联欢万岁’‘全世界农

[1]《广州民国日报》1925年5月1日。

[2] 郑哲：《深圳市早期党组织的活动》，载深圳市史志办公室编：《深圳党史资料新编》，海天出版社，2007年，第2—3页。

民联合起来呵’‘全世界劳动者联合起来呵’‘全中国农民知工人联合起来呵’‘打倒英国帝国主义’‘打倒一切帝国主义’‘打倒陈炯明军阀’‘打倒一切贪官污吏’‘打倒唐继尧军阀’‘打倒一切军阀’‘打倒一切劣绅土豪’‘打倒一切为富不仁者’‘拥护国民党’‘拥护革命政府’‘拥护国民会议’‘继续孙中山先生遗志完成国民革命’‘孙中山先生精神不死’‘孙中山先生主义不死’‘解放中华民族’‘解放全世界弱小民族’‘劳动阶级解放万岁’‘实行农村自治’‘实行农民自治’……会场正面高悬孙中山先生遗像。表贴农民运动死难先烈同志事略。上午十一时开会，先由大会选出蔡如平、陈庆东、秦有生、邓一舟、蔡廷谦五人组织主席，次为邓一舟致开词，蔡如平演述孙中山先生事略；黄学曾演述为农民运动死难先烈同志事略，演述毕及次第全体起立默哀。次全体起立唱革命歌，再次由黄学曾龙乃武致训词，蔡少平唱劳农诉苦（龙舟歌）、邓一舟唱四郎探母（京调），全体欢呼如雷，至下半三时茶会而散。”[1] 在这里，因为恰为杨刘叛乱时期，唐继尧虽为云南军阀，但由于与杨刘叛乱有着密切的关系，故与陈炯明一齐，自然成为“军阀代表”。宝安县农民协会成立后，极力维护本地民众利益。4 月份农民部工作报告里提到：“办理宝安协会报告联团总局勒抽苛捐种种不法一案”及“办理宝安协会报告云霖区长妄押会员请严办一案”；[2] 同时还建立了农民自卫军。“农民自卫军模范队，军营设在县会邻近郑氏伯公祠，并由省农会派来 3 名黄埔军校学生（一名共产党员）帮助训练，设有政治课和军事课，3 个月为一期，每期 50 人（每区 10 人、内有党小组），军装、枪械、膳食由区农会负担，其他费用由县农会负责。由于形势发生变化，军校学生被调走，因此，只办了两期，受训人数共 100 人。”“1925 年 6 月 22 日，省港大罢工爆发之后，由廖乾五、周士第同志统率铁甲车队百多人进驻深圳蔡屋围，任务是把守河口，封锁香港，同时协助农会开展工作。郑奭南兼任省港罢工委员会特派员，组织农民自卫军配合铁甲车队和工人纠察队封锁香

[1]《广州民国日报》1925 年 5 月 1 日。

[2]《农民部四月份工作经过报告》（1925 年），中国国民党汉口档案；中国社会科学院近代史所藏。

港。铁甲车队在沙鱼涌受国民党罗坤部队袭击，三区农会组织农民为其做向导，使之冲出重围，安全脱险。”[1]近代农村社会的最大变革当属社会的组织化，原来松散无序的农村社会经由一经组织从而紧密地联系在一起，将发挥巨大的作用。农民协会作为乡村社会的组织化形式，作为一种动员和组织农民的机制，它将在社会变革过程中所扮演重要的角色。黄学增在宝安组织、成立农民协会，从而为宝安地区农民的觉醒奠定了基础，为农民参与社会的变革播下了种子！

大革命时期，广宁的农民运动在广东也是发展得比较早并颇有影响的。早在 1923 年，周其鉴、罗国杰、陈伯忠等即在家乡广宁发展农民运动；1924 年 4 月，广宁第一批乡农会已成立，包括江屯、潭布、拆石、螺岗、荷木咀等；1924 年 10 月，广宁县农民协会成立。1926 年中共广东区委农委在第二次全省农民代表大会上作了《广东农民运动报告》，专门大篇幅介绍“广宁减租运动经过”，[2]并给予“广宁农会在社会上已有相当的地位了”的评价。虽然如此，毕竟农会还是刚出现的乡村组织，它与原来的利益集团自然存在着冲突。

1925 年 5 月 25 日，在 1924 年 10 月成立的广宁县农会响应广东革命政府讨伐“杨刘”叛军的号召，征得县长蔡鹤朋及驻军第三师司令莫国华的同意，派出农军 100 多人进驻江屯，以堵住杨刘叛军西窜之路。这一带的地主冯月庭、江耀南对此反应剧烈，乃串通仍然被通缉的前县长李济源将遣散回乡数月的民团重新武装，并以重金贿买出没于广宁、清远边界的阳山梁亨股匪共 600 余人，于 7 月 7 日凌晨起向江屯农会发动多次围攻，当地农军据守炮楼奋起抵抗。虽有潭布、螺岗等地农军 200 余人增援，但由于武器装备落后，再加上县政府及驻军没有派人援助，农军不敌地主武装，坚守数天后，农军据守炮楼被攻破，农军死伤数十人。事称“江屯事件”。

---

[1] 郑哲：《深圳市早期党组织的活动》，载深圳市史志办公室编：《深圳党史资料新编》，海天出版社，2007 年，第 3 页。

[2] 见广东省档案馆、中共广东省委党史研究委员会办公室：《广东区党、团研究史料（1921—1926）》，广东人民出版社，1983 年，第 280—293 页。

广东省农会接到广宁县农会报告以后，即取得国民党中央农民部部长廖仲恺的支持，派出彭湃赴广宁处理。但当地防军长官不理会。后在廖仲恺干预下，7 月建立的国民政府随后确定由中央农民部等部门派出廖仲恺、黄学增、陈公博、郑润琦、罗绮园、梁朴元等，组成“广宁乱事处分委员会”来处理该事件。委员会随即在 7 月 29 日召开第一次会议，黄学增等人皆出席。会议上经过讨论，“议决（一）由第三师将莫国华所部调防另派军队往广宁，由郑（润琦）师长训诫所部切实保护农民；（二）此次江屯农军被缴枪枝勒令地主交还；（三）减租照总收获额地主所得不得超过五成；（四）禁止地主以强力压迫农民;（五）广宁民团之存在与否，请军事委员会决定计划解决;（六）广宁农民（请求）撤换新任县长李绮庵及查办旧县长蔡鹤朋，交民政厅查办”。[1] 随后广宁农民协会将此份黄学增参与讨论确定的议决对外公布：“八月四日早接到广东农工厅第二八号训令，遂即发出布告，并将发来乱事处分委员会议决原案宣布”。[2] 虽个中有节外生枝的地方，所议决的内容并没有完全执行，但大体上的内容还是进行的。“直至农会发表实力禁止李绮庵上任，誓死反对取消通缉李济深（源）案等标语后，而田主声威一缩；发表农工厅转来广宁乱事处分委员会办法六条，连李绮庵蔡鹤朋莫国华地主一齐处分起来，李济源更不消说了，于是田主声威又缩。莫国华调防，及第九团接防实现后，田主声威一时顿觉消沉起来了。”[3] 这期间包括省农会、宝安农会在内团体纷纷声援广宁农民，[4] 这些地方都是黄学增长期工作、战斗的地方。而在省港罢工工人代表第七次大会上，黄学增向工人代表报告广宁事件的经过，报告了广宁农民所受之压迫与痛苦。“黄学曾报告大意略谓:现在国民革命当中，工农两阶级，是最好的朋友，所以工农两阶级，要有很亲切的结合。现在省农会，特在农民讲习所设一工人讲习班，请汪精卫、谭平山两位先生担任教授，一二星期后，便往乡下向农民讲演，务使工农阶

---

[1]《广州民国日报》1925 年 8 月 3 日。

[2]《广州民国日报》1925 年 8 月 8 日。

[3]《广州民国日报》1925 年 8 月 21 日。

[4]《广州民国日报》1925 年 7 月 31 日，8 月 1 日、5 日。

级实行结合以打倒帝国主义。其次广宁的农友，现在被地主勾结不肖县长及第三师军队摧残打死农友多人，刻下仍在被围惨杀中，请各位工友援助云。”罢工工人代表听了“广东省农民协会代表黄学增报告广宁农民所受之压迫与痛苦”后，“异常愤激”，认为“我们的农民兄弟和大地主及军阀奋斗，我们工人认为十分勇敢。他们目前所受之痛苦，乃我无产阶级所不能免的。我们劳动无产之工农，应当实际联合起来准备根本解除我们之痛苦。我们工人对于广宁农民之痛苦，表示极端之同情，誓以全力帮助我们的兄弟”。随后即在大会上作出决议：“（一）大会代表全体罢工工友通电反抗广宁地主残杀我农民兄弟摧残他们的协会，并反对第三师及广宁县长与地主狼狈为奸残杀我农民兄弟。（二）请求政府惩办凶犯，撤回第三师兼撤换广宁县长，从严惩办。”[1]宝安农会、省港工人的声援，相信对政府解决“广宁事件”一案产生一定的作用。

正是在广宁农潮处理过程中，国民党左派领袖、时任国民党中央执行委员、财政部部长兼农民部部长等职的廖仲恺忽在中央党部门口被预先埋伏的凶手杀害，终年 48 岁。廖氏是在 8 月 20 日前往国民党中央党部时突遭凶手射击，身中 4 弹，在送医院途中停止呼吸。同车的国民党中央监察委员陈秋霖亦遭杀而死亡。

廖仲恺（1877—1925），原名恩煦，又名夷白，字仲恺，祖籍广东当善（现惠州市仲恺高新区），生于美国，历任同盟会总部会计长、中华革命党财政部副部长、孙中山大元帅府财政次长。1924 年国民党改组后，任中央执行委员会常委、黄埔军校党代表、工人部部长、兼任农民部部长等职。廖仲恺是孙中山左膀右臂式的人物，曾全力辅佐孙中山改组国民党，并极力促成第一次国共合作，是孙中山“联俄、联共、扶助农工”三大政策的忠实执行者和捍卫者。尤其是在孙中山逝世后支撑广东大局的关键人物之一，亦是继承、

---

[1]《工人之路》第 40 号（1925 年 8 月 3 日），湘潭大学出版社《红藏·进步期刊》系列影印本，2014 年，第 114 页；《工人之路》第 39 号（1925 年 8 月 2 日），湘潭大学出版社《红藏·进步期刊》系列影印本，2014 年，第 109 页。

贯彻国民党"一大"制定的扶助农工政策的中坚。"廖部长仲恺先生生平努力国民革命，及扶助农工团体之发展，其为国为党奋斗，及帮助工农阶级之精诚，与其成绩，素为海内外同胞暨农工界所共仰。……"[1]长期从事农民运动的黄学增面对廖仲恺的逝世，悲痛万分！当广宁县农民协会在潭布举行"全县农民追悼廖部长大会"时，"已在外地工作的周其鉴、陈伯忠，广东省农协代表黄学增专程到潭布参加大会。经过大会宣传鼓动工作后，江屯地区的区乡农协人员情绪渐趋稳定"。[2]将近一年后，黄学增又以《仲恺先生死了吗》为题在《犁头》刊物上发表文章悼念廖仲恺先生："去年八月二十日，仲恺先生在广州被反革命派暗杀丧命，到现在已足足一个周年了。当反革命派计划暗杀仲恺先生时，他们心意中以为仲恺先生一经暗杀之后，仲恺先生之事业，就可以结束，他们就可以为所欲为了。所以当仲恺先生被杀死耗〔息〕传出，他们反革命派个个都欢天喜地，得意扬扬，庆祝他们刽子手的胜利。而庆祝得最热闹，是广东各地的地主阶级，特别是广宁地主阶级。那时，广宁地主阶级正勾结前粤军第三师及该县县长蔡鹤朋、李绮庵，收买清远阳山土匪屠杀江屯农军……忽闻仲恺先生在广州被害，即欢声雷动，在江屯置酒高歌（共置八席），欢呼：'廖仲恺已死，农民协会从此消失'……等口号，算是得意之至！　他们反革命派果真以为仲恺先生死了，仲恺先生之事业就可以结束吗？死的，是仲恺先生的躯体，仲恺先生的精神——奋斗精神，并没有死，仲恺先生的事业，不但不因他之死而告结束，并且因他之死而愈扩大。看呀！仲恺先生平生最大事业，就是拥护孙总理农工政策，领导农工群众参加国民革命。他们反革命派之所以痛恨仲恺先生也就是以仲恺努力于此……革命的农友们！一年以来，我们对仲恺先生之死，虽能认识其死的意义，一致努力，继续先生奋斗精神，与帝国主义、军阀、买办阶级、贪官污史、劣绅土豪、地主土匪一切反革命派斗争，使广东政治也许是中国

[1] 农民部通告，见"勗农民继续奋斗之两通告"，《广州民国日报》1925 年 8 月 24 日。

[2] 中共广宁县委党史研究室编：《中共广宁县地方史大事记（新民主主义革命时期）》，1998 年 5 月，第 17 页。

政治得了许多进步，但我们自己本身的利益，一点还得不到，我们现在正在贪官污吏、劣绅土豪、地主土匪、一切反革命派蹂躏下生活，我们的痛苦还是十分厉害，我们对仲恺先生所努力而未完成的伟大事业，感觉到还要加倍努力以求其扩大而期于完成……我们是要永远不忘仲恺先生之死；我们是要拼命与帝国主义、军阀买办阶级、贪官污吏、劣绅土豪、地主土匪、一切反革命派继续奋斗；我们是要中国国民革命之成功与夫自己本身之完全解放。革命的农友们！团结起来！死的只是仲恺先生的躯体，仲恺先生的精神，奋斗精神还是永远存在！我们须一致继续仲恺先生奋斗精神，奋斗到底！”[1]

1925年9月28日，粤军第四师第八旅第十五团团长张我东，以“奉蒋校长命令”，派第二营营长钟尧光率兵两连，偕同宝安县县长梁树熊，入驻宝安西路云霖地方。营长、县长一到，即住进沙井乡劣绅陈炳南家中，“一时沙井新桥各乡绅土豪齐集陈炳南家，与该营长县长不知开何会议，该营长旋调一连兵到衙边乡驻扎，次到县协会交涉驻兵地方，占去国民党第四区党部，即从沙井调兵一连到此驻扎，作左右包围云霖县协会与农民自卫军形势”。29日，各劣绅土豪声称要农军于24小时内将西路联团局交回，否则火烧。张我东部营长亦逼迫农军一概退至茅洲河以北（云霖在河之南），将驻所交出，以免误会。县长梁树熊则向县农会职员声言此来是要恢复西路联团和警察饷局。按，云霖地方原为桂军谭启秀旅控制，月前农民自卫军配合革命军扑灭谭部时，欺压剥削农民之西路联团与警察筹饷局已随此恶势力消灭，该地方已成为宝安县农民协会之所在地。他们的无理要求被县农会所拒绝。各劣绅土豪报效县长军队1万元，并担任军队伙食，以遂其扑灭农民协会之目的。30日早晨，张我东团两个连向农民自卫军发动袭击，沙井、新桥、大步涌各乡民团土匪百余人帮助军队攻击农军。农军被迫抵抗。10月2日，张我东团增兵一连进攻农军。“云霖方面农民自卫军失败，枪

[1]《犁头》第13期（1926年8月18日），湘潭大学出版社《红藏·进步期刊》系列影印本，2014年，第342—343页。在这一期《犁头》里，还刊登了罗绮园《回忆》、卓宣《在廖先生逝世一周年后我们的纪念与希望》、阮啸仙《廖先生殉难一周年纪念与农民》、罗绮园《廖仲恺先生与农民运动》、汪精卫《廖先生传略》及等纪念文章。

支被缴，农民自卫军被伤十余名，被掳数十名，失踪数十名，被击毙十名，茔头冈全乡被焚掠一空，附近各乡概被蹂躏，而黄冈方面农民自卫军亦几致不支。”[1] 而当军队攻入各村时，皆大肆淫掠，妇女老幼纷纷逃往东莞。军队复派队尾追屠杀，渡河不及而死者数十人。[2]

案发后，宝安县农会急报省农会并发出通电。时任农民部部长陈公博为宝安西路云霖惨杀案致函国民政府称：“查该团长张我东、县长梁树熊，身为国民党党员，兼任党政府军队及地方行政长官，职责綦重，应如何奉公守法，保卫闾阎，以期毋忝厥职，乃胆敢串同勾结当地劣绅土豪地主逆党，以武力压迫农民，肆意屠杀。且查该团长张我东，即东莞莲溪联团团长，前次惨杀怀德厦岗农民有案，似此凶横不法，微特违背党义，更属触犯军律，自应严行惩办，以儆效尤。除函请蒋军长查明严办外，相应函请贵政府迅派大军，驰赴该县剿办，并将惨杀农民之团长张我东、县长梁树熊等扣留，解省讯明，依法惩治，以安农民而肃军纪。”[3] 农民部特派员黄学增随后受命前往宝安调查事件真相，以求宝安农民权益得到保护。有着在宝安从事农民运动经验、走遍宝安各乡村的黄学增经过认真细致的调研后，从十七个方面详细地向农民部报告事件的前因后果以及相关意见，包括：（一）战前之农军状况；（二）军队时之状况；（三）军队来后之布防；（四）军队异动后之农军状况；（五）黄冈农军扣留县长情形；（六）农军与军队作战情形；（七）河南方面（按，当时“有茅洲一河为间，云霖在河之南，名为河南，黄冈在河之北名为河北”）；（八）战时在乡农民逃亡东莞情形；（九）战时双方之死伤人数；（十）战时农民之损失；（十一）军队及县长去后之农军状况；（十二）军队及县长去后劣绅土豪及土匪民团状况；（十三）此次农军受挫之原因；（十四）（缺）；（十五）此次血案之负责者；（十六）应向政府办理此案之条件；（十七）目前应急速做到两点。报告全文长达

---

[1] 参阅《宝安梁张惨杀农民详情》，载《广州民国日报》1925 年 10 月 22—27 日；《农民部请严惩不法团长县长》，《广州民国日报》1925 年 10 月 9 日。

[2] 参阅《云霖劣绅残杀农民之呼吁》，《广州民国日报》1925 年 10 月 14 日。

[3] 参阅《农民部请严惩不法团长县长》，《广州民国日报》1925 年 10 月 9 日。

近5000字（缺失第十四部分），详细地反映宝安这次官绅勾结惨杀农民的详情。指出在这次事件中双方的伤亡情况："农军死五人非会员，伤七人（轻伤不计），军队据张我东来信云一人伤二人。"战时农民的损失情况："农村被淫掠者茔头冈、衙边、马鞍山、大王山、南本、后亭六乡（损失最大是衙边，次是茔头冈），农民被掳而勒赎者五十人，衙边有三人被军队掳禁在南头钟尧光营部，要勒一千五百元，未赎回农军失去左轮一支、九响二支、六八一支、无烟仔一支 、耗去子弹无数。农旗失去七枝（有五支在后亭失去），云霖及各被破陷之乡协会会所被抢劫。"黄学增认为事件中农军受挫的主要原因是因为县长与官兵、劣绅的相互勾结："此次县长到云霖西路，实与军队劣绅土豪串通一气，谋陷农民者，但他表面仍虚图狡卸责任，他在九月二十日通知黄冈农军，说明三十日上午到黄冈，但他上午七时即带同游击队到黄冈，盖他见云霖军队已准备作战，他即先到黄冈，其原因不外是：一、试验黄冈农军有无抵抗；二、如军队与农军作战，他可以不负责任。"所以"此次血案之负责者，军队团长张我东、县长梁树熊、劣绅土豪陈炳南、陈伯芬、陈植庭、曾奕樵、文冠臣、文吕辛（即文为任）、文泽臣、文仲淑、文槐轩、文树桂、江齐恩、文槐西、曾炳桓、曾直仔、文凤俦（以上劣绅土豪皆二十年压迫农民之罪犯，其称农民名为三大害四大寇五大臭）。"因而黄学增建议农民部应向政府提出办理此案之条件：（1）拿办团长张我东、县长梁树熊，并解散不法军队；（2）通缉劣绅土豪陈炳南等并抄封其家产；（3）剿办沙井、大步涌、新桥之土匪民团并解除其武装。而目前当务之急是有两点："张贞军队如是驻防东宝，即使其赶快来一部分，到宝安西路驻防。一则协同农军剿办在大步涌河口之土匪，一则帮助农军办护沙，若能做到此点，则农会之基础可以强固。当此东江战争时期，宝安县属重要区域，且驻在此间之工人纠察队，因受土匪地痞之压制，不能执行职务，而接济香港粮食之民船，可以一只二只，从沙井大步涌河面来往香港，此点又应告诉工人部者。"[1]虽然黄学增向农民部提出详细报告，农民部也积极

[1] 参阅《宝安梁张惨杀农民详情》，载《广州民国日报》1925年10月22—27日。

向中央执委会申诉，国民党中央也开了会议，但由于国民党错综复杂的关系，事件似乎没有什么结果。诚如后期的研究者所言，“如此大案，创纪录地开了九次政治委员会会议”，先后出席以上各次会议者有汪精卫、谭延闿、谭平山、伍朝枢、蒋中正、鲍罗廷等人，先后列席者有甘乃光、陈公博、张春木、朱培德、宋子文、古应芬、苏兆征等人。但“什么问题都没有解决，也就不了了之”。[1]

在黄学增调查宝安官绅兵勾结屠杀宝安农民前后期间，宝安还出现劣绅土豪偷运货物人客往港澳、破坏省港大罢工的事件。“宝安沙井乡自封锁港澳以来，仍有大帮粮食及人客运载去港澳，并从港澳运载大帮货物入口，近且愈闹愈凶，竟组织瑞和公司大有公司用大民船三只及小民船九只，船上置有土炮及枪弹保护，每日或隔日皆有大帮粮食等姜猪鸡鸭及人客运去港澳，并运大帮货物火水火柴布匹洋烟等由港澳入口，人客多从四邑鹤山广州石龙大平东莞宝安增城各处而来，其中尤以罢工工人居多，人客每人水脚三元四元不等，来往港澳人客货物络绎不绝于途，情形非常猖獗”；[2]且由于“有人从中包庇，以致纠察队在此，久受压迫，不能执行职务”。[3]当其时又回到宝安的省农民协会秘书黄学增闻讯后，随即“与纠察同往沙井检查私运旧货”，但由于力量的悬殊，黄学增率领的农民自卫军“突被该处土豪围困”。黄学增遂出虎门通电各部门。省港罢工委员会接电后，即致电政治委员会、军事委员会：“政治委员会、军事委员会鉴，刻接农民特派员黄学增文电称，真晟农军帮纠察队往沙井查办劣绅陈炳南等偷运粮食人客往港，被该乡民团包围轰击，真晚云霖农军纠察队又被该乡民团围攻，已请张贞团长解围，望速请政府令张团长严办等情前来，相应电请查照，希即饬令张团长迅往

[1] 梁尚贤：《国民党与广东农民运动》，广东人民出版社，2004 年，第 341—343 页。

[2]《沙井奸商围攻纠察始末》，载《工人之路》第 144 期（1925 年 11 月 17 日），湘潭大学出版社《红藏·进步期刊》系列影印本，2014 年，第 514 页。

[3]《沙井民团围攻纠察队及农军》，载《中国农民》第 1 卷第 1 期（1926 年 1 月 1 日），湘潭大学出版社《红藏·进步期刊》系列影印本，2014 年，第 86 页。

剿办，俾解重围，临电不胜鹄候之至。省港罢工委员会叩。”[1] 在通电的同时，黄学增也以广东省农民协会秘书的身份，“请就近虎门防军张贞部队往援，该部允派兵一连到宝安解围。十三早黄学增与蔡日新带同张贞部队一连由虎门赶到宝安，是日十时到云霖，农军及纠察队早已集中云霖，共约百人，见军队开到助战，军威大振，齐向沙井民团猛力进攻，不料张贞连长到云霖后，即极力主张调和；同时沙田民团亦派人为求和，纠察队及农军严词拒绝，乃不得不提出条件，（一）罪魁陈炳南、陈伯苏、陈耀仔须交出惩办；（二）沙井民团武装须全村解除，交农军使用；（三）赔偿损失，条件提出后，沙井民团不能照办，再双方仍在相持中云。”[2]

在区域农运活动中，虽然在 1926 年，广东南路始是黄学增的主要战场，但在 1925 年，黄学增似乎也有所尝试。

江铁军整理的《广东农民运动大事记（1921—1927）》有记载：“1925 年 6 月 28 日，中共广东区委农委派遣黄学增到梅菉、雷州等地发动农民。”[3] 可惜的是江氏之记述不知出处何处，且几乎少见其他的论述涉及此。但在湛江市档案馆里有一份周容所写的《大革命时代南路革命活动的一些材料》有所提及：“黄学增在 1925 年 5 月回遂溪西海后，即发动广大农民组织农会，和农民自卫军。”虽然农民协会、农民自卫军的可信度不高，但 1925 年 5 月这个时间与江氏记述的 6 月略为相近。同时周氏还提及 1926 年黄学增到过廉江安铺的情况：“如当时组织规模较大的高雷汽车总工会设在安铺镇地母庙，黄学增同志就经常到那里给汽车工人上政治课，讲社会发展史，

---

[1]《又有土豪民团围攻纠察》，《工人之路》第 142 期（1925 年 11 月 15 日），湘潭大学出版社《红藏·进步期刊》系列影印本，2014 年，第 506 页。

[2]《沙井民团围攻纠察队及农军》，《中国农民》第 1 卷第 1 期（1926 年 1 月 1 日），湘潭大学出版社《红藏·进步期刊》系列影印本，2014 年，第 86—87 页。按，后来沙井民团亦诬蔑纠察队："沙井陈奋亮等电控纠察队第十一支队长罗光华等殴蔡耆民三人，复入乡搜捕掠夺"，并上书国民党政治委员会。见"省港罢工委员会复政治委员会函"，《工人之路》第 150 期（1925 年 11 月 23 日），湘潭大学出版社《红藏·进步期刊》系列影印本，2014 年，第 537 页。

[3] 见江铁军整理：《广东农民运动大事记（1921—1927）》，广州农民运动讲习所旧址纪念馆编：《广东农民运动资料选编》，人民出版社，1986 年，第 650 页。

讲无产阶级革命事业最后一定胜利、剥削制度和帝国主义和反动派一定要被消灭等革命道理”。[1] 而一般人无法知道安铺地母庙的存在，同时目前湛江地区所有党史书籍都没有提及黄学增在安铺活动的事迹，但黄学增自己在记述中显示他对安铺还是熟悉的：“从梅菉赴雷州，经过广州湾路程较近而且易行，但广州湾法帝国主义及其走狗——一般反革命派极痛恨我，每想伺而食之。不得已，是日从梅菉绕道吴川，决定从吴川至黄坡、龙头岭、企坎，直趋遂溪之新埠以入麻章，出安铺而抵雷州城。”[2] 故周容所记载存在着一定的可信度。而在 1925 年年底黄学增回到南路开展农民运动却是无疑的：“我（按，指黄学增）与陈荣位同志于去年十二月二十五日至二十六日，从梅菉至吴川，又从吴川城回梅菉，一路农民皆以共产相问，他们不怕共产，而且喜欢共产。他们极赞成农民协会，第五区杨屋村农民杨绍和、文屋村农民文庆随谈十余里甚投机，并请我们到他们处组织农民协会。”[3] 当其时，根据工作安排，黄学增在 11 月即被任命为国民党南路特别委员会委员；1926 年 1 月任命为省农协南路办事处主任职务。

第三节　广东省第一次农民代表大会上当选省农会执行委员

1925 年 4 月 2 日，时任国民党中央农民部部长的廖仲恺发表《关于农民运动之通告》一文，内称：“查现在革命政府势力所及之地，已有协会组织者计二十二县，会员人数逾二十万。似此广大之民众，势不能无一指挥机关以为统率。章程上明白规定，有五个县农民协会成立，即可组织省

[1] 周容：《大革命时代南路革命活动的一些材料》，遂溪县档案馆，《遂溪县人民革命斗争史料（属于县志部分）》。

[2] 黄学增：《吴川遇险情形》，《犁头》第十一期（1926 年 7 月 21 日），湘潭大学出版社《红藏·进步期刊》系列影印本，2014 年，第 290 页。

[3] 黄学增：《广东南路各县农民政治经济概况》，《中国农民》第一卷第五期（1926 年 5 月 1 日），湘潭大学出版社《红藏·进步期刊》系列影印本，2014 年，第 555 页。

农民协会，今既超越此数，更属事不宜迟。五月一日为世界之劳动节，全国工会代表行将会议于广州，届时农工必当有一融洽而密切之提携。故本部决定于今年五月一日（旧历四月初九）召集各县代表成立省农民协会。”[1]要求全省各地选举代表到广州参加农民代表大会，产生省农民协会。也就是说，随着广东各地农会的发展，建立省农民协会的条件已经成熟。农民部的通告发出后省内各县纷纷选派代表，计划参加广东全省农民代表大会，选举产生省农民协会。如在 4 月 20 日，东莞县农民协会成立大会上，即选出蔡日新、莫萃华、谭桂萼、邓一舟、郑鸿光等为参加省农民大会代表。[2]而海丰县农民协会也选举出出席省农民代表大会的代表林甦、郑志云、杨其珊，且在 4 月 20 日就已启程赴省城。[3]大约在 4 月底，全省各县农会代表陆续到达广州。按照农民部的计划，广东省第一次农民代表大会本应于 5 月 1 日与全国第二次劳动大会同时正式召开，但在 4 月末，两会筹备处发出了庆祝五一劳动节举行示威巡行的紧急通知，故两会推迟一天举行。5 月 2 日午 12 时，全国第二次劳动大会及广东省第一次代表大会共同在广东大学大礼堂举行开幕式。“5 月 2 日由 举行的全国第二次劳动大会，各县代表报到人数有广宁 20 人，海丰 20 人，澄海 1 人，陆丰 7 人，中山 8 人，高要 5 人，增城 4 人，曲江 2 人，南海 4 人，清远 3 人，顺德 5 人，花县 4 人，普宁 5 人，潮安 2 人，惠阳 4 人，新会 1 人，宝安 5 人，鹤山 2 人，东莞 6 人，紫金 1 人，五华 1 人，番禺 4 人。农民部 5 人，共一百一十七人。”[4]开幕式上廖仲恺作了演说，里面谈道：“现在中国遍地都是压迫的，所以我们想组织起来，图谋我们利益及改良社会制度，是不容易的。故我们得到利益，当然只有革命。”[5]大会推举了相关委员会，黄学增被选举为提案及起草委

[1] 廖仲恺：《关于农民运动之通告》，《党声周刊》第 59 期（1925 年 4 月 13 日），转梁尚贤：《国民党与广东农民运动》，广东人民出版社，2004 年，第 152—153 页。

[2]《东莞县农会成立盛况》，《广州民国日报》1925 年 4 月 25 日。

[3]《海丰县农民协会代表赴省》，载海丰县委党史办、陆丰县委党史办：《海陆丰革命史料（1920~1927）》第 1 辑，广东人民出版社，1986 年，第 324 页。

[4]《广州民国日报》1925 年 5 月 5 日。

[5] 尚明轩、余炎光编：《双清文集》（上），人民出版社，1985 年，第 754 页。

员会和决议起草委员会委员："……（三）推举各种提案及起草委员会委员，结果以邓一舟、黄学曾、蔡日新、阮啸仙、罗绮园五人□当选委员……（五）推举决议审查委员会委员，结果邓一舟、黄学曾、罗国杰、阮啸仙、罗绮园五人当选为委员……"[1]5 月 6 日，国民党中央执行委员会为两大会通电全国工农同胞曰：两会"决议一致加入革命战线，与本党共同奋斗。本党除向两大会表示谢意外，并希望全国农工加紧组织，扩大革命力量，以促国民革命之成功。本党亦当训令党员，依据政纲扶助工人农民团体之发展，以副全国工农之望"。[2]

从 5 月 3 日起，广东省第一次农民代表大会举行正式会议。根据时任农民部部长廖仲恺 4 月 2 日通告的规定："省代表大会为全省协会之最高机关，除选出执行委员九人以便执行代表大会闭会后之会务外，并须决定各地代表之一切提案及壁画农民解放运动之根本大计。"[3] 根据此通告，"广东省农民代表大会，选举第一届职员，结果当选者，蔡如平 101 票，彭湃 103 票，阮啸仙 108 票，黄学曾 101 票，李爱 79 票，杨其珊 88 票，罗绮园 103 票，黄雄标 93 票，苏南 88 票九人为执行委员；王军 87 票、韦启瑞 86 票、萧何源、朱观喜 80 四人当选为候补委员，并请廖仲恺、谭平山为该顾问云"。[4] 即黄学增被选举为省农民协会执行委员会委员之一，同时根据他在宝安沙井领导农民自卫军协助省港罢工时的记载，他还身兼秘书之职。[5]5 月 6 日广东省第一次农民代表大会在广东大学礼堂召开会议，"代表出席者一百零四人。是日议事日程上午为惠州、鹤山、普宁、曲江、增城、五华、潮安、紫金各县报告，另由黄学曾君特别报告琼雷农民状况，极言该地农民受帝国主义，

[1]《广州民国日报》1925 年 5 月 5 日。

[2]《广州民国日报》1925 年 5 月 7 日。

[3] 廖仲恺：《关于农民运动之通告》，《党声周刊》第 59 期（1925 年 4 月 13 日），转梁尚贤：《国民党与广东农民运动》，广东人民出版社，2004 年，第 156 页。

[4]《省农会职员名表》，《广州民国日报》1925 年 5 月 15 日。

[5] 秘书之职可参阅《中国农民》第 1 卷第 1 期（1926 年 1 月 1 日），第 86—87 页；《沙井民团围攻纠察队及农军》一文有载"省农民协会秘书黄学增"。

军阀土匪之残酷”。[1] 相信黄学增这次报告，促使了广州国民政府对广东南路农民的概况有了进一步的了解，为后面机构设置的安排提供了帮助。据统计，至这次农代会召开止，广东全省已有22县建立农民协会，会员逾20万人。这次农代会还对农民自卫军组织大纲、政治问题提案、经济问题提案、农民自卫军与民团问题提案、农村合作运动提案、农民协会今后进行方针、拥护革命政府宣言、全省农民协会成立宣言等依次讨论通过。[2]

《农民自卫军组织大纲》

宗旨 一、为巩卫农民协会，保护农民利益，防御外来侵略起见，广东农民协会特特（别）根据政府第一次宣言在一定计划之下组织农民自卫军。组织。二、农民自卫军之组织，须依据各级协会而组成各级之农民自卫军。三、农民自卫军组织的基本单位为乡农民自卫军。四、各乡农民自卫军联合组织区农民自卫军，其名称即以该区名名之（说明）为便利操练起见，凡有六个乡以上之区农民自卫军分为两个以上之区分队。五、县农民自卫军为综合该县内各区农民自卫军组织之。（说明）为操练及指挥上便利起见，凡包含八个区农民协会以上之县农民协会可以按照当地情形，组织两个以上之农民自卫军支队。六、依照农民协会会员人数编制农民自卫军之基本组织，如乡农民自卫军，区农民自卫军及其区分队，县农民自卫军及其支队，其编制形式分为分队小队中队大队及团。（甲）每十人至十五人成一分队。（乙）每两分队至四分队成一小队。（丙）每两小队至四小队成一中队。（丁）每两中队至四中队成一大队。（戊）每两大队至四大队成一团。（说明）以上编制的形式必须注意估计农民协会现组织的实情然后编定。七、为便利农民协会调遣农民自卫军帮助邻县或邻区起见，将农民自卫军每个基本组织中分为两组，每一组为农民自卫军警备队，专任留守防卫本区本县。

---

[1] 《广东省农民协会成立大会会场日刊》（1925年），广东省中山图书馆收藏。

[2] 省农民协会执行委员会印行：《广东省农民协会第一次代表大会议决案及宣言》，1925年7月，湛江市档案馆。

第二组为农民自卫军义勇队，得由各级农民协会调往本县他乡他区有必要时可由省农民协会调往他县。第一组农民自卫军警备队有必要时亦有作战之义务，但不得调往他乡他区及他县。为集中全省农民自卫军的工作起见，省农民协会应设立军事部，各县农民自卫军均受其指挥。第二组农民自卫军义勇队的经费由农民协会担任。八、第二组农民自卫军义勇队在平时每星期操练一次，每次以两点钟为限，并须规定操练课程。每月召集全区农民自卫军全体会操两次。战时各乡农民自卫军每星期操一次，每次三点钟。全区每月一次。第二组农民自卫军义勇队四个月全县会操一次，每次以四日为期。九、各级农民自卫军之指挥者由各级农民协会执行委员会任命之。十、各级农民自卫军之指挥者如该管之队对之大多数表示不满意时可向上级农民协会委员会请求撤换。十一、各级农民自卫军之指挥者应为各级农民协会执行委员会委员。十二、各级农民自卫军之下级干部由各级农民自卫军之指挥者直接任命之。农民自卫军分子。十三、各级农民自卫军队员限于农民协会之会员。

《农民协会章程》

前文　农民协会为本三民主义解放劳动阶级之意旨，集合全国受压迫之贫苦农民而组织之，其目的在谋农民之自卫，并实行改良农村组织，增进农人生活，其会章如下：

第一章　农民协会会员

第一条　凡居住中国之自耕农，半自耕农，佃农，雇农，农村中之手工业者，及在农村中为体力劳动者，不论国别性别凡年满十六岁而愿行。

第二条　所列入会手续者皆得为本会会员但有左列条款之一者得拒绝之（一）有田地百亩以上者；（二）以重利剥削农民者；（三）与农民处于利益相突击之地位者；（四）为宗教宣教师者如神甫（父）牧师僧道尼巫等类；（五）受外国帝国主义操纵者；（六）吸食鸦片及嗜赌者。

第三条　凡农民入会时须有会员二人之介绍经所住地之乡农民协会会员全体大会过半数之通过若非农民而赞成农民协会讲求加入者必须会员全体

大会四分之三之通过始能正式承认其会员资格。（一）填写入会志愿书；（二）承认遵守本会章程；（三）承认恪守本会纪律；（四）缴纳入会金与月费。

第四条 凡农民协会会员须在所属农会领取会员证章其证章由中央执行委员会制定之，在中央未成立以前由广东省农民协会制定之。

第五条 开除会员须由所属乡农民协会之纪律裁判委员会判决经本乡农民协会全体会员大会过半数之通过行之。

第二章 会员之权利与义务

第六条 农民协会会员在各级全体会员大会中均有发言权表决权及控告权但所控告之案件无论书面或口头必须经过大会之审查始能向上级提出又如控告该会职员或呈请查办军队骚扰官吏土豪专横等事亦必由大会讨论通过始能向上级提出。

第七条 会员于大会缺席时不得由他人代表发言。

第八条 会员对于自己提出之议决案不得参加表决。

第九条 会员有依章选举或被选举为农民协会职员及代表之权。

第十条 会员须遵守本会章程与纪律并须服从本会之决议案如有违背及破坏之者均受纪律裁判委员审判。

第十一条 一农村有三十个农民以上由县报告省或中央执行委员会之认可并派员至该乡召集全体大会依法选举执行委员组织乡农民协会各级农民协会之成立须经省执行委员会审查核准后颁发旗印。

第十二条 各区有三个乡农民协会以上中央或省执行委员会认为有组织区农民协会必要时即派员到该区召集区代表大会或会员大会选举执行委员组织区农民协会之范围由中央或省规定之并得随时为适当之更改。

第十三条 各县有三区农民协会以上中央或省认为必要时即派员到该县召集代表大会选举县执行委员组织县农民协会。

第十四条 本会以乡农民协会为基本组织，自区协会层级而上，其组织系统如下：（一）全国农民协会代表大会 中央执行委员会；（二）全省农民协会代表大会 全省执行委员会；（三）全县农民协会代表大会 全县执行委员会；（四）全区农民协会代表大会或会员大会 全区执行委员会；（五）

乡农民协会会员大会 乡执行委员会。第十五条 本会之权力机关如下：（一）全国代表大会但闭会期间为中央执行委员会 管理全国；（二）全省代表大会但闭会期间为全省执行委员会 管理全省；（三）全县代表大会但闭会期间为全县执行委员会 管理全县；（四）全区代表大会或会员大会但闭会期间为全区执行委员会 管理全区；（五）乡会员大会但闭会期间为乡执行委员会 管理全乡……

第十三章 农民协会与他机关之关系

第八二条 农民协会对于行政机关、立法机关、教育机关、合作社等应有相当的势力以显全农民之利益。

第八三条 农民协会会员在前条所列各机关中有三人以上者应组织会员团以拥护农民协会之利益。

《广东省农民协会成立宣言》

吾人从实际地，身受其苦，比较任何人都苦不过的，现在已感觉着了，并且十分知道苦从何来了。

不但如此；吾人更加在一年斗争中之经验与训练，找到一条共同的出路了。

数千百十年，呼号跳叫，暴动流血，做不出来的篇（篇）吾农民之历史，现在居然在革命生源地广州，于世界劳动者联合向资本主义进攻之纪念日“五一”，召集有组织之二十余万农民的代表，开第一次广东全省农民代表大会，同时与第二次全国劳动大会，青年军人联合会，确定并宣言革命的工农兵联合战线，这就是开张明义有价值的第一篇历史事实呵！

工友们！农友们！一切被压迫的贫苦同胞们！吾人已由自然的过程生长进于觉悟之途了，但吾人不要忘记永远与敌人作战，不要忘记，只有奋斗，才可以解除敌人反攻之危险！

中国目前的状况，吾人所处之地位，仍是危险万分，在全中国来说，仍然是帝国主义与军阀互相勾结利用来压迫工农阶级的政局。仍然是外国洋鬼子，番鬼佬与国内一班带兵爷，鬼鬼祟祟来谋害我工人农民的时候。北京政变，冯玉祥虽然将曹锟、吴佩孚打走，但是走了两个猛人，又来了无数猛人，现在在北方之段祺瑞、冯玉祥、张作霖这班猛人，其残害我农民工人，与曹锟、吴佩孚是一样的，况且曹吴虽倒，其走狗萧耀南等依然存在，依然想维持其原来势力，依然舍不得食工人农民之肉。东江战争，虽然将与曹吴同一鼻孔出气之军阀陈炯明、林虎、洪兆麟打走，但是走了三个猛人，还有无数猛人存在……帝国主义谋害吾人，还不止此，占我重要海港，如北方之威海卫，胶州湾，大连湾，旅顺湾，青岛，南方之流球，台湾，香港九龙，澳门，广州湾，都被帝国主义占去了，变了（老番）的土地了。强租重要的商埠，如天津，汉口，上海，广州沙面都是（老番）租借地了。管理出入口货物的海关也在外人手上。出金银铜钱的矿山，往来交通的铁路，也在外人掌握之中。还有外国领事裁判权，老番在中国犯事，吾人不得管理他，中国人在租界犯事，老番就来干涉，就要受他的领事裁判。从此外国人在中国就横行无忌了，外国军舰可以在中国内河行驶了……外人就可以自由运载洋货入口发卖，大扒特扒中国金银财宝而去，使吾农民在乡村造出来之农产品被其抵制，不能消（销）售，因亏本而不敢再做，专用彼等洋货……都是老番的东西了。这就是帝国主义者在经济上政治上侵略吾人的。尤其是农民被侵略更利害。

还有精神上思想上文化上被帝国主义者侵略的也不在少，不说别的远的，广东东江的惠州潮州地方，北方韶州的地方，西江肇庆地方，近南的琼雷等处，农村中的邪苏教堂，教会办的学校，几乎遍地皆有，这也是帝国主义侵略吾人的工具……最受痛苦最受压迫的工农同胞们！吾人仇敌就止两个吗？并不止此！……劣绅、土豪，上通官府，下结游民，地痞，□□利用失耕的农民兄弟们，来损害自己阶级的人，真是一件痛心之事啊！操纵农村政治，拿联团局，民团，保卫团，护沙局等机关做工具，设种种苛细杂捐，以及盘剥鱼肉吾农民……抽捐名目，如人头税，婚姻捐，果木捐，六畜捐，水道捐等不下卅余种，农民血汗，能有几多供他们括取呢！……田主们用重租，押租（批头），租信（田信鸡，或银钱等）租契压迫农民，农民稍有反抗，就可借军阀贪官污吏，劣绅土豪做镇压农民暴动的利器。……霹雳一声！广东有组织的廿余万的农民同志，已联合起来成立全省农民协会了，从此吾人为更有组织的，有计划的，更完密的统一的共同去奋斗……更要因此认识解放我农民的，只有靠我们自己团结，本身奋斗的力量。

而早在4月时，农民部部长廖仲恺即致函时任广东省省长胡汉民："……成立广东省农民协会于革命政府之首都广州地方。惟人数众多，非有宽大之会址，不能容纳。查有本市东皋大道第一号大屋一间，系属陈恭受逆产，尚堪适用。相应函达贵省长查照，希准于拨为省农民协会址"，[1] 胡汉民给予同意。

广东省第一次农民代表大会的胜利召开，"是国共两党合作的重大成果之一。大会总结了一年多来广东农民运动的经验教训，正式组成了以跨党的共产党人为领导核心的省农民协会，成为广东农民运动走向新的高潮的起点。"[2] 而共产国际对这次广东农民代表大会评价似乎也是很高的："广东农民代表大会具有特别重要的意义。但这次代表大会仅仅是第一步，是组织中国农民的开端，应将大会的工作继续下去，最大限度地关注这一事业。应当预见到，广东农民代表大会的决议将使外国帝国主义分子和中国军阀惊慌失措。农民的革命组织将从根本上打乱他们的全部军事阴谋，同时不可估量地增强革命的政治力量，甚至军事力量。""代表大会向中国农民发表宣言，号召农民组织起来，它显然将起很大的鼓动作用。"[3]

1925 年，针对形势的变化，农民部决定在 10 月召开一次农民运动特派员会议："现定于十月廿六日召集本部特派员大会，对于最近政治经济状况及各县协会进行计划均有详细的具体的报告及讨论。凡分发在各地工

---

[1]《令拨农会会址》，《广州民国日报》1925 年 4 月 16 日。

[2] 梁尚贤：《国民党与广东农民运动》，广东人民出版社，2004 年，第 161 页。

[3]《共产国际执行委员会给中国共产党中央委员会的信（1925 年 7 月 6 日）》，中共中央党史研究室第一研究部编：《共产国际、联共（布）与中国革命文献资料选辑（1917—1925）》，北京图书馆出版社，1997 年，第 742 页。

作之特派员同志均须按照以前拟定之报告大纲，将该县协会状况暨活动经过情形编做一有系统而详明的报告书，于二十五日以前来省会议。如该地工作十分重要，不能全数来省，亦须申明理由，举派代表出席，勿误为要。”[1]后因种种原因，全省农民运动特派员大会在10月28日召开，黄学增参与了这次会议。《工人之路》第129号对大会有相关的报道。“中央农民部为筹划全省农民运动计划，及讨论进行方针，特召集全省特派员来省开大会，查该会从廿八日起一连开会两天，出席报告者，有汪主席，鲍顾问，谭部长，陈部长，何部长等，政治报告及训话，关于最近世界与中国及广东方面之政治状况，农民运动之现势及其他一切理论，报告甚为详尽（说词另录），海丰、陆丰、惠阳、增城、东莞、宝安、花县、曲江、清远、广宁、高要、四会、顺德、中山、南海、番禺、新会，各县特派员均，有详尽之报告，对于各县农民运动之经过，农村情况，防军、民团、贪官、污吏、土豪、地主，之压迫，言之极详。最后议决，（一）请部清发特派员欠薪，（二）请部设备特派员来省寄宿舍，（三）请部制定特派员来往各舟车免费证，（四）请中央党部重申扶助农民纪律，（五）请中央党部训令各县军民长官切实保护农民，（六）请国民政府从新发表对于农民运动宣言，（七）今后农民运动进行计划等案，自廿九日闭会后，各特派员已于卅日分别出发东西北江及南路各县工作，并特别组织东江南路宣传队，出发前敌指挥，及唤起农民帮助革命军，实力拥革命政府云云。”[2]这次大会召开后，相继向外界发出议决案：“请训令本党党员忠实执行本党对农民政策的决议、严申党的纪律并请政府发表第三次对农民运动宣言决议案”“刊行中国农民月刊决议案”“请发给特派员手枪俾资自卫之决议案”“请于广东省农民协会内附设特派员寄宿舍一所决议案”“特派员薪金应按月发给并将以前积欠扫数清发以维生活决议案”“请农民部发给各特派员长期舟车免费

[1] 中国国民党汉口档案，中国社会科学院近代史所藏。

[2]《农民部特派员大会情形》，《工人之路》第129号（1925年10月31日），湘潭大学出版社《红藏·进步期刊》系列影印本，2014年，第455页。

证摺决议案”。

在特派员会议这些决议案中，尤其是后面三份专门针对农民运动特派员的决议案中，我们可以略为了解包括黄学增在内这些农运特派员的工作情形。如在工作环境方面，他们面临的对手是“帝国主义者、军阀、贪官、污吏、买办、土豪、劣绅、大地主、各种特殊阶级”，以“指导农民谋自身的解放，帮助农民组织农民协会，以反抗各种特殊阶级的特派员，他所受各种特殊阶级的嫉视和危害，自然比较一般农民，更为残酷，亦是必然的事实”。他如普通的农会职员：广宁陈桂燊等十二人、花县农会副执行委员长王福三、番禺第一区农会委员长林宝宸、东莞第一区农会李海东等都遭到对手残酷的杀害。更不消说的特派员了，他们的生命，“时时均在土豪劣绅地主威吓之下”。若有一支手枪来自卫，对手“或不致如前猖獗”。另外，“特派员的薪金每月由十五元以至五十元，此外除出发时领有多少川资外，并无丝毫公费津贴。有时奉命出发，一切舟车食宿等费，统由自己供给”。薪水两个月未发，但“仍未敢稍放弃工作，依旧努力”。故希望能“将以前积欠清发，以维生活”。且由于特派员常常下乡，在各乡村里跑动，“长途跋涉，需用浩繁，舟车各费，无力支付”，只能依靠双脚走路。故希望能发给舟车免费证摺，或半费（商办性质）凭证，“为落乡工作时之需”。[1]而在这次会议召开之前，黄学增刚刚在9月被国民党中央农民部定为一级特派员：“本部（按，指农民部）……谋农民之解放，实行改良农村组织，增进农人生活，经于去年委出各特派员分赴各县工作。唯现已日久，其中各员有因事辞职或陆续增加者，兹特重新考核成绩，分别等级将姓名开列，仰希查照为荷。计开：一级：黄学增、侯凤墀、韦启瑞、苏南；二级：王镜湖、陈伯忠、李民智、宋华、郭剑华、卢达云、蔡日升、李华昭、莫萃华、梁伯舆、赖彦芳、黄杰、谭鸿翔、方临川、陈炳辉、张威、龙乃武、黄克、周其鉴、陈道周、丘鑑志、梁复然；三级：陈□麟、颜国璠、

[1]《中国农民》第一卷第一期（1926年1月1日），湘潭大学出版社《红藏·进步期刊》系列影印本，2014年，第74—76页。

郑志云、关仲、冯保葵、朱灿华、黄泽南、戴耀田、徐金良、刘战愚、苏其礼、陈克武、梁坤、王岳峰、杨日良、梁柏、严云卿、卢耀南、郑广华、陈均权、梁九胜、刘胜侣、林焕文、伍腾洲、罗顺球、廖有源、谭伟生、黄超凡、黄居仁；见习生：古柏桐、苏天春、廖华卓、王果强、王合东、何毅、刘乃宏、蔡秀庭、梁伟民、梁九、黎炎孟、刘镛鑑、林培斌、李成章”。[1]

1925年对于年轻的黄学增而言，可谓是繁忙的一年，亦是在政坛、农民运动中初显身手的一年。一方面在人数达数十万的公共活动场面，以农界的代表演说，宣扬农民运动，讲述广东农民运动的努力；另一方面，又活跃在农民运动第一线上，无论是宝安农会的成立，抑或是广宁农潮中农民利益的维护，还是花县、宝安农民运动的危机处理，黄学增都呈现出与他的年轻年龄不相符的成熟，或者这正是得益他于宣讲员养成所、农讲所努力学习先进理论，马克思主义先进理论深深熏陶了黄学增。或许正是因为他的努力与成绩，黄学增的能力获得同志们的认可，在刚刚成立的广东省农民协会以高票当选为九位执行委员之一，并兼秘书之职，进入广东农民运动管理核心层。农民运动特派员之中的佼佼者、省农民协会执行委员，或许只是黄学增在农民运动中一个表现，1926年，黄学增又在广东南路中各方面工作，尤其在农民运动中，展现出更多的才华。

[1] 中国国民党五部档案，中国社会科学院近代史所藏。

第六章

广东南路创建中共党组织与南路农民运动的领袖

1930年1月17日，中共广东省委发出《“二七”纠集宣传提纲》，号召全省党员纪念革命先烈，继续奋斗。《提纲》写道：“在二七纪念中，我们要纪念英勇的先烈！我们永远不忘记施洋同志的反抗精神，我们永远不忘记林祥谦同志临死不屈的态度……我们同时要纪念一切的革命烈士，特别纪念广暴的领袖张太雷同志，省港大罢工的领袖苏兆征同志，海陆丰农民运动领袖彭湃同志，东江工人领袖杨石魂同志和南路农民领袖黄学增同志！我们要号召群众募款来捐助烈士的家属！我们要起来反对国民党军阀的白色恐怖！我们要为革命的先烈报仇！”在这里广东省委高度评价了黄学增在广东南路农民运动中贡献！黄学增在广东南路农民运动中主要是在1926年期间，但正是在短短的一年里，黄学增给南路人民带来了巨大的革命火种，全面引爆了南路人民革命的热情！1926年，黄学增在领导南路人民进行翻天覆地的国民革命同时，亦在北部湾地区相继建立了中共党组织，为广东南路革命奠定了可信赖的组织者和领导者，南路革命有了坚强的领导力量！

第一节　在国民党“二大”上

按照国民党“一大”的设想，每一年国民党都应召开一次全国代表大会。但当第二次全国代表大会到期（1925年1月）时，却正是孙中山北上谋求全国统一、正病卧北京之时，大会遂不能如期举行。1925年5月18日，国民党中央执行委员会全体会议决定，8月15日在广州或开封召开“二大”。但临到期时，大元帅府改组，省港大罢工爆发，对国民党而言，可谓是内政外交事务纷繁，故国民党中央又以“交通及种种关系，恐难如期”的理由，将会期推至9月15日。而在8月20日，作为孙中山逝世后支撑广东大局的关键性人物廖仲恺被刺杀，形势波谲云诡，以派别纷争复杂著称的国民党，内部相互斗法，大会自然无法举行，又决定展期至11月15日。到了预定的时间，因种种问题，临穗的国民党代表却不多，又无法如期开会。[1]至1926年1月1日，经过多次波折的中国国民党第二次全国代表大会，终于在广州开幕。这次大会出席代表共有256名，黄学增是其中一名代表，他和刘尔嵩、宋庆龄等9人以国民党广东省党部代表的资格出席了会议。“中国国民党第二次全国代表大会，经定期十五年一月开幕，各□党部经选定代表出席会议。广东省党于昨日召集，所□党员，选举出席二次代表会，其结果郑志云六十二票，黎樾廷五十八票，罗伟□五十七票，邓一舟□十五票，蔡如平三十四票、刘尔嵩二十九票、宋庆龄二十六票、李惠覃二十五票、韦启瑞□十四票、黄学曾二十□票，当选为出席第二次代表大会代表云。”[2]据了解，中国国民党广东省党部是1925年10月成立的，参与筹备人有毛泽东、杨匏安、阮啸仙、彭湃等人。1925年10月20日至26日国民党广东省党部第一次代表在广州举行，大会选出了九名执行委员，五名候补执行委员，五名监察委员，三名候补监察委员，正式成立了国民党广东省党部。跨党党员杨匏安、彭湃、刘尔嵩，担任了省党部执行委员，并分别兼组织、农民、工人部长。[3]《毛泽东年谱》记载曰：1925年“10月20日，由国民党中央执委会直接筹备召开的国民党广东省第一次代表大会，在中央党部大礼堂开幕。毛泽东参加会议”；“同日，为《广东省党部代表大会日刊》撰写的《发刊词》发表”；“10月26日，国民党广东省代表通过由毛泽东等起草的大会宣言”；“10月27日，出席国民党广东省代表大会闭幕会，以国民党候补中央执行委员和代理宣传部长身份，向参加大会的千人发表演说。”[4]黄学增参加这次成立大会，聆听了毛泽东的演讲。会上黄学增还与彭湃、杨匏安、韦启瑞、刘尔崧、蔡如平等人被决定在省党部中担负工运、

---

[1] 转曾庆榴：《广州国民政府》，广东人民出版社，1996年，第315页。

[2] 《广州民国日报》1926年1月1日。

[3] 转杨绍练、余炎光：《广东农民运动》，广东人民出版社，1988年，第154页。

[4] 中共中央文献研究室编：《毛泽东年谱（一八九三～一九四九）》上卷，中央文献出版社，2013年，第139—140页。

农运、党务方面的工作。[1]随后更是被选派为国民党广东省党部南路特别委员会委员。[2]

1926年1月4日，召开第一次大会，通过了大会主席团成员名单：汪精卫、谭延闿、邓泽如、谭平山、恩克巴图、丁维汾、经亨頤（后为宋庆龄）在1月7日大会上，黄学增被提议为提案审查委员会委员："主席团提出组织提案审查委员会，并介绍鲍慧僧、侯绍裘、陈其瑗、董用威、邓颖超、黄学曾、罗介夫、郭春涛、路友于、黄平、陈公博、许甦魂、杨匏安、丁惟芬、张国焘、吴玉章为委员，付大会讨论。旋有潘祖义主张军界同志应加一人，并介绍熊式辉担任；周呼愚同志主张海外同志应加一人，谭平山同志附议海外加一人，应由海外同志互选一人提出大会（决议）完全通过。"[3]在8日，提案审查委员会第一次会议召开，黄学增参加（共十三人参加）。在会议上，"许甦魂同志提议在审查提案委员会内，应另分小组以便审查。决议，分组（如下）：组织、纪律、青年、农民、工人、商民、宣传、妇女、海外、军事、政治、其他十二组"。[4]在9日，黄学增被确定为农民运动报告审查委员之一，毛泽东等为宣传报告审查委员，邓颖超等为妇女运动报告审查委员："……农民运动报告审查委员陈公博、黄学增、易礼容、路友干、丁居羊。丙、妇女运动报告审查委员宋庆龄、何香凝、邓颖超。丁、宣传报告审查委员邵力子、毛泽东、陈其瑗……"[5]会议期间，高要县发生了"高要惨案"。1月3日晨，地主土豪卢沂川纠集民团500余人围攻领村乡。"农军猝起应敌……众寡不敌，卒被民团攻入。杀害农军3人。民团遂纵火焚村，被烧

[1]《黄学增研究史料》，第256—257页。

[2]"农民部1925年11月报告"，《中国国民党广东省党部党务月报》第一期（1926年2月），第16页。

[3]《广州民国日报》1926年1月8日。

[4]《广州民国日报》1926年1月11日。

[5]《广州民国日报》1926年1月11日。按，另黄学增同在农民运动报告审查会中的易礼容是毛泽东的好友，他曾与毛泽东一起参与文化书社、新民学会、中共湖南支部（毛泽东任支部书记）等团体活动。见中共中央文献研究室编：《毛泽东年谱（一八九三～一九四九）》上卷，中央文献出版社，2013年，第63、73、79、88页。

30余家，烧毙”、枪杀者3人，重伤垂毙者4名，“伤者20余名”。后又击伤“农军10余名，伤毙第二区十乡农军20余人”。5日，劣绅土豪纠集高要、广宁、德庆三县民团共约3000余人，合围领村、波河、料村，打死打伤农民自卫军和农会会员共100多人。“又尽掠农村牛猪什物、全体农民逃避深山中，号寒啼饥，无家可归。”在“高要惨案”发生之前，中山、南海两县也发生了地主民团屠杀农民，破坏农会的事件。在领村惨案发生后，国民党中央农民部特派员兼省农民协会西江办事处主任周其鉴与特派员陈均权、邓广华，奉命前往调查及处理此案。[1]中共广东区委农委有见于此，亦指示黄学增、蔡如平、韦启瑞向国民党“二大”提出议案，要求大会审议。[2]国民党“二大”的第九日（即1月13日），“提案审查委员会，审查中山、南海、高要等县民团屠杀农民案。黄学增同志报告，审查结果。中山、南海、高要等县民团屠杀农民，焚烧农村，摧残农民协会一案，提议主张严办的，有韦启瑞许可黄学增三代表，统括该代表等提议，其具体办法如下：（1）高要县，一、令国民政府火速派得力军队前往救护农民；二、解散匪团；三、缉拿祸首；四、召集流亡；五、抚恤死伤；六、赔偿损失。（2）中山南海两县，一、通缉凶手；二、解散通匪民团；三、抚恤死伤。此案分两方面去做，一方面由大会令国民政府赶快去做；一方面由大会分电各县农民协会慰问。提议人所具理由，非常充分，此案应准成立，立即报告大会讨论执行。经众讨论，决议，交国民政府办理。”[3]1月22日，国民党中央政治委员会第106次会议，对高要民团焚杀农村事件，作出如下议决：“（1）组织绥缉委员会处理。（2）以国民政府军事委员会一人，广东省政府民政厅一人，农工厅一人，中央农民部一人，广东省党部一人，省农民协会一人，第四军高级军官一人共组之。（3）限三日内选出，五日内到高要。”[4]后来，经过国共两党的共同努力，“高要惨案”得到一定程度的解决。

---

[1] 梁尚贤：《国民党与广东农民运动》，广东人民出版社，2004年，第350—351页。

[2]《黄学增研究史料》，第260页。

[3]《广州民国日报》1926年1月18日。

[4] 转梁尚贤：《国民党与广东农民运动》，广东人民出版社，2004年，第353页。

1月18日，黄学增代表农民运动决议案审查委员会，首先向国民党“二大”全体会议介绍本次大会的《农民运动决议案》的主要内容和当前保护、促进农民运动发展的措施，然后宣读《农民运动决议案》全文，请大会讨论通过。这个决议案指出：“中国国民党无论何时何地皆当以农民运动为基础，无论政治的或经济的运动，亦应以农民运动为基础，党的政策首须着眼于农民利益之本身，政府之行动亦须根于农民利益而谋其解放。”[1]1月19日下午，中国国民党第二次全国代表大会闭幕，黄学增在大会上发表演说，演说词内容简要精辟：“我们要到大多数被压迫的民间去，要尽力为他们解除一切政治上经济上的痛苦！”[2]而据《毛泽东年谱》记载，毛泽东曾受大会主席团指定，对该《农民运动决议案》进行修改。“经过修改的《关于农民运动决议案》，简短明了，更加强调农民在革命中的作用，十九日被大会通过。”[3]

在这里，有一则目前有关黄学增研究的文献存在着商榷的地方，需要谨慎采用——这则文献普遍被采用在大部分有关黄学增方面的论文与文章中，就是有关在中国国民党“二大”中提议营救刘少奇一事。阮应祺撰写的：《黄学增事迹系年》中认为：“同日（按，即1月7日），学增在大会全体会议上发言，提议营救工人领袖刘少奇，呼吁各界支持工人运动……大会根据学增提议，通电全国，谴责赵恒惕……要求赵立即释放刘少奇。”[4]此处注出处为《工人之路》第217期，但查阅文献，只有大会的通电内容，并没有涉及其他内容。“第二次全国代表会通电　请赵恒惕释放刘少奇”“本报专访云，湖南赵恒惕□前月无故捕去全国总工会副委员长刘少奇，经第

[1]《中国国民党第二次全国代表大会会议记录》第12日第23号；转阮应祺、邓荣诗、杨杰生：《黄学增》，载中共湛江市委党史研究室编：《黄学增研究史料》，广东人民出版社，1997年，第223页。

[2] 参阅《中国国民党第二次全国代表大会会议日刊。第十三日第廿六号闭幕典礼详记》；转中共湛江市委党史研究室编：《黄学增研究史料》，广东人民出版社，1997年，第260页。

[3] 中共中央文献研究室编：《毛泽东年谱（一八九三～一九四九）》上卷，中央文献出版社，2013年，第153页。

[4]《黄学增研究史料》，第259页。

二次全国代表大会议决致电赵恒惕释放。该电于昨日拍发，其文如下：长沙赵炎午先生大鉴，据报载全国总工会副委员长刘少奇同志，因回湘养疴，突被先生饬戒严司令部捕去。查刘少奇尽瘁国事，服务劳工，五卅运动勤劳卓著，正民众拥护之人，先生□遽加逮捕。兹经本大会一致议决，电请台端释放，特此电达，即希察照，并盼电覆。中国国民党第二次全国代表大会，印。”[1]有关黄学增提议营救刘少奇一事，阮应祺、邓荣诗和杨杰生共同撰写《黄学增》里是这样描述并标明一处出处：“1月7日，黄学增在全体会议上带头斥责了赵恒惕的罪行，指出‘湖南工人领袖被赵恒惕扣捕，（大会）应有表示’，办理营救。大会讨论了黄学增的提议……决议通电要求赵恒惕立即放人。”注引部分注明来自《中国国民党第二次全国代表大会会议记录》第3日第6号。[2]查《中国国民党第二次全国代表大会日刊》记载的《会议记录》（第三日第六号）有如此的记录：“童庸生同志临时动议，上海工会刘华同志，惨被孙传芳枪毙，及湖南刘少奇惨受赵恒惕监禁，本会应有表示案。”[3]根据中国国民党“二大”代表名录，知童庸生是四川代表。当时四川代表包括吴玉章、杨闇公、童庸生、邓懋修、黄复生、廖划平、谷武和、廖竹君。[4]童庸生是川渝地区早期中共党团组织的领导人，曾介绍杨闇公加入社会主义青年团、介绍吴玉章加入共产党。另外查阅《广州民国日报》登载的大会第四日记录，却有如此记载：“……（十三）麦兴华临时动议，湖南刘少奇同志被赵恒惕监禁，大会应通电表示态度。”[5]查大会代表名单，可知麦兴华仍归属于华侨界，属“墨西哥总支部”选举出来的代表。[6]赵连城在《广州文史》刊登的《光复前后广东妇女参加同盟会的

[1]《广州民国日报》1926年1月29日；《工人之路》第217期（1月30日）。

[2]《黄学增研究史料》，第224页。

[3]第十号（1月11日出版），第9页。

[4]荣孟源主编：《中国国民党历次代表大会及中央全会资料》（上），光明日报出版社，1985年，第179页。

[5]《广州民国日报》1926年1月8日。

[6]荣孟源主编：《中国国民党历次代表大会及中央全会资料》（上），光明日报出版社，1985年，第171页。

活动》说麦兴华是“陈李济药商的寡媳”，“为了追求解放而‘出家革命’的”。[1]故根据目前所见的史料，针对赵恒惕无理扣留刘少奇一事，当时社会各界表现极大的愤慨，一方面通过通电等形式要求赵氏释放刘少奇；另一方面也给相关政府施加压力，计划借助政府的力量，寻求帮助。可惜目前还没有见到黄学增比较明确的在国民党“二大”的发言营救刘少奇的记载——黄学增作为跨党党员在国民党“二大”上意愿营救刘少奇那是必然无疑的。不管如何，黄学增在国民党这次“二大”表现是非常值得称道的：“在会上旗帜鲜明，斗争坚决，在反击右派对工农运动的攻击污蔑、打击地主阶级对工农运动的破坏活动，制定决议和措施保护农民运动继续发展等方面，作出了应有的贡献。”[2]

会后，黄学增公开以国民党中央农民部农民运动特派员、广东省农民协会南路办事处主任、国民党南路特别委员会负责人（后任主席）的身份，奔向广东南路投身新的工作，于2月中旬又一次抵达广东南路。

第二节　《广东南路各县农民政治经济概况》与雷州半岛的社会概况

西方有学者谈道：“通过设想人类有能力改善自己的状况，并成为自身存在的唯一主人，现代性向否认和排斥任何一种不满意和不公正的条件敞开了大门。仅仅由于假定的非人的或超人的起源或基础，任何一种痛苦在原则上都无法逃避谴责。任何一种可以容忍的状况从现在开始，都有可能在未来被重新定义为不公正的痛苦（没有什么能防止这种重新定义的发生）。当越来越多的人类痛苦被‘意识到’的时候（换言之，被重新归类为‘人为的’时候），容忍不舒服的阈限也在不断降低。毕竟，现代性为普遍幸

[1] http://www.gzzxws.gov.cn/gzws/gzws/ml/hqcc/201107/t20110720_21531.htm。
[2]《黄学增研究史料》，第261页。

福带来了希望，并为消除所有不必要的痛苦带来了希望。它也决心重新安排所有不必要的痛苦。”[1] 在这里，我们可以从黄学增在1926年4月写成《广东南路各县农民政治经济概况》来看看当时广东南路农民所深受的苦痛，来看看广东南路当时的社会概况如何。

《广东南路各县农民政治经济概况》这篇调查报告是1926年3—4月间，黄学增根据自己的调查及部分农协南路办事处人员调查所得的材料执笔写成的，全文共约35000多字，分两次发表在《中国农民》第一卷第4期与第5期，报告结构主要包括五部分：总说、农民经济状况、农民的政治状况、农民的文化状况、南路农民运动之状况，详细地叙述了南路民众的生活概况及1926年后农民运动的情况，为我们保留了当时广东南路社会概况的详细资料。现在我们可以以黄学增这篇报告为主线，结合其他方面的史料，看看20世纪20年代南路社会的情况。

广东南路是一个地理方面的概念，指的是广东南部的相关区域。根据省农协的划分——也是确定农协南路办事处工作“所统辖”的范围，“共有阳江、阳春（两阳）、茂名、信宜、电白、化县、吴川、廉江（高州六属）、遂溪、徐闻、海康（雷州三属）、合浦、灵山、防城、钦县（钦廉四属）十五县”。[2]根据报告的内容，南路范围还应该包括梅菉市及广州湾——广州湾时为法国租借地。而在广州国民政府的行政体系，似乎范围更大一些：“电各县长财局长咨日到阳会议 阳江阳春恩平开平新兴茂名信宜电白吴川廉江化县遂溪徐闻海康钦县防城合浦灵山罗定郁南云浮县长览兹定本月二十在阳江开南路各属县长及财政局长联席会议讨论各属要政仰该县长财局长届时到阳……会议地址：在阳江城尊经阁，即南路行政委员会行署

[1]（英）齐格蒙特·鲍曼著，郁建立译《被围困的社会》，江苏人民出版社，2005年，第42页。

[2] 见黄学增：《广东南路各县农民政治经济概况》，《中国农民》第一卷第四期（1926年4月1日），湘潭大学出版社《红藏·进步期刊》系列影印本，2014年，第389页。按，这一节注引该篇报告内容，皆不标注出处，皆出自《中国农民》第一卷第四期（1926年4月1日）及第一卷第五期（1926年5月1日），特此说明。

楼上。”[1] 此为1926年一份“广东南路各属行政会议记事”，南路地域更大一些。在此，我们讲广东南路主要是指黄学增所言的十五县加梅菉市与广州湾（即现在的湛江）。依据调查报告，南路仍滨海之地，交通亦算便利，产业以农业为主，间或有一些简单的手工业。人口中，“工商人皆少，农民大致占全人口百分之九十六以上”。在广州国民政府南征军到来之前，南路深受帝国主义、军阀、土匪、劣绅土豪等多方势力的压迫，尤其是帝国主义与土匪势力，生活异常痛苦。

1922年到雷州剿匪的黄强曾说道：“雷州三属匪徒凶悍，不特为广东冠，更为全国冠、全球冠也。他处匪徒，最多不过如陆荣廷、张作霖等辈，打家劫舍、掳人勒索耳。此则逢人便杀，遇屋则焚，雷属西方千数百村落，悉成灰烬……故李福隆一股杀人盈万，即杨陈仔一股，亦杀人逾三千。”[2] 但当其时他没有意识到土匪存在的根源所在。黄学增在报告中，一针见血地指出，雷州半岛匪患一大主因就是因为法殖民政府、法帝国主义的存在。“南路土匪，昔时虽不敢说完全没有，但是绝少。民国五年以后，广州湾变成土匪大本营，土匪可以全队驻扎在赤坎各处。土匪劫杀凶品——枪弹特别是驳壳枪弹——可以从香港购回及广州湾法帝国主义者之成千成万供给。土匪所劫掠之对象人口，可以在广州湾发货吊赎，因此土匪人数众多，枪弹充足，所向无敌。”后来黄强也认可黄学增的观点：“这个匪区惨无天日，简直阿鼻地狱罢了。负地方责任的，充耳不闻吗？派往办匪大员大吏尽是饭桶吗？却也不尽然。其症结不是雷州一地为匪区，乃雷州附近有一大匪窝——广州湾。它是法国租借地，因有了不平等条约为之保障，遂成为一向藏污纳垢的地方。我官民要剿匪，不平等条约做了窝家要窝匪。匪到了窝家，很像到了世外桃源一样：国法所不及，官威所不加，兵力所不到。

[1]《广东南路各属行政委员会公署公报》1926年第1期，第14页。

[2] 黄强：《军次英利通信》，载《黄司令官造雷平匪实纪》，雷州道南印务局，1922年，第3—4页。

逍遥复逍遥，而其附近四方，遂形成一个匪世界了！”[1] 事实上，广东南路的匪患真的骇人听闻。早在 1917 年邑人就说过：“自杨蔡陷城而后，其焚毁不下千万家，其杀戮不下千万人，其丁口之被掳勒不知凡几，其妇女之被淫污不知凡几，其牛豕财物之被掠夺不知凡几。雷属数十万生灵，口罹惨祸，其势严严，不可终日。恨不得马伏波、武襄其人，起而扫荡之。”[2] 黄学增在调查报告提及大大小小的土匪有：“高州电白与茂名之间有徐东海部之匪，吴川与化县之间有阴隲仔部土匪”；雷州有李福隆、石合三、黄宗海、陈伯烈等等匪部；1921 年 1 月，李福隆匪部曾伏击滇军一个营，致其全军覆没，并在 3 月与滇军一个团对打，掳去滇军士兵四十余人，团长何福昌受伤。为了向官兵示威，土匪还以市为屠场肢解士兵，各处抛弃残余尸骸。[3] 化县有匪首李龙、劳子谦、李文书、李亚鸡、曾猪窖、林茂功等；廉江土匪“全县分几股，匪首陈其炳者系本地人，尚不能指挥各股”。除了帝国主义、土匪外，军阀也是危害南路人民生活一大原因。如龙济光、沈鸿英、邓本殷等。雷州“民国七年五月间，被沈鸿英、林虎、刘志陆等驱龙济光时，焚去商店三十余间”。“邓本殷占据南路时代，各县钱粮已预征到民国十六年。一县在数月之内可易几十县长，其征收新旧钱粮，不要问其能否完纳，只问其受差丁刮去的杂费亦用去不少了。各县署设立之粮站，更包办收粮，榨取杂费……田赋以外，在水东、黄坡、阳江各处有厘金局，高雷钦廉各处有府税，梅菉、水东、北海、雷州各处有航政牌税、印花税、盐务税、盐埠税、海关税、酒捐、屠捐各种。”“邓逆占据雷州时代，

[1] 黄强：《黄莫京将军自述（三）》，（香港）《大成杂志》1979 年第 67 期，第 77 页。1925 年广州国民政府南征部队亦持一样观点：“南路各属，土匪如毛，而尤以雷州为最。匪帮动千数百人，踞守炮垒，枪械犀利；除府县城外几无地不受匪祸，更无处可以谋生。农工平民，困苦无告，弱者死，而强者盗；生者无以养，死者无以葬，白骨千里，人烟殆绝。考其致成成原因：第一为受帝国主义之广州湾所压迫。”见《第四军政治部之报告》，《犁头》1926 年第 2 期，湘潭大学出版社《红藏·进步期刊》系列影印本，2014 年，第 41 页。有关雷州三属的匪患造成的灾难，当时文献记载比比皆是。

[2] 雷州市档案馆，案卷号：1-1-181。

[3] 《李福隆袭击滇军补述》，《香港华字日报》1921 年 4 月 18 日。

农民被摧残，非常痛苦，土豪劣绅，怂恿邓逆党羽邓承荪拔农民之薯而种鸦片烟苗者，在在都有。”“邓本殷占据南路时代，铸造不少伪银，成价（色）甚低，强迫人民使用，人民久已苦之。”“化县虽非战局必争之地，然每一次战事发生，军队过往，必由地方酌量供应军费，供给台椅铺板，亦在所不能免，遂沿为成例。”在遂溪，“自民国七年至十四年，兵匪/祸民，均无虚岁，计全县三十万民命中，被兵匪杀毙及饿死者，达五万余人”。此外，两阳地区，黄学增虽然没有提到军阀的危害，其实也是深受其害的。“隐逆死党苏廷有，自称八属联军右翼指挥，近于两阳甚为骚扰，所有商店民居，派不被其征收军饷，至再至三。月之十一日，又无员向阳江商会索借军饷万元。商民以款项难筹，不能代办，遂被勒令派发传单，向店铺再收铺捐一月。然以阳江商店有限，生意不多，万难再抽，特联合商民数百人，苦求哀免，讵又不准，因此特联同罢市，以谋抵抗云。”[1] 由于苏廷有在两阳地区残忍嗜杀，阳江人民称之为“苏屠户”。[2] 劣绅土豪亦狐假虎威，残虐南路民众。如在遂溪，“杨文川恣意苛抽，各市面新抽税捐，民众因之哗然……农民皆曰‘如能打倒杨文川那毒蛇，我们尽数加入农会’”。后在巡行时“将杨文川拉出，拳足交加，甚至妇孺女子，亦以一击为快”。如在海康，“地主对农民之待遇：初批田时，佃丁须送□或送鱼物于地主，方得耕田。地主对佃丁待遇甚于犬马，如欠租谷一升一合，即将竹烟筒或鞋底打之，若欠（久）未清纳，则请团局兵或警察兵扣押，如土匪提人勒赎一股”。如在电白，“最大地主，每年可收租谷四千担，如邵镜河、许廷魁、黎兆松、崔立宇等。其次可收租谷二千余担，如黄惠之等。再次每年可收租谷千余担，如杨德甫、邓瑶林等”。而当地“自耕农每年所耕之田，最大限度有三十担谷种，最小限度有一斗谷种或半斗谷种”。如在吴川，“县中民团局权，采于二姓（按，指林、李）手中，不但鱼肉小乡小民而已，并且强夺历任县官，一般农民，甚恶而畏之”。因而，作为既得利益集团，这些劣绅土豪是很

---

[1]《广州民国日报》1924年2月19日。

[2] 张晓辉、张永春：《民国时期广东两阳史》，中共党史出版社，2016年，第31页。

惧怕变化的："化县自有农民运动后，那班土豪劣绅财主佬，即大发狂病向无知识的农民，发出……收人头税种种谣言，以图惑众。"正是由于这帮帝国主义、军阀、土匪、劣绅土豪等的压迫，南路人民深受其害，甚至逃离家园。如"高州方面（特别是信宜、化县）每年都有五六千人到南洋去"；茂名县"与信宜完全相同，一般农民因无法维持生活，亦大半卖身去南洋做猪仔"。在1926年4月，以黄学增为主任的国民党南路特别委员会还专门就"高雷内地收买失业工农往港"一事上书中执委、政治委员会、省港罢工委员会，要求阻止。[1]由此可见，湛江地区在20世纪初期，连年匪患、贫穷、生活艰难，仍是邓本殷等军阀及帝国主义助孽，和劣绅土豪专制压迫的结果。因而如何消除南路这些苦难因素，自然是国民革命的主要任务。

"国民革命"一词是1906年孙中山等在起草的中国同盟会《军政府宣言》中提出的。宣言认为时人所进行的革命与前人有很大差别，不仅是要"驱除鞑虏、恢复中华"，而且"国体民生尚当与民变革"，所以"前代为英雄革命，今日为国民革命"，强调国体民生的变革，区别于前人的"英雄革命"。在宣言中，孙中山阐释了"国民革命"的概念、归宿及其与传统王朝革命的差异："维我中国，开国以来，以中国人治中国，虽间有异族篡据，我祖我宗常能驱除光复，以贻后人。今汉人倡率义师，殄除胡虏，此为上继先人遗烈，大义所在，凡我汉人当无不晓然。惟前代革命，如有明及太平天国，只以驱除光复自任，此外无所转移。我等今日与前代殊，于驱除鞑虏、恢复中华之外，国体民生尚当与民变革，虽经纬万端，要其一贯之精神，则为自由、平等、博爱。故前代为英雄革命，今日为国民革命。所谓国民革命者，一国之人，皆有自由平等博爱之精神，即皆负革命之责任，军政府特为其枢机而已。自今以往，国民之责任即军政府之责任，军政府之功即国民之功，军政府与国民同心勠力，以尽责任。"[2]随后在国共合

[1] 中国国民党五部档案，中国社会科学院近代史所藏。

[2]《中国同盟会革命方略》（1906年秋冬间），广东省社会科学院历史研究室、中国社会科学院近代研究所中华民国史研究室、中山大学历史系孙中山研究室合编：《孙中山全集》第一卷，中华书局，2006年，第296页。

作洽谈中被共产党所接受，“中国处于现时这种状况之下，资产阶级不能充分发展，因之无产阶级也自然不能充分发展，阶级分化不充分的全国人民，皆受制在资本帝国主义及本国军阀之下，不能不要求经济发展而行向国民革命”。考虑到当时中国的实际情况，“中国无产阶级参加此种反对帝国主义反对军阀反对宗法社会的国民革命，其意义实在就是中国无产阶级反对世界资产阶级的阶级争斗。……国民革命之进行，是必不可免的。”[1]所以，“可以证明本党一年以来号召的：‘打倒军阀’‘打倒国际帝国主义’之国民革命运动，不是一条错误的道路”[2]。国民革命在共产党人看来，包含着“打倒军阀”“打倒帝国主义”，国民革命被赋予全新的、完整的意义，即国民革命是反对帝国主义、反对军阀统治的革命。当然考虑到国民党的资产阶级的性质，资产阶级的“国民革命”带有资产阶级的性质，故当时的中国革命“第一步且仅能行向国民革命，这种革命自属于资产阶级的性质”，“所以中国无产阶级又必不当以‘国民革命’自限”，[3]“我们的使命是以国民革命来解放被压迫的中国民族，更进而谋世界革命，解放全世界的被压迫的民族和被压迫的阶级”。[4]以打倒军阀、打倒帝国主义、反封建为主要内容的国民革命逐成为国共两党在当时的共识，国共第一次合作也是建立在此基础之上。黄学增积极投身于国民革命活动中，自然是以带领劳苦民众、组织人民打倒军阀、打倒帝国主义及反封建，从而走向独立富强之路为己任。

[1]《中国共产党党纲草案》（1923年6月），中央档案馆：《中共中央文件选集》第一册（一九二一～一九二五），中共中央党校出版社，1982年，第110、111页。

[2]《中国共产党第三次全国代表大会宣言》（1923年6月），中央档案馆：《中共中央文件选集》第一册（一九二一～一九二五），中共中央党校出版社，1982年，第128页。

[3]《中国共产党党纲草案》（1923年6月），中央档案馆：《中共中央文件选集》第一册（一九二一～一九二五），中共中央党校出版社，1982年，第110、111页。

[4]《中国共产党第三次全国代表大会宣言》（1923年6月），中央档案馆：《中共中央文件选集》第一册（一九二一～一九二五），中共中央党校出版社，1982年，第129页。

第三节　国民党广东南路特别委员会与广东省农民协会南路办事处

根据1924年中国共产党的文件精神："我们在国民党改组以后更加以努力扶持他们，不可因他们以往的缺点，预存嫌恶藐视的心理。……本党同志在国民党能尽所职，引起国民党员都能尽职，使其真变成一个有组织能行动的党，我们加入国民党之目的才算达到。"[1] 国共合作时期，包括黄学增在内的不少跨党中国共产党党员纷纷到国民政府机构任职，借此推动国民革命的进行。

1925年12月23日，中国国民党广东省南路特别委员会成员随国民革命军到南路，在梅菉办公，驻地为梅菉营盘街。成员包括主席潘兆銮（中共党员）、委员黄学增、彭刚侠（中共党员）、林丛郁（林增华，中共党员）、谭竹山、朱曼、吴武祥、许庆之等。[2] 由于工作关系，黄学增在1925年12月回来没有多少天后，又到外地了。林丛郁1980年9月16日回忆到："省党部南路特别委员会，本来由黄学增负责，但大军出发时黄学增在广宁未回。当时我在广东大学读书，兼在广东海员会筹备国民党特别党部，新任第四军政治部主任张善铭（原政治部主任罗汉，在东江未回）找我当秘书，省党部就派我临时兼管'南特'工作。"[3] 按，当时西江地区包括高要、广宁、封川、郁南、德庆、四会、罗定、云浮、恩平、开平、鹤山、开建、新兴、高明等县。[4] 大约在国民党"二大"后，黄学增回南路比较稳定地主持国民党南路特别委员会工作，指导国民党在南路相关工作，指导南路农民运动等。"当第二次（遂溪）人民代表大会开会之际，我（按，即黄学增）用

---

[1]《同志们在国民党工作及态度决议案》（1924年）（原文载于1924年4月11日《团刊》，估计是1924年2月底召开的第二次中央执委会议文件；见中央档案馆：《中共中央文件选集》第一册（一九二一～一九二五），中共中央党校出版社，1982年，第181—183页。

[2] 中共湛江市委党史研究室编：《中共南路党史大事记》，广东人民出版社，1996年，第14页。

[3]《访问林丛郁（林增华）记录（节录）》，《黄学增研究史料》，第181页。

[4] 中共广东省委组织部、中共广东省委党史研究室、广东省档案馆：《中国共产党广东省组织史资料》（上册），中共党史出版社，1994年，第20页。

国民党广东省党部南路特别委员会会员名义参加，讵该县长（按，指伍横贯）及一班随人，完全无开会常识，又视此会为自己御用的，所以开会之前，会场设在师范学校，完全无布置，亦无来宾座位，只用学生课堂上座椅写各代表名字，令各代表就座，不挂国旗党旗及中山先生遗像，不用开会秩序，讲坛设一座椅，供主席——县长坐，似全无一件开会事，只外边鹄立几位游击队兵而已。将开会时，遂溪党部人教他去党部取国旗党旗及总理像来挂在会场里，写出开会秩序单，他才照办。而秩序中无演说一项以便我们演说，他坚持不肯，无奈他宣布开会后，才呼各人有什么伟论可以发表，我当登讲坛，将要发言，他叫标出座号数，形式都是非常好笑。”[1] 国民党南路特别委员会在黄学增、林丛郁主持下，由韩盈、钟竹筠、薛文藻、杨枝水、陈克醒等分别分工负责党务、农运、宣传、妇女等部门，工作取得一定的成效。至年底，在梅菉、电白、阳春、吴川、信宜、廉江、遂溪、海康、茂名、徐闻 10 个县市成立了国民党党部筹备处。次年 1 月，化县、阳春、电白、阳江、茂名等县先后成立了国民党党部。[2]

1926 年 1 月，广东省农民协会鉴于全省农民运动范围日渐扩大，为图指挥便利及各级农民协会关系密切，于组织及进行上为有秩序有纪律的健全发展起见，特设广东全省暂时划分为 6 个区域，各设办事处 1 所。（1）潮梅海陆丰办事处设在汕头，辖 17 县，主任彭湃；（2）惠州办事处设在惠州府城，辖 8 县，主任朱祺；（3）西江办事处设在肇庆，辖 14 县，主任周其鉴；（4）南路办事处设在梅菉，辖 15 县，主任黄学增；（5）北江办事处设在韶关，辖 11 县，主任丘鉴志；（6）琼崖办事处设在海口，辖 13 县，主任冯平。中路 17 县不设办事处，由省农民协会直接指挥。事实上，

[1] 黄学增：《广东南路各县农民政治经济概况》，《中国农民》第一卷第四期（1926 年 4 月 1 日），湘潭大学出版社《红藏·进步期刊》系列影印本，2014 年，第 401 页。按，调查报告还提到：“县长伍横贯，台山人也……在十五年一月间全县人民代表大会之议决案，均无执行。近为个人色彩起见，又拟于三月三日召集全县人民代表大会，但未知其如何”。见第 36 页。故黄学增在 1926 年 1 月期间已回到南路、遂溪。

[2] 中共湛江市委党史研究室编：《中共南路党史大事记》，广东人民出版社，1996 年，第 14 页。

早在1924年，国共合作正式形成后，中国共产党即发布了一则决议案——《同志们在国民党工作及态度决议案》，里面提到："我们的同志，加入国民党各机关内，以扶助督促其党务之进行，自为应尽之职务。但我们必须注意之三点：（1）加入之人，必须选择能干而且适宜于国民党某种工作的同志；使他的工作成效，可以引起国民党对于我们同志的尊重与信任，同时亦可使国民党党务有进步。（2）策略一路为薄弱，或不适宜于国民党某项工作的同志，不可轻于使之担任国民党各种职员，以引安置私人与包办的嫌疑，同时亦使国民党党务，及国民党对于本党的信任，俱受不良的影响。（3）在时机不相宜时。不可勉强援引我们的同志，以惹起国民党的反感，致妨害以后我们与国民党的合作。"[1] 其后在广东省第一次农民代表大会召开不久，共产国际在1925年7月就给中国共产党中央委员会的信中谈道："（广东省第一次农民）代表大会向中国农民发表宣言，号召农民组织起来，它显然将起很大的鼓动作用。但紧接宣言之后必须派遣受过训练的组织工作者。考虑到现有力量，应该首先派遣得力的尽可能了解当地情况的同志到广东及北方省份去，到运动波及的其他省份和闹饥荒的地区去。他们应该走村串寨，演示如何切实建设革命的农会。"[2] 由此可见，黄学增被省农会调派为省农协南路办事处主任，事实上，是对他农民运动能力的又一次肯定！相对而言，在当其时，南路农民运动一直没有得到很好的发展，如在1925年5月召开的广东第一次农民代表大会中，人口众多的南路，由于没有成立县一级农民协会，居然无法派出一个农民代表来参加！这对数百万南路农民而言，不知有何感想？或者居于此，黄学增又一次被当作救火队长被派到南路——救火队长一职，黄学增后期生涯似乎一直在扮演着；当然，或许另有其他

[1] 《同志们在国民党工作及态度决议案》（1924年）（原文载于1924年4月11日《团刊》，估计是1924年2月底召开的第二次中央执委会议文件；见中央档案馆：《中共中央文件选集》第一册（一九二一～一九二五），中共中央党校出版社，1982年，第183页。

[2] 《共产国际执行委员会给中国共产党中央委员会的信（1925年7月6日）》，中共中央党史研究室第一研究部编：《共产国际、联共（布）与中国革命文献资料选辑（1917—1925）》，北京图书馆出版社，1997年，第742页。

原因。总之，在 1926 年，黄学增被委以省农协南路办事处一职，主持广东南路十五县的农民运动工作。依据《广东省农民协会各属办事处简章》（共二十四条），各办事处的权利与义务包括如下种种，如“各办事处直接受省农民协会之指挥监督，报告所属各县各级农民协会事务于省农民协会，及传达省农民协会之命令于所属各县各级农民协会”；“各办事处受省农民协会之委托，监督及指挥所属各级农民协会”；“各办事处特别委员会对于各属各县各级农民协会之职员会员，及自卫军职员队员，有违背章程，不守纪律者，得处罚或开除之，但仍须将输情形详细报告省农民协会核准”；“对于所属各县各级农民协会办理不善，或违背纪律者，得于详细情形报告省农民协会核准后改组之”。“各办事处特别委员会得派遣代表参加各种团体或行政机关会议，以解决农民各种问题，及提议有利益于农民之各种议案”等等。[1] 而“各办事处特别委员会，对于所属各县各级农民协会办事不善，或违背纪律者，得于详细情形报告省农民协会核准后改组之。各办事处所属各县各级农民协会，于组织上或处理各种事件，应径向各该属办事处报告，经办事处审查确实，转报广东农民协会核办。各办事处之经费，应做具预算案呈准省农民协会核发”。[2] 各办事处之下，组织一特别委员会，委员三人，由广东省农民协会指派之，并于三委员中指定一人为主任，一人为书记。3 月 7 日，南路办事处正式成立时，[3] 主任为黄学增，书记为韩盈，委员为苏其礼。[4] 至少到了 1926 年 9 月 10 日，南路办事处的组织略有变化，委员人选略有改变。当时一则通令显示：主任黄学增，韩盈任书记，委员还包括梁本荣。[5] 此外，除三委员外，省农协南路办事处还设有“文牍一人，庶务

[1]《广东省农民协会执行委员会通令》，载《犁头旬报》第 1 期，1926 年 1 月 25 日，第 25—27 页。

[2] 罗绮园报告、李咏湛、黎赤夫笔记：《会务总报告》，《中国农民》第一卷第六、七期合刊（1926 年 7 月 1 日），湘潭大学出版社《红藏·进步期刊》系列影印本，2014 年，第 63 页。

[3]《南路办事处会务报告》，见《黄学增研究史料》，第 76 页。

[4]《各属办事处职员姓名表》，载《犁头》第 2 期（1926 年 2 月 5 日），湘潭大学出版社《红藏·进步期刊》系列影印本，2014 年，第 48 页。

[5] 中共湛江市委党史研究室编：《南路农民运动史料》，广东人民出版社，1997 年，第 80 页。

一人，伙夫杂役各一人，另有特派员十多人，到各处指导农民工作”。[1]

1926年，黄学增遂利用南路特别委员会、农协南路办事处两大组织，以及农民运动特派员身份，带领南路民众进行国民革命。

第四节　广东南路农民运动风云

有西方学者说道：“基于长期的实践经验，农民自己已经积累了很多有关农业周期的每个方面的实际知识，包括种植和收割每一种作物的最佳时间和地点等等。事实上，这种知识通常与经验有着极为紧密的联系，因此对绝大多数农民来说，背离原有的经验会遇到巨大的风险，即使是现代政府在说服农民改变其习惯时也会面临极大的困难。”[2]而罗绮园在给广东第二次农民代表大会作的会务报告中却谈道：“从前的农民是居奴隶之地位，并且也自甘于奴隶地位，有时竟虽求为奴隶而不可得，他们的心理大都是自暴自弃的。这因为层层压迫紧的束缚住他们的身，不能挣扎；而且一切的旧风俗礼教文化，使他们的心也奴隶化了。然而痛苦的增加终于引起了不安，只因为没有组织之故，所以在他们的内心里蕴蓄着无限的悲愤。直到有了农民协会之后，各地的农民遂如雨后春笋一般的起来。”[3]在这里，非常明确地说明，在大革命时期，农民组织、农民协会在国民革命中起着重大作用。

“南路方面农民，平素虽无组织，但到革命军抵琼州时便很热烈的与革命军合作，供给革命军粮食，做引路、侦探、运输种种工作，使革命军能于短期内把南路反动派肃清。”[4]针对南路农民素无组织的概况，黄学增

[1]《南路办事处会务报告》，《黄学增研究史料》，第77页。

[2]（美）巴林顿·摩尔著，王茁、顾洁译：《专制与民主的社会起源——现代世界形成过程中的地主和农民》，上海译文出版社，2013年，第208页。

[3]罗绮园报告、李咏湛、黎赤夫笔记：《会务总报告》，《中国农民》第一卷第六、七期合刊（1926年7月1日），湘潭大学出版社《红藏·进步期刊》系列影印本，2014年，第58—59页。

[4]广东省档案馆、中共广东省委党史研究委员会办公室编：《广东区党、团研究史料（1921—1926）》，广东人民出版社，1983年，第334页。

回到南路家乡后，遂以发动农民、组织农民作为着力点，以之进行国民革命。在2月拟就的《南路办事处最近进行计划》中，除了通告、召集会议及调查计划外，有关农民协会方面的计划是其工作一大重点："分配各特派员到各县工作，并因某特派员对于某县工作适宜而调遣之"；"已有农民协会组织之县，有海康、遂溪、化县、阳江及廉州，均须努力扩大其组织，并施行各种训练"；"茂名之茂南地方（公馆附近）有纯为组织用以反抗地主阶级之生理会，应注意改组其组织，变成农民协会，并以此地为茂名全县农民运动之发起点。吴川之第五区杨屋村、文屋村已有农民倾向农民协会，应以此着手运动，为吴川全县农民运动之发起点。"[1]进入正轨工作后，农协南路办事处在黄学增等人领导，迅速投入筹办、规范、改组南路各地农会工作中去。"令中央农民部特派员黄杰……城角乡农民协会职员其中间有不甚妥当者，合行令仰该特派员就近指导改组可也"；"令尖岗南乡农民协会筹备员李秀冬……仍候广东省农民协会特派员卢宝炫同志前往考察，监选职员，并定期举行开幕典礼，授旗授印方符手续"；"令海康县第四区筹备员……查该区各乡农民协会，其中纯粹农民固多，而不良分子亦属不少。如该区候补委员兼肇榄乡正委员长卓子藩者，本系一方的大地主，与农民利益绝对冲突，并有以重利剥削农民事实，与章程第一条规定违背。卓子藩着即免去本兼各职，且不许名列会籍"；"令特派员黄杰……所有特派员尽行分头下乡工作……该特派员并须注意入会分子并选出职员，切不可潦草从事，致违定章"；"令仰特派员周永杰……前往廉江县负责组织各级农民协会，仰即赶于四月四日前到该调查各乡农民协会，分别指导成立"；等等。而针对各地劣绅土豪破坏农会的行为，农协南路办事处发布《布告各县（第一号）》："……近查各县有劣绅土豪大地主，竟肆意破坏协会，或妄造谣言以恐吓农民，不予其加入协会，或以民团暴力压迫已加入协会之农民退名，甚至假借国民党区党部区分部各种名义，以抵抗农民协会。有等劣绅土豪大

[1]《南路办事处最近进行计划》，载《犁头》第4期（1926年3月5日），湘潭大学出版社《红藏·进步期刊》系列影印本，2014年，第95—96页。

地主，又以农民协会为奇货可居，妄思包办，或自称已向省农民协会领得公事，或自称已在县署立案等谎言，以欺骗农民，令农民群堕其术，任其宰割。此种奸狡叛徒，实属不法之至。除函情各县长暨驻防军分别查禁惩办外，亟应布告各县农民知悉。须知农民协会是代表农民利益而奋斗，是完全独立不受任何方面拘束之合法团体。所有劣绅土豪大地主一概不得破坏，尤不得妄思包办，只有帮助农民，不许有压迫农民。我农民不要为彼辈所愚，务须一致团结起来，集中在农民协会旗帜之下，受广东省农民协会及本办事处的监督指挥。”[1] 经过黄学增等人的努力，至 1926 年 3 月底，遂溪全县共成立了 5 个区级农民协会和 46 个乡级农民协会，农协会员达 2800 人。海康成立六个区级农民协会和 66 个乡级农民协会，会员人数达 2827 人。“化县第四区尖岗南乡，现有三百三十四名会员，现请省农会南路办事处立案成立。”[2] 而在 1926 年遂溪人周永杰奉农协南路办事处之命，以农民运动特派员身份前往廉江负责组织各级农民协会。5 月，周永杰等人就在角湖洞村建立起廉江县第一个乡农民协会。随后第三区歧安、碗窑、白石、石涌等乡及第一区的上县乡也相继建立起乡农民协会。至此，廉江县拥有农协成员 500 多人。[3] 至 1926 年 10 月，南路农民运动取得了可喜的成绩，南路农民协会得到极大的发展，从零到数据庞大：“化县乡协会数 1，会员人数 359 人；遂溪区协会数 5，乡协会数 51，会员人数 28000 人；合浦乡协会数 3，会员人数 234 人；电白乡协会数 9，会员人数 500 人；茂名区协会数 1，乡协会数 7，会员人数 1200 人；海康区协会数 6，乡协会数 65，会员人数 3400 人；阳江区协会数 1，乡协会数 10，会员人数 100 人；廉江乡协会数 3，会员人数 500 人；吴川乡协会数 1，会员人数 100 人；信宜区协会数 1，乡协会数

[1] 以上据《广东省农民协会南路办事处通令、文件存稿》，《黄学增研究史料》，第 5—16 页。

[2] 黄学增：《广东南路各县农民政治经济概况》，《中国农民》第一卷第四期（1926 年 4 月 1 日）及第一卷第五期（1926 年 5 月 1 日），湘潭大学出版社《红藏·进步期刊》系列影印本，2014 年，第 413—414、539—541、549 页。

[3] 中共湛江市委党史研究室编：《广东南路农民运动史略》，中共党史出版社，2012 年，第 37 页。

7，会员人数未知；总计区协会数13，乡协会数44，会员人数10093人。”[1]下面是1926年4月17日遂溪海康两县相继成立时联合发布的宣言：[2]

遂溪海康两县农民协会成立联合宣言

工友们！农友们！兵友们！各界同胞！

我们呻吟于帝国主义（番鬼佬），军阀（带兵老爷），贪官污吏，买办阶级（洋奴经纪），劣绅土豪、资本家、大地主，一切反动派的铁蹄蹂躏之下，更呻吟于由帝国主义（番鬼佬）、军阀（带兵老爷）、贪官污吏、买办阶级（洋奴经纪），劣绅土豪、资本家、大地主，一切反革命派之威胁利诱，从我们自己农民中间走去一部分兄弟变为土匪的枪刀劫杀之下，已痛苦到有话都说不出了。

我们眼看到帝国主义（番鬼佬）、军阀（带兵老爷）、贪官污吏、买办阶级（洋奴经纪），劣绅土豪、资本家、大地主，一切反革命派和土匪，是联合一个战线，所有军阀（带兵老爷）、贪官污吏、买办阶级（洋奴经纪），劣绅土豪、资本家、大地主，一切反革命派和土匪之反动骚扰，都是由帝国主义（番鬼佬）所主使，他们以租界（洋界为巢穴），胜则入寇内地（唐界）以压迫我们工农群众及各界同胞们，败则退窜租界，（洋界）以保延其寿命，并且养精蓄锐，预备作再次入寇内地之反动骚扰行为，此种现象，全中国都是一样，不过遂溪海康接近租界——广州湾（原来是遂溪吴川地方）及香港（原来是宝安地方，水路与广州湾接近），我们眼睛看得比较别个地方为清楚。当龙济光及邓本殷一切反革命派先后盘踞南路时，称王称帝，都是由法英帝国主义（番鬼佬）居中拉线，极力帮助，及其失败，即相率逃窜广州湾，香港，而广州湾法帝国主义（番鬼佬）并且先后收留其败军枪械，此次邓逆失败，而依靠邓逆势力以压迫我们工农群众及各界同胞之劣绅土

[1] 广东省档案馆、中共广东省委党史研究委员会办公室编：《广东区党、团研究史料（1921—1926）》，广东人民出版社，1983年，第331页。

[2] 见湛江市档案馆。

豪资本家，大地主，一切反革命派，不但尽窜广州湾，视广州湾为安乐窝，并且得法帝国主义（番鬼佬）之封赏，大批充当审判官，书记官，及公局局头。而土匪更成千成万麇集于广州湾，素无忌惮。

我们更眼看到帝国主义（番鬼佬）及其工具军阀（带兵老爷）等一切反革命派之压迫中国民众，摧残中国革命运动，是日益紧张，自五卅惨案发生以来，在广东英帝国主义（番鬼佬）屡次图谋推翻国民政府，破坏省港罢工，既遣使东南西北各路及广州一切反革命派向国民政府进攻，并暗杀国民政府要员，工农阶级好友廖仲恺先生，不能摇动国民政府基础，及罢工政策，（不但不能摇动，且促其巩固，统一全广东）又复封锁广州（粤海关税务司卑路无故停关）并倡言以兵力进攻广州，法帝国主义（番鬼佬）且从广州湾接济香港粮食。在北方日英帝国主义（番鬼佬）与奉直军阀（张作霖、吴佩孚）更联合一块，四面围攻国民军及民众，日帝国主义（番鬼佬）尤以兵力占据满洲，扑灭郭松龄，并炮击大沽炮台，而各国公使团在北京且下最后的通牒，勒限国民军撤销天津一切防御，卖国贼段祺瑞在北京且屠杀爱国群众百数十人，此种反动局面，益足以表现帝国主义（番鬼佬）及其工具军阀（带兵老爷）等一切反动派末日之狰狞可怕。

在帝国主义（番鬼佬），及其工具军阀（带兵老爷）等一切反革命派的反动骚扰情势底下，我们知道除非团结自己力量将他们完全打倒，则此种反动骚扰情势，是不能免，我们的痛苦，是不能解除。所以当法帝国主义（番鬼佬）占领广州湾时，（在清光绪廿七年）我们遂溪的农民兄弟，曾以散漫的，无组织的，与法帝国主义（番鬼佬）血战过数月之久。当邓本般盘踞南路时，（客岁）我们遂溪海康的农民兄弟赠秘密地组织自己的协会，集中自己的力量，与一切反革命派抵抗。不过，当时有邓逆一切反革命派高压之下，我们绝对不能自由，其组织很少。现在国民革命军已将邓逆扫除，我们在政治上已得到相当的自由，已可以公开地并扩大地组织我们自己的协会了。于此，我们的“遂溪县农民协会”居然在四月十五日成立了，“海康县农民协会”居然在四月十七日成立了；同时“五一”劳动节日，广东省农民协会召集第二次全省代表大会，我们并且选派代表出席和我们全省农民兄弟相会，讨论全省或全国今后的进行计划了。

工友们！农友们！兵友们！各界同胞！我们的敌人——帝国主义（番鬼佬）及其工具军阀（带兵老爷）等一切反革命派，已联合一致猛烈地向我们进攻，我们为使中华民族之完全解放，为使农民自己阶级之完全解放，我们绝对不敢疏忽我们的组织，我们并绝对不敢讲个人主义，家族主义，宗族主义，地方主义，我们彻底地是要联合全县全省全国全世界的农民兄弟、姐妹，并且是要联合全县全省全国全世界的工人兄弟、姐妹，革命军人，觉悟学生，和其他一切革命分子，我们绝对是受广东农民协会和农民国际（世界农会）之监督指挥，猛烈地向我们的敌人——帝国主义（番鬼佬）及其工具军阀（带兵老爷）等一切反革命派反攻。同时，我们认定中国目前只有促成国民会议，建设全国的统一的国民政府，援助北方国民军及北方民众，拥护省港罢工，敦促广东国民政府提师北伐，才可以打倒帝国主义（番鬼佬）及其工具军阀（带兵老爷）等一切反革命派。我们高呼：促成国民会议！建设全国的统一的国民政府！打倒英日法各国帝国主义！打倒张作霖、吴佩孚等军阀！打倒一切反革命派！援助北方国民军及北方民众！拥护省港罢工！遂溪海康两县农民协会万岁！广东省农民协会第二次全省代表大会万岁！农民国际万岁！中华民族解放万岁！全世界人类解放万岁！

遂溪县农民协会、海康县农民协会

十五年四月十七日

1926 年前后所建立起来的南路农会大部分是经过南路办事处指导规范化建设的。“该区（按指遂溪县第六区）农民协会竟有违背定章、干涉行政及种种非法行为。似此弁髦法纪，殊属可恶。本办事处为维持宗旨，巩固纪律起见，特提出严重训诫如左……务须依照农民协会章程及农民自卫军组织大纲组织……该区协会只准办理与农民有关系事宜，不准包办其他与农民无关的事”。“查该区（按指海康县第四区）各乡农民协会，其中纯粹农民固多，而不良分子亦属不少。如该区候补委员兼肇榄乡正委员长卓子藩者，本系一方的大地主，与农民利益绝对冲突，并有以重利剥削农民事实，与章程第一条规定违背。卓子藩着即免去本兼各职，且不许名列会籍。”“该特派员（按指特派员黄杰）并须注意入会分子并选出职员，切不可潦草从事，致起违定章。如会员中有不守纪律者，尤须极力淘汰，毋稍姑息。”“兹派执事（指特派员周永杰）前往廉江县负责各级农民协会，仰即赶于四月四日前到该县调查各乡农民协会，分别指导成立，并将调查详情及各级协会成立日期、选举结果造具表册，报告本处查核积案”。[1]南路这些规范化的农民协会，从某种角度而言，是有助于农民的管理、有助于国民革命的发展：“从去年（按，指 1925 年）五一至今年（按：指 1926 年）五一一年中，省农民协会共收到的文件为 2526 件，包括 164 宗案。”“从这表看来，第一要知道各路办事处成立后，已能够管理该属各县协会的事务。”[2]而根据统计数据，我们知道南路案件宗数为 2，占总数 1.2%，而比中路的 126 件（占 77%）少了不少，此或者反映南路的冲突不是很剧烈；也或者从另外一个侧面反映南路办事处工作是很到位的。

农民自卫军是国民革命时期一个合法的群众武装组织，根据《政府对农民运动宣言》：“农民协会在目前战争过渡期间之重要工作，为防御土匪兵灾起见，特许其在一定计划之下，组织农民自卫军。”[3]而当时农会的主要组织者、领导者往往是跨党党员。“农民群众……不知有国民党，只知有 C.P.，以为农会便是共产党”；“只知农会便是共产党，而无有国民〔党〕的影响。”[4]因而也可以讲，农民自卫军是中国共产党早期掌握的一支合法武装力量。根据 1925 年 5 月广东省农民代表大会通过的《农民自卫军组织大纲》，“农民自卫军组织的基本单位为乡农民自卫军”，“各乡农民自

---

[1] 以上据《广东省农民协会南路办事处通令、文件》，中共湛江市委党史研究室编：《南路农民运动史料》，广东人民出版社，1997 年，第 61—80 页。

[2] 广东省档案馆、中共广东省委党史研究委员会办公室编：《广东区党、团研究史料（1921—1926）》，广东人民出版社，1983 年，第 336—337 页。

[3]《广州民国日报》1924 年 7 月 15 日。

[4]《中共南路特委给省委的第一号报告》（1928 年 4 月 26 日），中央档案馆、广东省档案馆：《广东革命历史文件汇集》（中共琼崖、南路特委文件）（一九二七～一九三五），1983 年 12 月，第 234、331 页。C.P. 是英文 Communist Party 的缩写，即共产党。

卫军联合组织区农民自卫军”，“县农民自卫军为综合该县内各区农民自卫军组织之”。1926年，在黄学增领导的农协南路办事处的努力下，广东南路农民自卫军也取得一定的成绩。1926年三四月间，遂溪县一、二、四、六、七区都成立了农民自卫军，分别拥有枪支30余支、50余支、40余支、320余支及110余支；尤其是第六区农民自卫军非常活跃，时“向各有匪乡进行，作剿匪示威。时到会操者二百七十余人”。[1] 海康县亦有农民自卫军数百人，农民自卫军经常操练，到各乡作剿匪巡行。

在宣传、教育方面，以黄学增为首的南路特委与南路办事处亦做了大量工作。如在梅菉开办了“梅菉市宣传学校”；在雷州举办了“雷州宣传讲习所”“雷州工农补习班”；利用办学校、讲习班的方法，在短期时培养一批具有先进意识的农运骨干。在这些培训班上，主要课程有社会进化史，国耻小史、中国革命史、演讲须知，三民主义、建国方略等；培训机构的主要人员包括黄学增、韩盈、黄杰、苏其礼、杨枝水、陈荣位等人，以及驻军人员，他们纷纷亲自授课，大大提升南路农运干部的素养，有力地推动了当地农民运动的进行。同时黄学增还或派遣先进人士，或自己担当社长接办《雷州民国日报》《高州民国日报》等，掌握舆论阵地，如派罗应荣主持《雷州民国日报》。“而《高州民国日报》 创刊于民国14年（1925年）2月。是国民党在广东南路唯一的报纸，属国民党广东省党部直接管辖。社址设在高州城大街141号……该报在北伐战争期间，曾宣传国共合作。民国15年（1926年），中共南路地委一度接办改组了《高州民国日报》，由共产党人黄学增、韩盈分别担任社长和总编辑。改组后突出宣传革命思想，指导农民运动，报纸的思想性大为加强，面貌焕然一新。”[2]《高州民国日报》后来还增设副刊《高潮》，报道各地群众运动情况。在有一定基础后，除了农会之外，还发动南路群众成立相关的社团组织，如总工会、各类青

[1] 黄学增：《广东南路各县农民政治经济概况》，《中国农民》第一卷第四期（1926年4月1日），湘潭大学出版社《红藏·进步期刊》系列影印本，2014年，第414页。

[2] http://wenlian.gaozhou.gov.cn/htm/0620111205094638.shtml。

年社团、学生联合会、妇女解放协会等。下面是一份1930年的国民党问讯记录，多少反映这些民间社团在南路某个侧面的情况。[1]

问（指高雷地方法院，下同）：尔系何时到枚（梅）菉圩的？答（指郑开意）：民国十四年到枚（梅）菉圩的。

问：尔在何时加入青年同志社？答：民国十五年入青年同志社的。

问：尔入青年同志社尔有知青年同志社之宗旨否？答：不知。

问：尔当时有知青年同志社□□陈时龙少徒二人系共产党否？答：不知陈时等系共党，改组始知陈时二人系共党。

问：尔有知青年同志社系青年团否？答：梅菉圩只有青年同志社，并无青年团之名。

问：尔当时何以在枚菉市局承认青年同志社即青年团呢？答：并无此供。

问：尔当时被拿之情形如何？并市局如何讯问？尔可真情报告出来？答：十八年旧历五月初四晚□兵请民到局坐谈，不料将民扣押，声称奉民政厅令，言民系犯共产党嫌疑，但民并无入共产之事，则不知青年同志社之旨况。青年同志社乃系高贴名号，为各官长商民人等皆知青年同志社系正当的。

问：尔供青年同志社非青年团，然则尔以何拟可以办证呢？答：当时经党部等查明梅菉之青年同志社确非青年团，即可为证。拟况民在押三年之久并无一人指攻，则可证明民不犯共党嫌疑。

在这里，梅菉青年同志社被国民党认为是共产主义青年团，想必其在1926年倡导的内容是一致的；梅菉青年同志社的地址是在梅菉市“关岳庙”

---

[1] “高雷地方法院对黄学家黄铁雄共党嫌疑案的审判材料”，高州市档案馆。另，根据吴川地方党史的记载，1926年，“梅菉市总工会诞生，会址设于梅菉‘静度庵’（即旧梅中旁）。中共梅菉市支部书记陈时当选为总工会主席，工人骨干简寿祺、郑关意等被选为总工会执行委员。”见中共吴川市委党史研究室著：《中国共产党吴川地方史（第一卷）（1925—1949）》，中共党史出版社，2009年，第21页。

旁。[1]如此大量的、有组织的农民协会，如此大量有组织的社团，自然在农民与民众思想觉悟觉醒方面扮演着重要角色，它们唤醒了农民群众长期以来的不满，此为后来的反抗、起义、大暴动奠定了基础。“革命的发生并非总是因为人们的处境越来越坏。人们耐心忍受着苦难，以为这是不可避免的，但一旦有人出主意想消除苦难时，它就变得无法忍受了。”[2]

1926年在农民代表大会上，提及广东农民切身的要求有十一条，包括：“一、除暴安良决议案：一般土匪散兵逆党潜伏内地，到处奸淫劫掠焚杀，为帝国主义及土豪利用作捣乱工具，非速为肃清，不能使广东人民得到真正和平统一及巩固革命基础。二、惩办逆党决议案：对于一年来东江陈炯明逆党，南路邓本殷逆党，以及各处土豪劣绅摧残农会虐杀农民逆党，给予革命农友焚杀流离死伤的惨痛，请国民政府从速执法严惩。三、预征钱粮问题：国民政府为革命而北伐，虽不能不多征钱粮于人民，但若纵令贪官污吏劣绅土豪勒索中饱，重取于贫农，是很易使人民与政府分离；为拥护国民政府及人民利益计，应请政府明令规定，预征钱粮须由大地主殷富者负担，凡属有地三亩以下之贫苦农民，应予以怜恤，一律停止预征。四、取消煤油专卖……五、取缔高利债：掠夺农民的高利债若不加以限制，则农民必不聊生，各地高利债之名有‘借谷债’‘按债’‘复利债’‘出九入十’‘五钱市’‘九出十三归’‘圈子利’‘责青苗谷’‘借十交六’‘乾利’‘税钱’‘通桥利’等，均须明令制止，规定最高利律。六、沙田保护问题……七、废除苛捐杂税决议：各地方常有数十种名目的苛税，或为县分署征收，或为警区署征收，或为民团局征收，或为驻防军征收，其名虽曰维持地方行政，或保护人民治安，实则徒饱私囊，给人民以重大痛苦，在廉洁的国民政府之下，不宜有此苦毒人民之苛捐杂税。八、青年农民运动：引导青年农民参加政治争斗，并注意青年农民之经济利益。九、农民合作运动：深信此

[1] 中共吴川市委党史研究室著：《中国共产党吴川地方史（第一卷）（1925—1949）》，中共党史出版社，2009年，第24页。

[2]（法）托克维尔著，冯棠译：《旧制度与大革命》，（香港）牛津大学出版社，1994年，第171页。

种经济组织有利于农民，当努力向农民宣传。十、废除地主对于农民苛例决议案：地主对于佃农，除提高租额外，还附加种种苛例，如要求'上期租'，任意调田增税，收盘时要农民请其饮酒，又要田信鸡、田信鸭、田信粮、田信酒等，批租时须缴批关钱，收盘时用大斗，农民欠租则直接攘取其牛羊食物，甚至妻儿作抵押，此种苛例，应请政府一律禁止。十一、农村教育决议案……""在以上这些决议案中，最为一般农民大会代表所注意而希望立即实现者，为取消煤油专卖、取缔高利债、废除地主对于农民苛例三案。"[1]针对南路的情况，黄学增依据国民党南路特委与省农协南路办事处两个机构赋予的合法权利，领导南路人民反对各类苛捐杂税，要求政府"解散不法民团，取消团局一切苛捐杂税——谷捐、牛只捐、人头捐、番薯捐"等等；[2]南路办事处还上书相关部门，明确表示"反对糖煤油捐"："广东省农民协会南路办事处昨电省中华全国总工会及各机关云：据遂溪、阳江、海康等县农会报告，南路各属财政处近有增抽糖捐之令，每担八角，尚有煤油专卖税，每罐五角，各属农民，因生计困难甚感痛苦，若政府强硬必办，必予人民以反感，务请政府令南路各属财政处根本取消云。"[3]同时也打击地主土豪："（1926年4月）黄学增和朱也赤到茂名县云炉、官庄等地考察。当地5个乡的群众联名控告大地主大恶霸梁竹铭鱼肉乡民，对农会会员加租易佃，破坏农民运动。黄学增、朱也赤经过调查，支持群众的斗争，并以南路农协办事处和国民党茂名县改组委员会的名义，要求县政府和驻军逮捕梁竹铭。7月5日，梁竹铭被押往梅菉究办。"[4]在这其中尤以领导吴川民众举行废除苛捐大运动及带领高州民众反对"大利公司"垄断大粪活动影响较大。

---

[1] 广东省档案馆、中共广东省委党史研究委员会办公室编：《广东区党、团研究史料（1921—1926）》，广东人民出版社，1983年，第341页。

[2] 黄学增：《为电白农民求救》，《黄学增研究史料》，第86页。

[3]《工人之路》第272期（1926年3月27日），湘潭大学出版社《红藏·进步期刊》系列影印本，2014年，第327页。

[4] 中共湛江市委党史研究室编：《中共南路党史大事记》，广东人民出版社，1996年，第24页。

吴川县第五区，即现在吴川振文区一带，农民“多种蒜为业”。且由于地少人多，耕地面积比较紧张，本地民众往往是“耕种普遍分为三造。早造种禾或薯，中晚两造俱种蒜”。虽然如此，收入也是仅够糊口：“计种蒜一亩，可得蒜头四石，约值银四十至五十元，除成本外，每亩蒜得利数元至十元。故其入息甚微，其耕作至劳，其生活甚苦。”[1]而在邓本殷时期，该地与北部湾地区民众一样，苛捐杂税繁多，“娶老婆有税，人头有税，甚至猪、牛、鸡、鸭也有税”，日子如何，也就可想而知，但当其时，农民往往是敢怒不敢言，更不用反抗了。农协南路办事处成立，吴川第五区亦有农民协会成立。随后，该区在农会统率下，陆续派出数百名农民代表分别到农协南路办事处及国民党南路特委等处请愿，要求取消蒜头捐和蒜串捐。南路办事处经过了解实情后，随即一面写信给吴川县长反映情况：“农民躬耕食力，茹苦含辛，加以盗贼猖獗，民不聊生。连年幸得蒜头收入，始稍资度活。讵意今年吴川土豪李咏益，借报效学费为名，新起蒜头捐税及蒜串捐税……今国民政府以废除苛细杂捐，扶植农工为政府，望贵县长顾念政府，体恤农民至意，尅日将蒜头捐取消”；一方面办事处主任黄学增亲到吴川县署据理力争。无奈，吴川县县长苏鹗元被迫取消蒜头捐。随后，在各方的努力下，蒜串捐又被取消，并附带取消了壳灰捐。1926年秋，在南路办事处迁往高州后，黄学增还带领当地人民捣毁了粪霸杨芙生把持的“大利公司”。高州城南关有一间专门经营人畜粪便的公司，老板为杨芙生，因其排行第二，当地民众亦称之杨老二。当其时“大利公司”采用勾结、暴力的手段垄断高州城居民的大粪收买，将收买来的大粪转卖城郊农民。在经营中，大利公司采用低价购入，高价卖出，大桶收进，小桶售出，甚至在大粪中使用冲水混泥等卑劣手段，剥削城郊农民，成为当地一大粪霸！城郊农民虽然多次向县署控诉，请求政府出面解决，但由于官绅勾结，县长熊栻对此置之不理。在黄学增与邑人朱也赤，以及当地农协的组织下，

[1]《吴川农民举行废除苛捐大运动》，《犁头》第8期（1926年4月15日），湘潭大学出版社《红藏·进步期刊》系列影印本，2014年，第177页。

近万名民众集合于高州圣殿坡，然后集体前往县署请愿。但县长熊栻拒不接见，农民忍无可忍，高呼“打倒贪官污吏”“打倒杨老二”“打倒奸商恶棍”“打倒大利屎公司”等口号，集体冲向“大利公司”处，将其捣毁，横行高州城的粪霸杨芙生威风大灭；朱也赤甚至为此写了一首“三句半”：“广潭杨老二，粪缸写大字，老虎变成狗，——食屎！”随后不久，“大利公司”也走向灭亡。[1]

在工人运动方面，黄学增也揭起南路工人的第一次风云。

梅菉市有窑业工人1000多人，是南路为数少有、规模最大的集中生产的工人群体，他们以烧砖瓦为业。当时，窑业靠手工生产，工效低，工价也低，每块红砖工价仅三四文铜钱，工人从早到晚苦干一天，也只能挣到铜钱数百文，很难养家糊口……1926年春，在吴川农民运动发展的推动下，梅菉工人亦跃跃欲试，在南路办事处及梅菉市党部改组委员会陈时、龙少涛（均系共产党员）的宣传发动下，1000多窑业工人推举工人简寿祺为负责人，向资本家提出增加工资、改善劳动条件的要求，遭到窑主拒绝，于是举行罢工。罢工坚持了20多天，得到各方支持，最后窑主不得不答应工人提出的复工条件，这次罢工取得了完全胜利。[2]而在1926年12月，雷州总工会也曾向国民党中央工人部转呈江洪港渔业工会呈诉，要求：“……职会居于遂属，江洪所受盐商剥削之痛苦，甚为惨酷、难堪。职会襄前共有渔船百余艘，一经盐商鱼肉，现仅存六十余艘。盐商所操纵削剥手段罄竹难书。职会□□幸见天日，自觉本身之脂膏有限，奸商之贪压难堪。前经职会恳求政府设卡派员监督办理，以免奸商操纵肥囊。又经雷州总工会委员长直接向雷州三属盐务总卡钟委员面订，恳求政府准设卡办理，免受奸商压迫痛苦……在该港渔业完全停顿，听候解决。理合将被害情形详细呈报钧会，恳准设法请示政府，对于江洪盐务应如何办理？明白指合。”呈文落款为

---

[1] 转见中共湛江市委党史研究室编：《广东南路农民运动史略》，中共党史出版社，2012年，第56页。及吴兆奇、罗宏宇、朱剑锋著：《朱也赤传》，广东人民出版社，1997年，第56—59页。

[2] 中共湛江市委党史研究室编：《广东南路农民运动史略》，中共党史出版社，2012年，第42页。

雷州总工会执行委员会，及执行委员长陈炳森、副执行委员长陈佐卿等人盖章。[1]有组织的渔民们在面临压迫、不公的情况，也敢于抗争，寻求更大的力量来保护自己，以便维护自己的合法权益。此外，国民党南路特委成立不久，主持工作的潘兆銮、黄学增已先后派遣林丛郁、薛经辉、潘兆銮等人过来直接指导防城开展工农革命运动。[2]

当然，由于国民党自身的情况，在南路的乡村政权结构中存在着种种弊病，容易被乡村劣绅、土匪恶霸势力裹挟、俘获，故国民革命的开展，虽然有如黄学增如此勤奋之人的领导，亦难免出现挫折。程赓，少号烈保，徐闻人。1925 年五卅案发生从香港归来，并在 1926 年 2 月“被省党部南路特别委员会委为徐闻县党部筹备员，又复兼理农运。后因该县长谭鸿任勾结土豪劣绅从中破坏，且土匪猖獗”，他在徐闻“奋斗数月，无法活动。五月复来海康努力农运工作，深得民众之信仰。后因县长苏民与劣绅邓志圣、营长陈公侠出卑劣手段，诬烈士（指程赓）为匪，派兵包围农会，烈士被捕，竟不问理由，而遭枪杀”。[3]程赓被无辜杀害后，黄学增主持的南路办事处迅即将事件的来龙去脉公示于《广州民国日报》，[4]认为“程同志（赓）之被杀，不但是海康农民运动之危运，且是广东南路农民运动之危运”，要求政府主持公道。在同年 12 月周恩来在一篇文章中提及程赓被杀事件，认为“工农群众的要求，我们的批评，都是希望（国民）党政府能惩办这些不法官吏军人，以拥护国民党农工政策”。只要我们“继续努力，国民革命将终归胜利”。[5]

1926 年，中共广东区委答复党中央十月四日来信中谈道：“我们始终

[1]《广东雷州总工会执委会呈文》，中国国民党五部档案，中国社会科学院近代史所藏。
[2] 中共防城港市委党史研究室编：《中共广西地方历史专题研究（防城港市卷）》，广西人民出版社，2001 年，第 33 页。
[3]《中国农民》第一卷第十期（1926 年 12 月），湘潭大学出版社《红藏·进步期刊》系列影印本，2014 年，第 433 页。
[4] 见《省农会南路办事处为海康县长诬杀程赓通电》，《广州民国日报》1926 年 10 月 1 日。
[5] 周恩来：《现时政治斗争中之我们》，见中共湛江市委党史研究室编：《南路农民运动史料》，广东人民出版社，1997 年，第 112—113 页。

保持了‘苦力’的身份帮助左派。但是也有例外，现在南路的农民运动，差不多是 C.P. 包办，因为如果我们不做，那个地方的国民党，那个地方的农会都是土豪劣绅的了。因此还要为着革命的利益作苦力，依照中央上次的指示‘如果没有左派我们就要造左派’的原则去工作。”[1] 这也许是从另外一个角度对黄学增、对黄学增主持的南路农民运动的高度评价！若如李维汉在几十年后的回忆所言：“当时的农民暴动，并不都是‘自发的’，其中大都是党组织领导的”，并且“其中有的还带有强迫命令的性质”。[2] 那么在 1927 年“四一二”反革命政变后，广东南路曾相继爆发多场震惊广东的大暴动，如海山暴动、乐民起义、高州兵变、沙田起义、梧村桐起义等等，而斜阳岛起义更是形成海上武装割据长达 5 年之久！是有其必然的原因的。广东南路人民在面临压迫、不公，能够相继起来反抗，从某种角度而言，与黄学增播下火种有着密切的关系。

第五节　革命思想的传播、广东南路中共党员的发展

1924 年，在国共合作形成之后，鉴于形势的发展，中国共产党认为：“在发展国民党组织之时，关于本党组织之发展，当然不能停止，但介绍新分子加入本党时，须十分慎重选择，凡非对于本党主义、策略及党之纪律充分明了其恳切的愿意服务本党者，不必轻率加入。”[3] 1926 年，黄学增回到南路主持农民运动，推进国民革命的同时，亦将先进的理论、思想在南路大地推广传播。

有时人回忆曰：“一九二六年，我在高州茂中念书，参加了中国共产

---

[1] 广东省档案馆、中共广东省委党史研究委员会办公室编：《广东区党、团研究史料（1921—1926）》，广东人民出版社，1983 年，第 457 页。

[2] 李维汉：《回忆与研究》（上），中共党史资料出版社，1986 年，第 188 页。

[3] 《同志们在国民党工作及态度决议案》（1924 年），中央档案馆：《中共中央文件选集》第一册（一九二一～一九二五），中共中央党校出版社，1982 年，第 183 页。

主义青年团组织。……当时黄学增同志以中共南路特派员身份，领导粤南地区革命，跟他一起初次在茂中大礼堂与师生见面的，有韩盈、杨枝水、钟竹筠、朱也赤等十多人，都是二十多岁的青年人。他们的精力主要集中于搞农运，青年学生工作由团书记梁文炎、黄克欢同志负责。黄学增同志偶然也给青年团员作一些有针对性的讲话，给我留下印象最深的是他对'平均地权'的浅解。……就在谣言满天飞的时候（按，指地主散播"共产共妻"等谣言），黄学增同志正在农村中工作。有一天，团委书记黄〔王〕克欧在圣殿坡召开群众大会，他在大会上激愤地说：'同志们要提高警惕，分清敌我友，一发现散播谣言的敌人，要狠狠批驳打击。须知三大政策和三民主义是互为作用的，没有三大政策，就无法实行三民主义，反对三大政策，实质是反对三民主义。谁反对三大政策，我们就打倒谁，即使是孙中山反对三大政策，我们也要打倒。'黄学增同志知悉后，及时给克欧同志严肃批评，不久就把他调往广州，让组织给他另行安排工作。从这件事，可以看到黄学增同志对待同志的要求，多么严格，一丝不苟。"[1]后来周氏参加革命。又有邑人记述曰："1926 年 2 月 17 日和 18 日（即民国十五年农历正月初五和初六日）中共南路特委书记黄学增，吴川特支书记陈信材，由吴川吴雨佳等人陪同到南三田头村陈跃龙家召开会议，与会者陈跃龙、陈梓材父子外，还有陈永祥、陈文华、黄善端等。黄学增在会上说：'今天一来是向大家拜年，恭祝大家新年快乐，一是鼓励大家继续开展抗法斗争，希望大家团结一致，开展抗法工作。'同时，他提出了我们一定要收回广州湾口号。1926 年 2 月 27 日（正月十五）陈跃龙、陈梓材、陈鸣周、陈文华、陈文祥、吴雨佳、吴亚乐、陈超源等人在南寨村广福堂成立同善会，到会三十多人结拜为兄弟，誓死共同抗法。"[2]还是后人的叙述："如当时组织规模较大的高雷汽车总工会设在安铺镇地母庙，黄学增同志就经常到那里给汽车工人上政治课，

---

[1] 周兆林：《黄学增二三事》，载中国人民政治协商会议湛江市委员会文史资料研究委员会编：《湛江文史资料》第二辑，1984 年，第 120 页。

[2] 陈国豪：《田头村最后一位武秀才——陈跃龙其人其事》，政协湛江市委员会学习文史委员会编：《湛江文史》第 20 辑，2002 年，第 335 页。

讲社会发展史，讲无产阶级革命事业最后一定胜利、剥削制度和帝国主义和反动派一定要被消灭等革命道理”。[1] 而黄学增在南路特委、南路办事处创办的“梅菉市宣传学校”“雷州宣传讲习所”“雷州工农补习班”等学校、班所的授课，宣传的自然是学习、实践的先进理论。在1926年12月24日《高州民国日报》副刊《高潮》上，黄学增发表他的一篇文章《读宫俊先生国民党和共产党的关系以后》，里面旗帜鲜明地指出：“共产党是本着马克思科学的共产主义，依据共产主义实现的步骤，以达到共产主义的目的。”“共产主义的目的是：实现无私产，无工银，无买卖，无货币，无阶级，无国家的共同生产、共同消费的共产社会。”在这里，黄学增显示他高超的理论水平：“他（按，指共产党）完全是站在无产阶级利益上面，本着马克思科学的共产主义，依据共产主义实现的步骤，努力向前做去。他不是本着无政府克鲁泡特金的主义。无政府主义只有无政府党徒才相信他，他的无政府主义，其目的虽然也是主张做到共产社会，可是，他的主张太‘乌托邦’了。他不懂得共产社会只有靠无产阶级依据共产主义实现的步骤，才可以做到的。”在黄学增看来，“共产主义实现的步骤是：一、组织无产阶级，使它有很坚固的团结，能够与资产阶级作激烈的阶级斗争。二、实行无产阶级革命，推翻资产阶级的统治，夺取政权，没收土地、银行及一切大的生产机关。三、建立无产阶级专政国家，保障无产阶级革命的胜利，镇压资产阶级的反革命。四、用国家的力量发展生产力，使全国的工业电气化、社会化，使资本主义的生产制及私有财产逐步减少，至于消灭。五，全社会工业化、劳动化，废除工银制度、买卖与货币，实现无产阶级、无国家，只有经济组织，而无政治组织的共产社会。”在文中，他认为“中国国民党固然是人民解放的先锋队，中国共产党更是为人民解放的先锋队”，毕竟“共产党，是无产阶级中间一部分最觉悟、最忠实、最勇敢、最奋斗的组织”！表达了黄学增坚定不移的革命理想信念！

[1] 周容:《大革命时代南路革命活动的一些材料》，遂溪县档案馆，《遂溪县人民革命斗争史料（属于县志部分）》。

在宣传思想、推动农民运动的同时，依据上级党组织的指示，黄学增亦发展优秀人员加入中国共产党，推动国民革命。如在吴川地区，黄学增“到梅菉听取先遣同志的汇报后，立即带领韩盈、陈克醒、卢宝炫、苏其礼、陈柱、钟竹�等到吴川振文区考察农民运动，他们住在振文圩边的沙城村易云远家，并吸收了经过多次革命斗争考验的李士（仕）芬、彭成贵、潘宏才、伍欧忠、潘德明等参加中国共产党，成立振文区党小组”。“在抗三捐的胜利声中，他又吸收易经、易志学、杨爵棠、李子安、麦子馨、李玉轩等入党，成立吴川县特别党支部。”“黄学增返到梅菉，吸收陈时、龙少涛、李光镛、过云雨入党。成立梅菉党支部，陈时为支部书记，龙少涛、李光镛、过云雨为委员。”“（1926 年）6 月 5 日李子安陪同黄学增、陈柱、彭成贵到南二淡水沟吸收李癸泉、李春瑞、李荣泰入党，李癸泉、李春瑞任正副组长。以后又吸收钟炳南、卢洛光、冯福元、张四、杨光南、林国藩等入党。”[1] 地方党史也记载道：“黄学增吸收陈时、龙少涛、李光镛入党，3 月间建立起中共梅菉支部，接着中共吴川支部也在黄坡成立。从此，吴（川）梅（菉）地区有了共产党的领导，工、农运动蓬勃发展，经过几个月时间的努力活动，黄学增在梅菉市和吴川县黄坡圩建立起各行各业基层工会，吴川的广大农村和梅菉市郊博铺等村庄也普遍成立了农民协会，梅菉市还成立‘青年同志社’‘妇女解放协会’，工、农、青、妇等群众运动迅速兴起。”[2]

在 1926 年，黄学增发展遂溪人周永杰加入中国共产党，然后派遣他来到廉江开展农民运动和建党活动。不久，黄学增针对北海的情况，从革命发展需求考虑，从廉江等地抽调江刺横、李雄飞、简毅等到北海开展工作，发展党员，筹建中共北海地方组织和共青团组织。[3] 遂溪人陈涤清却是在吴

[1] 李钦：《黄学增同志在吴川的革命活动片断》，政协湛江市委员会学习和文史资料委员会编：《湛江文史资料》第二十四辑，2005 年，第 174—176 页。

[2] 见中共吴川市委党史研究室编：《中国共产党吴川地方史（第一卷）（1925—1949）》，中共党史出版社，2009 年，前言第 3 页。

[3] 中共北海市委党史研究室、中共合浦县委党史办公室编：《中共广西地方历史专题研究（北海市卷）》，广西人民出版社，2001 年，第 21 页。

川参加梅菉市宣传学校后，受黄学增等人的影响加入共产党、后回到家乡从事农民运动的："1926年春，黄学增受党派遣，回到南路，领导南路开展农民运动，并在梅菉筹办宣传学校。陈涤清获悉后，便辞去文书（按，指在广州军队当文书职务）之职，从广州赶回家乡，邀好友陈兆梅进入该宣传学校学习。陈涤清在宣传学校如饥似渴地学习，结业成绩优秀，受到黄学增、韩盈等同志的称赞。同年他加入中国共产党。其后他和陈兆梅受黄学增等人派遣回遂溪第八区开展农民运动。"[1]

第六节　广东南路各地中共党组织的建立与创建

1925年南路特委成立，书记为黄学增。中共中央党史研究室编著的《中国共产党历史》第一卷有载："在第二次东征期间，国民政府还派部队进剿盘踞广东南路的军阀邓本殷部。中共广东区委为配合这次军事行动，成立了以黄学增为书记的南路特别委员会。朱克靖、张善铭、廖乾五等共产党员带领政治工作人员深入民众，大力开展宣传和组织工作。"[2]第二次东征的时间也就是1925年10月前后。1983年王健英编写的《中国共产党组织史资料汇编——领导机构沿革和成员名录》则明了是秋季："中共海陆丰地方委员会（一九二五年十月成立），书记彭湃；中共南路特别委员会（一九二五年秋成立），书记黄学增；中共琼崖地方委员会（一九二六年三月成立），书记杨善集；中共汕头地方委员会（一九二五年十二月成立），书记杨石魂"。[3]当然由于国民革命军第二次东征是从9月底10月初开始的，说是秋季，也是可以的。虽然有些模糊性，但省与中央一级的组织史材料

[1]《碧血写春秋——记陈涤清烈士》，载中共遂溪县委党史研究室编：《遂溪英烈传》第一辑，1993年，第25页。

[2] 中共中央党史研究室著：《中国共产党历史》第一卷上册，中共党史出版社，2002年，第174页。

[3] 王健英编：《中国共产党组织史资料汇编——领导机构沿革和成员名录》，红旗出版社，1983年，第36页。

还是在叙述中提及1925年广东南路特别委员会的情况。“1925年至1926年，在中共广东区委及南路特派员黄学增的领导下，南路的电白、阳江、吴川、遂溪、海康、梅菉、廉江、茂名、北海、化县等地陆续建立起党组织。”“在这一基础上，成立了中共南路地方执行委员会，代替特派员统一领导南路地区的党组织。”[1]“1925年5月，……广东区执委在组织发动工农群众运动、推动国民革命的同时，在各地普遍建立党的组织，并建立海陆丰、汕头、西江、惠州、琼崖、北江、四邑、南路8个地执委，以及中共省港罢工党团、中共国民党中央委员会党团和中共黄埔军校党团等。”[2]可惜的是，由于资料不详细，就如1927年1月南路地方执行委员会一样，我们只知道1925年中共南路特委书记是黄学增，至于其他委员，在更详尽材料出来之前，目前还不能百分百肯定，但作为再三修订过的《中国共产党历史》能够如此叙述，可信度还是比较高的。

而比较明了的中共南路早期基层组织是电白县支部。“1924年5月，就读于广东大学的电白籍学生邵贞昌、区就宪到电白从事农民运动和从事建党活动。于1925年6月在县城建立中共电白县支部。”[3]其后，其他南路地区的基层组织，尤其是北部湾的——不少北部湾地区党组织的创建都与黄学增有着密切关系。1926年3月，吴川县支部创建，书记是陈信材。陈信材是黄学增在处理广宁农潮时发展的党员，当时他在邑人李汉魂的部队担任军官。梅菉市支部成立时间也是1926年3月，书记是陈时。陈时是黄学增在梅菉担任国民党南路特委委员、农协南路办事处负责人时发展的党员，当时一齐发展的还有龙少涛等人。龙少涛在1928年年底南路特委被破坏时，与黄平民、朱也赤、陈时等人一齐被捕。[4]廉江县支部成立时间在

[1] 中共广东省委组织部、中共广东省委党史研究室、广东省档案馆：《中国共产党广东省组织史资料》（上册），中共党史出版社，1994年，第35页。

[2] 中共中央组织部、中共中央党史研究室、中央档案馆：《中国共产党组织史资料》第一卷（党的创建和大革命时期）（1921.7—1997.7），中共党史出版社，2000年，第583页。

[3] 中共中央组织部、中共中央党史研究室、中央档案馆：《中国共产党组织史资料》第一卷（党的创建和大革命时期）（1921.7—1997.7），中共党史出版社，2000年，第599页。

[4] 广东秘书编译室：《广东民政公报》，《公牍·令》1929年第三期，第19—21页。

1926年4月，而在1926年4月左右，是黄学增派遣遂溪人周永杰前往廉江领导工农运动以及发展党组织。至1927年“四一五反革命政变”前夕，廉江建立支部25个，党员350人；共青团支部22个，团员320人。[1]茂名县支部成立时间在1926年5月，书记是朱也赤。朱氏是黄学增在农协南路办事处的属下，黄学增在发展当地农民运动的同时，也在发展当地中共组织。遂溪县支部成立时间是1926年6月，书记是黄广渊。虽说黄广渊同时也是农民部农民运动特派员，但在组织关系上隶属农协南路办事处管辖。“1926年9月，中共遂溪县支部改为中共遂溪县部委员会，机关驻遂城，下属该县各区、乡支部，有党员400多名”，书记为韩盈。韩盈亦为农协办事处的委员，长期与黄学增战斗在一起。海康县支部成立于1926年6月，书记是陈荣位。陈荣位自雷州青年同志社成立之时即与黄学增战斗在一起。北海市支部成立于1926年7月，虽然书记及委员不清晰，但北海在1926年由黄学增从廉江等地抽调共产党员江刺横、李雄飞、简毅等前往开展工作；一方面联合国民党左派筹建国民党北海市党部，另一方面积极开展工农运动，筹建中共北海地方组织和共青团组织，却是不争的事实。[2]化县支部成立于1926年8月，书记是卢宝炫。卢氏同时也是农协南路办事处的特派员。[3]随后在1927年初期建立南路地方执行委员会也是水到渠成之事。1927年1月南路地委于高州成立，黄学增担任书记。[4]

1925年1月召开的“四大”，里面的“农民运动决议案”可谓是我党历史上真正的农民运动决议案，其内容翔实，非常明确指出农民问题的重

[1] 冯维铭：《中共廉江县委成立和梁光华任书记时间考》，政协湛江市委学习和文史资料委员会编：《湛江文史》第26辑，2007年，第60页。

[2] 中共北海市委党史研究室著：《中国共产党北海历史》第一卷（1926—1949），广西人民出版社，2005年，第38页。

[3] 按，有关南路各区域的支部成立时间及书记人员名录，皆参见中共中央组织部、中共中央党史研究室、中央档案馆：《中国共产党组织史资料》第一卷（党的创建和大革命时期）（1921.7—1997.7），中共党史出版社，2000年，第599—600页。

[4] 中共中央组织部、中共中央党史研究室、中央档案馆：《中国共产党组织史资料》第一卷（党的创建和大革命时期）（1921.7—1997.7），中共党史出版社，2000年，第601页。

要性，阐明农民是无产阶级同盟军的思想。议决案认为共产党固然可以在“国民党名义之下”用农民协会的组织去团结农民，但同时“应注意利用每个具体争斗的机会根据国民党拥护工农利益的政纲作反抗国民党右派及军阀的压迫”，同时必须于国民党之外，“独立地进行本党公开的宣传和支部的工作”，“并将各地农民运动特派员放在本党地委指导之下”。1925—1927年，南路地区拥有诸多的农民运动特派员，如黄杰、黄广渊、陈材干、卢宝炫、王会东、廖华卓、敖华衮等人。可以讲，广东南路大规模进行党建工作，尤其是在北部湾的建党工作主要是发生在1926年，黄学增回来南路稳定工作后才发生的，同时广东南路的党建工作随着黄学增回来稳定工作后，也迎来大范围、完善的发展。

第七节 农民运动扩大会议及广东第二次农民代表大会及其他政治活动

在1926年2月22日，全省农民运动特派员召开一次扩大会议，这次会议除了特派员外，参加者还包括广东省农民协会全体执行委员及各属办事处代表，这也是广东省农民运动历史上的一次重要会议。黄学增参加了这次会议。这次大会不仅出席人数广泛，且多是战斗在农运第一线的领导者，按阮啸仙所言：“在广东农民运动史上有继往开来的责任”，[1]在广东省农民运动历史上不失为一次重要会议。

这次会议回顾了省农会成立以来将近十个月的工作，总结了经验教训，提出了今后的工作方针。会议通过了《扩大会议宣言》《政治报告决议案》《经济报告决议案》等重要文件；提出了拥护中国国民党第二次全国代表大会决议，督促政府出师北伐，援助省港罢工，收回海关管理权，整理农会组织，

[1]《广东省农民协会扩大会议》，载《阮啸仙文集》编辑组编：《阮啸仙文集》，广东人民出版社，1984年，第249页。

扩大阶级战线，联合全国农民组织、全国农民协会等近期奋斗目标；还决定于一九二六年五月一日召开广东省第二次农民代表大会。这次会议的一个显著特点，是专门地、逐个地讨论了各个办事处的工作，听取了潮梅海陆丰办事处、惠州办事处、北江办事处、西江办事处的报告并作了决议案，审查了南路办事处最近进行计划和琼崖办事处暂行计划，并通过了六个各具特色的关于各个办事处工作的决议案。这些决议，成为各该地区今后进一步开展农民运动的指导方针。会议明确指出："我们之所以做农民运动，组织农民协会，都无非为的是要领导农民参加国民革命……故此对于农民的敌人，如绅士土豪贪官污吏包农地主，无论如何须设法打倒他。"会议喊出口号是："进攻'贪官污吏、劣绅土豪、买办地主、流氓土匪、民团'，消灭军阀在农村政治经济的根基！"[1]由此可见，在黄学增参加的这次扩大会议，其一方面总结经验，另一方面也加强了对各地农民运动的具体指导；这些对推动各地农民运动的发展有着重要的意义。

5月1日上午9时，广东省第二次农民代表大会及第三次全国劳动大会在广州国民党中央党部礼堂连同开幕，两会代表及各团体代表不下2000人，黄学增出席这次大会。出席这次农民代表大会有来自四十八个县和市郊的代表，人数共为二百一十四人，他们代表着全省六十二万六千多名农会会员；略为遗憾的是有十七个县的代表因路途遥远或交通困阻或其他原因而未能派代表出席。此外，还有自备旅费到广州参加大会的各县列席代表一百多人。广西、福建、湖南、湖北、浙江、江苏、河南、山东、山西、贵州等十一省，也都派代表参加。由此可见，这次大会"已经不先是广东农民代表的大会，而已略具全国大会的雏形了"，[2]实际起了全国农民代表大会的作用。除上述出席代表外，安徽、热河两省则寄来了反映该地农民运动状况的书面材

---

[1] 有关扩大会议的情况，可参阅《犁头》第4期（1926年3月5日），湘潭大学出版社《红藏·进步期刊》系列影印本，2014年，第80—101页。

[2] 罗绮园：《广东第二次全省农民代表大会之经过及结果》，《中国农民》第一卷第六、七期合刊（1926年7月1日），湘潭大学出版社《红藏·进步期刊》系列影印本，2014年，第17页。

料及祝词。[1]

省二次农代会开始的头三天，是与第三次全国劳动大会联合进行。开幕当日，致辞或演说者包括邓中夏、刘少奇、彭述之等人。会后，两会代表手执红旗赴东校场共同参加了全市30万人纪念“五一”国际劳动节大会及示威大巡行。[2]在此三天里，与会代表共同听取了鲍罗廷的《世界革命状况报告》、李立三的《出席赤色职工国际的经过报告》、谭延闿的《国民政府现状报告》、谭平山的《全国政治与社会状况报告》、蒋介石的《工农兵大联合报告》、陈公博的《工农大联合报告》等，并通过了《工农大联合》等多项决议。自第四天起农民代表大会移到番禺学宫单独举行。代表听取了《农民运动在国民革命中的地位报告》《会务总报告》《广东农民一年来奋斗经过报告》以及潮梅海陆丰、惠州、北江、西江、南路、琼崖六个办事处报告和各省农民运动报告。黄学增所做的《南路办事处会务报告》是在5月5日进行的，他概括了南路农民运动的情况和南路办事处工作情况。

5月7日，大会秘书长黄学增提议，潮阳县长阻碍农民运动，无理扣留本次会议代表邓某，大会对此事应予干涉。随即通过以大会名义致电潮阳县长，从速释放该代表，使他能早日赴会。5月8日，大会提案及决议案审查委员会成立，黄学增和彭湃、周其鉴、罗绮园、何毅等为委员。[3]5月10日，黄学增代表农代会，与省劳动大会、教育大会代表一起，其中包括邓中夏、李立三等人，参加黄埔军校联欢会，并在会上发表演说，希望黄埔军校本着国民革命精神，早日出师北伐，统一中国。[4]5月11日，黄学增继续主持大会会务工作。5月14日，全省农民代表大会致书国民党中央执行委员会：“两年来在广东农民运动的开始，遇了不少土豪劣绅大地主不法防军贪官

[1] 见广州《时事新报》，1926年5月16日；转杨绍练、余炎光：《广东农民运动（一九二二～一九二七年）》，广东人民出版社，1988年，第236页。

[2]《广州民国日报》1926年5月3日。

[3]《黄学增研究史料》，第267页。

[4]《工人之路》第316期（1926年5月11日），湘潭大学出版社《红藏·进步期刊》系列影印本，2014年，第499页。

污吏的摧残，然而随时得到了贵党诚恳的指导和切实的辅助，使得我们在一切艰苦奋斗中有了不可掩讳的长足进步。同时，为了广东全省农友的崛起，巩固了不少贵党指导下的国民政府的基础，随时不惜拼着多量的牺牲，参与讨伐反叛逆贼诸役，拥护国民政府统一了广东。这都是革命的伟大领袖贵党总理孙先生所定的农民政策之遗产，给予了中国国民革命的新生命，铸成国民革命成功的铁券。我们追念总理，我们同时追念贵党前农民部长廖仲恺先生！我们愿意继续孙总理和廖先生的奋斗精神，为了全农民群众全中华民族利益而奋斗！这次全省农民第二次大会，得着贵党不少的指导和辅助，我们敬谨代表全省八十余万农友表示诚恳的谢意。我们希望贵党永远继续孙总理和第一、第二两次大会规定的农民政策，永远站在农民利益方面努力前进！”[1]而在这之前国民党中央执委会与共产党中央执委会相继给大会发来祝词。中国国民党中央执行委员会祝词：“广东第二次全省农民代表大会：农民群众占全国全人口百分之八十以上，中国革命之意义，大半是为解放中国农民，故国民革命若不得农民参加，则国民革命万万不能成功。为农民自身利益计，亦唯有在国民革命旗帜之下团结起来努力奋斗，方能取得其应有之利益，而获得政治上经济上之解放。今当贵大会开会之期，本党谨以至诚祝贵大会之成功，并高呼：农民群众一致参加国民革命！打倒帝国主义！打倒军阀！国民革命成功万岁！广东第二次全省农民代表大会万岁！中国国民党中央执行委员会。”中国共产党中央执行委员会祝词：“广东全省农民代表大会诸同志们：中国农民的数量，不但在全中国人口比例上居最大多数，在全世界各国农民人数比例表中，亦居第一位。可是中国农民所受的困苦，也居第一位，因为中国农民兼受帝国主义，军阀，大地主，贪官污吏，劣绅土豪，兵匪，六种蹂躏，是别国农民所未曾同时感受的。 敌人指为睡觉的中国农民，现在已经开始醒悟，开始组织自己的团体，并且准备自己的武装，向六种蹂躏者反抗了。中国农民要注意两件事：

[1]《犁头》第九、十期合刊（1926年），湘潭大学出版社《红藏·进步期刊》系列影印本，2014年，第250页。

（一）中国完全在外国帝国主义及国内军阀压迫之下，非到摧翻帝国主义及军阀的民族革命得着胜利，农民所受六种蹂躏者所给之困苦是不能免除的，因此农民运动必须与全中国的民族得着运动相结合；中国的民族革命运动，非得到农民大群众参加也不会成功。（二）工人是现在革命运动中之最急进的先锋，且城市工人又站在政治重要地位；因此农民运动与工人运动结合之必要，而且革命的工人阶级有领导这些运动之必要。 本党是代表中国农民工人利益而奋斗的党，本党目前的职责是领导中国农民工人参加中国民族革命的争斗；同时，在民族革命运动中，代表中国农民工人利益而争斗。因此，此次大会提出‘全国农民工人大团结’的口号，以贡献于大会，并祝大会之成功。 全省农民大会万岁！中国农民运动万岁！中国农工大团结万岁！中国革命万岁！世界革命万岁！ 中国共产党中央执行委员会。”[1]国共两党都给广东第二次全省农民代表大会发来祝词，一方面高度认可广东农民运动在国民革命的作用；另一方面，也是对包括黄学增在内的广东省农民协会的工作高度肯定。

5月15日上午，省农民代表大会举行最后一次会议。会上选举黄学增和罗绮园、阮啸仙、彭湃、周其鉴、韦启端、杨其珊、蔡如平、原基、郭竹朋、朱观喜、薛六、钟耀龙等为省农民协会第二届执行委员，何耀、何玉山、何友逖、周永杰、邓一舟为候补委员。下午，大会举行闭幕典礼，由秘书长黄学增报告大会经过后，新当选之执行委员和候补委员就职，由周其鉴代表全体新委员致辞。次请第六届农民运动讲习所所长毛泽东演说，内容是关于农民之经济斗争与政治斗争之关系及敌人压迫原因。在湖北、湖南等部分代表相继发言后，乃高呼口号拍照散会。[2]

这次省农代会内容丰富，讨论的问题非常广泛，收到各县代表的提案二百多件，通过了《农民运动在国民革命中之地位决议案》《广东农民一

---

[1]《中国农民》第一卷第六、七期合刊（1926年7月1日），湘潭大学出版社《红藏·进步期刊》系列影印本，2014年，第237—240页。

[2]《广州民国日报》1926年5月17日。

年来奋斗经过报告决议案》《会务总报告》《废除地主对于农民苛例决议案》《农民合作运动决议案》《除暴安良决议案》等三十个决议案，并通过了《广东省农民协会修正章程》，发表了《广东省第二次农民代表大会宣言》《致中国国民党中央执行委员会信》《致农民国际信》《致中国共产党中央执行委员会信》《致全国农会农友书》《敬告全国农民兄弟书》《慰问罢工工友电》等多件重要函电。[1] 而在开会之余，大会还与第三次全国劳动大会“联合举行廖仲恺先生纪念碑奠基礼，建立工农运动死难烈士纪念碑，公祭黄花岗、沙基死难（烈士），罢工纠察队死难（烈士），林宝宸、黄驹诸烈士及廖仲恺先生，并举行追悼农工死难烈士大会，联合赴东园慰问省港罢工工友，两大会全体代表请愿国民政府出师北伐，统一全中国；又请愿政府惩办逆党，镇压反革命派。”[2]

会后，中央农民部给国民党中央党部报告中提到：“大会共开了十五天，议决了三十几个重要问题。各种讨论，均无背本党政策及国民政府现况，对于党和政府之报告，均一致诚意接纳。”“总之，此次大会所有的决议案，均能依据本党第二次全国代表大会所规定之政策去做，并且非常实际，为农民实在之需要，绝无空泛骛远之弊。”[3] 总之，此次农民代表大会是非常成功的，肯定了广东省农民协会成立一年来所取得的成绩，肯定了广东省广大农民在经济斗争、政治斗争中取得的重大成果，肯定了广东农民运动的高涨对全国农民运动的发展将会产生深远的影响。

而在第二次广东省农民代表大会召开之前，在4月2日，黄学增还在广州参加一次大型的政治活动：“广东各界十五万人在广东大学操场举行讨段惨杀北京民众大会。林祖涵宣布开会，陈公博报告段祺瑞惨杀北京爱

---

[1] 杨绍练、余炎光：《广东农民运动（一九二二～一九二七年）》，广东人民出版社，1988年，第237页。

[2] 罗绮园：《广东第二次全省农民代表大会之经过及结果》，《中国农民》第一卷第六、七期合刊（1926年7月1日），湘潭大学出版社《红藏·进步期刊》系列影印本，2014年，第26页。

[3] 《农民部工作报告（由2月1日至5月15日）》，转梁尚贤：《国民党与广东农民运动》，广东人民出版社，2004年，第424页。

国民众事件。褚民谊、陈其瑗、高语罕、李森、刘衡静、潘考鉴、彭泽民、伍杏仙、黄学增、黎兆葵、陈志文等先生演讲。大会通过讨段惨杀北京爱国民众决议案。”[1]

在第二次农民代表大会闭幕之后，黄学增又回到南路继续开展农民运动。同时由于身兼国民党南路特别委员会主任之职，黄学增亦开展国民党的组织工作，推动国民革命向前发展。6 月 26 日，国民党南路特委工作会议召开，黄学增担任主席，出席者还包括潘兆銮、林丛郁、杨枝水、薛经辉等。会上先由林丛郁汇报特委的各方面情况，然后由各人补充；之后杨枝水报告民众运动及相关工作，最后是议决。会上，黄学增提到：“南路党务（按指国民党党务）的无成绩，已以林丛郁同志所说，但办党的人多是投机派，想把持党部升官发财也是原因之一。茂名党部，昨十一师有公函来说，执行委员工作不好，坐分薪水。电白党务，近在广州有函报告说两派相争甚烈。廉江党部竞争选举，李任杰在省和我说他曾得了运动费几百元，如开南路代表大会，他愿捐一百元。信宜县党部的党员人数和出席成立会的代表，省党部现有函批驳。雷州青年社和雷州革命同志社，省党部经决议解散。东兴改造社，已由省政府勒令解散。”[2] 在这里，黄学增直接指出了国民党的弊端：“办党的人多是投机派，想把持党部升官发财”，不少人加入国民党并非是因为信仰、信念、主义！

在 8 月 17—24 日召开的广东省农会扩大会议，黄学增亦参加并相继担任秘书长报告大会经过及游行请愿活动。在 24 日闭幕会上，秘书长黄学增向大会汇报了大会的经过，“略谓：此次会议会期八日，出席者省执行委员除数人因公缺席外，余俱到会。七路代表共七十三人，参加代表三十五人。七路派代表与会计有南海、番禺、顺德、中山、新会、鹤山、开平、东莞、宝安、花县、清远、三水、四会、高要、广宁、顺德（按，衍字）、郁南、

[1]《工人之路》第 279 期（1926 年 4 月 3 日），湘潭大学出版社《红藏·进步期刊》系列影印本，2014 年，第 354—355 页。

[2]《中国国民党广东省党部党务月报》第 4 期，1926 年 6 月，第 23—24 页。

罗定、揭阳、海丰、陆丰、普宁、澄海、五华、紫金、博罗、惠阳、仁化、南雄、曲江、英德、阳江、海康、文昌、琼山、澄迈、万宁、乐会、临高、琼东、儋县四十一县，另广州、汕头二市郊。大会报告计有会务总报告、全国农民运动最近形势及其在国民革命之地位报告及各路办事处等十余种。大会通过决议案十五案，其中如广东农民目前最低限度之总要求决议案、整理会务决议案、农民协会会员加入国民党决议案、注册立案决议案、拥护省港罢工决议案、筹备全国农民协会决议案等，尤为重要。大会通过发出重要文电宣言，计有大会宣言、告全国农民兄弟书、致农民国际电、答中国国民党中央农民部书、答中国共产党广东区委委员会书、答复省港罢工委员会书、为惩办逆党上国民党中央执行委员会国民政府及省政府请愿书等等。黄又谓此次出席各代表，每讨论一问题时，均尽量发挥意见，历长久时间无倦容，又当表决一议案时，各代表均能站在农民自身利益上面，全体一致，此均为此次会议最美满之特点云。"[1]而鉴于"广东农民与农民运动者，年来受逆党贪官污吏劣绅土豪不法军队土匪及一切反动派之迭次摧残，被罹害者不计其数，即不死而幸能生存者，其流离情状亦惨不忍言。"扩大会议决定召集全体与会代表"并广州市郊农民千余人，前往中央党部、国民政府、省政府举行大请愿。"彭湃任请愿队伍总领队，阮啸仙、黄学增等与会代表积极参与。"先至中央党部，由黄学增、黄谦、张安养、薛六代表全体晋谒。当由常务委员彭泽民接见"；"彭（泽民）演说毕，黄学增代表全体致答词"。然后到省政府，省政府之后"再至国民政府，即由秘书长陈树人接见"。"至下午三时许，始回省农会散队。"[2]

1926年8月底，为了推动南路地区大革命运动高潮的全面兴起，南路特别委员会和南路办事处机关由梅菉迁往茂名县高州城，办公地址设于南皋书院。9月6日至11日，国民党南路特委在南皋书院举行南路地区各县市党部代表大会（其中9月7日因参加国耻纪念和祝捷大会而休会一天）。

[1]《广州民国日报》1926年8月28日。

[2]《广州民国日报》1926年8月27、28、30日。

至此，国民党的发展似乎好些。1925 年 11 月，南路国民党县一级党部没有，筹备中的只有两个县：廉江与阳江，但在 1926 年 11 月，却有阳春县、合浦县、电白县、吴川县、廉江县、化县、信宜县、梅菉县、防城县等县支部，国民党党员人数达 20316 人。[1] 会议期间，大会主席黄学增先后作了工人运动报告、农民运动报告以及汇报程赓事件的经过。[2] 在大会了做报告的还有：林丛郁作了南路党务总报告及商人运动的情况；韩盈、钟竹筠夫妇分别报告了青年运动和妇女运动的情况。此外，陈克醒、潘江、龙少涛、黄斌、刘坚、吴运瑞等，还分别报告了吴川、廉江、梅菉、海康、遂溪、徐闻等县市的党务工作情况。11 日下午，与会代表通过了大会宣言以及政治、党务、工人、农民、青年、商民、妇女报告决议案。后来国民党省党部似乎对这次会议比较满意："最近该会（按，指南路特委）各种工作，皆能努力进行。九月一日召集第一次南路各县市代表大会，有十二个县市党部派出代表，出席人数有三十四人，钦廉方面不及参加，开会成绩甚好，对于地方政治，有许多重要决议，经省党部省政府接纳采行，并公决请求南路特别委员会继续设立。"[3] 时任国民党广东省党部常委兼组织部长的共产党人杨匏安这段汇报话语，事实上也是对黄学增主持的国民党南路特委工作的肯定。

南路地区国民党各级党部的改组工作和组织发展工作，也取得了一些成效。据 1926 年 7 月 1 日发表于国民党广东省党部《党务月报》的《南路特别委员会工作状况概述》所载以及同年 12 月的《中国国民党广东省组织部一年来工作》统计，"南路地区各县市国民党党部（或党部筹备处）成立及其至 1926 年 12 月所辖党员人数的情况以下：化县党部成立于 1 月 14 日，年底有党员 3325 人；阳春县党部成立于 1 月 18 日，年底有党员 2437

[1]《中国国民党广东省组织部一年来工作报告》，见《杨匏安文集》编辑组编：《杨匏安文集》，广东人民出版社，1986 年，第 163—168 页。

[2] 分别见《广州民国日报》1926 年 9 月 18 日的《南路党部代表大会之第一日》、9 月 21 日的《南路党部代表大会之第二日》、9 月 23 日的《南路代表大会之第三日》及《南路代表大会之第四日》。

[3]《中国国民党广东省组织部一年来工作报告》，见《杨匏安文集》编辑组编：《杨匏安文集》，广东人民出版社，1986 年，第 180 页。

人；电白县党部成立于1月26日，年底有党员1060人；茂名县党部成立于1月29日，年底有党员5787人；吴川县党部2月间成立，年底有党员769人；防城县党部2月间成立，年底有党员1203人；阳江县党部3月间成立，年底有党员2867人；遂溪县党部成立于4月10日，年底有党员544人；信宜县党部成立于4月15日，年底有党员5575人；廉江县党部成立于4月18日，年底有党员4350人；海康县党部成立于4月20日，年底有党员1807人；合浦县党部成立于7月4日，年底有党员1288人；梅菉市于1月间曾成立11个区分党部，有党员7800人，后于4月间取消重新组织，约于7月上旬成立市党部，年底有党员309人；灵山县党部于6月间开始筹备，年底有党员1460人；北海市党部于7月28日成立，下辖3个区党部和12个区分部；徐闻县党部筹备处于1月成立，先后有吴运瑞、程赓、郑一林等筹备员负责筹备工作；钦县党部筹备员章苹伦由省党部派遣，思想消极，韩盈、潘兆銮等先后前往督促指导，但工作无进展。至12月底，徐闻、钦县两县党部仍未正式成立”。[1]

时人曾曰：“我国农民因为没有人提醒，没有人输以相当智识，对于社会上的公众利弊，对于国家的政治香油，简直不闻不问，漠然无动于衷，这确是一件毋庸为讳的事实，所以他们对于万恶的军阀，暴虐的地主，以至贪官污吏与土豪劣绅的摧残苛刻，都只有饮泣吞声，无可如何，现在居然能晓得起来替地方上铲除害群之马，替地方上谋公共的幸福，这不但可为农民庆，如把这种精神引入正轨，传播全国，实为全国的福音，所以也是可以乐观的。”[2] 1926年，黄学增长期在广东南路从事农民运动，启醒农民、发动农民、组织农民，促使南路社会发生了巨大的变化。且在南路进行党的创建工作，促使南路人民在革命道路中有了领导组织，有了启明灯。八一南昌起义后，朱德曾计划，“决定把部队拉到广东雷州半岛取得海口，

[1] 转见张翃：《国共两党在广东南路的第一次合作》，政协湛江市委员会学习和文史资料委员会编：《湛江文史》第24辑，2005年，135页。

[2] 杨耻之编著：《农民运动与暴动》，（上海）《生活》1927年第2卷第13期，第83页。

以求得到国际上的援助。然后，再向桂越、滇越边境发展，扩大革命力量。”[1]其后虽然不曾实施，但并不是突发奇想了，是建立在一定的革命基础上的，说明当时广东南路群众基础比较好。

此外，在1926年，黄学增还作为省农会委员，积极参与各项工作，引导广东全省农民走向发展的道路。广东农民运动在当时能够取得非常好的成绩，与广东省农民协会的努力是分不开的。黄学增作为其中一名领导者，当然贡献出自己一份心血。他为后期广东南路革命运动奠定了基础，广东南路后期的起义、暴动、革命等活动或多或少与黄学增存在着关联关系。其实，一般而言，在社会变革中，起义，往往是从内部发生，即使倡导者、领导人亦为起义队伍内部阶层产生；而革命，则是从外部缘起，其倡导人、领导人往往是从外面过来，或者在外面的接受过教育、见识过外面世界、培育了外面价值观的。从某种意义而言，内部与外部的区别并非只是个体的物体特性，其实还蕴含着个体的知识、思想、价值观等人文体系的内容。故革命往往能改变社会结构，从心理层面来改变，而起义则只是社会外表发生的变化而已，实质性方面并没有发生变化。经过思想提升而进行的革命始收长久有效的效果。

[1] 李奇中：《朱德同志与湘南起义》，《回忆朱德》，中央文献出版社，1992年，第176页。李奇中在犁铺头整训之时是朱德起义军教导大队队长。他和朱德接触密切，是最有可能得知这个极其重大的秘密决定的几个人之一。

第七章

西江武装抗争的领导与进入中共广东省委领导层

在中国1927年至1928年是一个风云变幻的年代，国共合作在年初、在中共的努力推动下，仍然在维持。但至三四月随着国民党内部的分化，蒋介石要在南京建都，以汪精卫为首的部分国民党人则在武汉建都；“四一二”反动政变随之发生，经过几月的反复后，汪精卫的武汉国民政府也紧随蒋介石的步伐，违背孙中山的“三大”政策（联俄、联共、扶助农工），高举反共旗帜，国共第一次合作彻底破裂，国民革命宣告结束。共产党人决定独自领导国人向国家独立、人民富强的道路奋斗。黄学增在这段时间里，根据中共广东省委的安排，作为救火队员，不断奋战在武装反抗战线上。

第一节 “四一五”政变、“清党”与第一次国共合作的失败

在国共两党的共同推动下，广州国民政府的北伐取得一定成果。在攻克武昌、占领江西、福建之后，1927年初，北伐军分三路向浙江、安徽、江苏开进。2月底，浙江全省被北伐军占领；3月22日，北伐军开进上海；3月24日，北伐军进占南京城，北伐战争取得了决定性胜利。国民政府的迁都之争也在这个阶段产生，迁都武汉还是保留在广州，抑或是改都南昌等成为国民党内部纷争的内容。同时，已获得国民革命军军权的统治权的蒋介石，挟着“三二O”（即中山舰事件）、“整理党务案”的余威，[1]再次高举反共的旗帜。2月21日，蒋介石利用在南昌总部第十次纪念周演讲

[1] 1926年5月15日至22日，国民党二届二中全会在广州召开，会上，蒋介石以“消除疑虑，杜绝纠纷”，“改善中国共产党与国民党的关系”为幌子，与其他人联名提出《整理党务案》和《选举中央执行委员会主席案》，他自己同时又单独提出《国民党与共产党协定事项案》和《全体党员重新登记案》。这些提案及由这些提案产生的活动，史称“整理党务案”。《整理党务案》的主要内容是：第一，确定整理党务之四项原则：（1）改善中国国民党与共产党间的关系；（2）纠正两党党员妨碍两党合作行动及言论；（3）保障中国国民党党纲、党章的统一权威；（4）确定共产党人加入国民党之地位及其意义。第二，组织国民党与共产党之联席会议，审查两党党员妨碍两党合作之行动、言论及两党党员之纠纷问题，并协定两党有连带关系之各种重要事件，联席会议由国民党五人、共产党三人组成。

的机会，公开发表反共的言论："中正并不会反对共产党，中正是向来扶助共产党的！……现在共产党党员事实上有许多对于国民党党员加一种压迫，表示一种强横的态度，并且有排挤国民党员的趋向，使得国民党员难堪，这样我便不能够照从前一样的优待共产党员了。……我是中国革命的领袖之一，所以虽然我不是共产党员，但是在革命的地位上说起来，共产党的成败是要我负一分责任的！我是中国革命的领袖，并不仅是国民党一党的领袖，共产党是中国革命势力之一部分，所以共产党有不对的地方，有强横的行动，我有干涉和制裁的责任及权力。"[1] 3月6日，"赣州惨案"发生，陈赞贤被杀，赣州工人运动全面被破坏；3月16日，国民党南昌市党部被搜捕，市党部、市工会、市农协面临解散困境；3月20日，国民党安徽省党部、安庆市党部、省总工会、省农民协会、安庆市妇女协会等相继被捣毁。……4月12日，蒋介石在上海正式发动反革命政变，收缴工人纠察队的武器，捕杀共产党人和革命群众。随后在4月15日，广东的国民党李济深集团也发动反革命政变，在广州出动大批军警，解除黄埔军校、罢工工人纠察队武装，包围、查封各种革命团体和组织，搜捕和屠杀共产党人及革命群众。这一天共逮捕、屠杀共产党员和工人积极分子2100余人，有2000多铁路工人被驱逐。在这次政变中，优秀的共产党员萧楚女、熊雄、邓培、李启汉、刘尔崧、毕磊等惨遭杀害，[2] 整个广东笼罩在反革命的血雨腥风之中。1927年2月，国民党右派已在南路加紧反共活动。林云陔在高州从事"清党"的秘密活动。遂溪、海康、廉江、吴川、化县、信宜、阳江等地国民党右派，勾结地方恶霸势力，秘密组织各县"清党"委员会。广东南路的高雷地区也在这次"清党"运动中进入革命的低潮。"此次清党运动发生，各处社会均起极大之变动，高雷方面最近之状况，均为社会上所欲知。""以前之高雷青年不浸迷于宗法封建思想，做个人主义地方主义之工作，即为C.P.所利用，误走歧途。真正明了孙文主义为孙文主义去努力奋斗者，实属

[1] 转苏若群、姚金果著：《第一次国共合作始末》，中共党史出版社，2016年，第333—334页。
[2] 见苏若群、姚金果著：《第一次国共合作始末》，中共党史出版社，2016年，第349页。

寥寥无几。自党务视察员林云陔、青年运动特派员陆冠莹、工人运动特派员郑丰，返高后，一般青年遂逐渐觉悟起来，并组织革命同志社，以宣传及实行孙文主义。该社现虽仅有社员二千余人，唯个个皆努力分子，一可胜百，彼等首先大张‘驱黄运动’之旗帜（按，其实黄学增是因工作原因外出的），次鼓‘打倒劣绅土豪贪官污吏’之战鼓，最近复努力于肃清共产党运动皆有良好之成绩。”[1]

早在3月10日，根据工作安排，黄学增至广州出席广东省农民协会第二届第二次执委扩大会议。扩大会议至17日才结束。会议着重讨论如何挽救广东农运危机问题，并决定于五月一日召开第三次全省农民代表大会，研究进一步开展农民运动问题。会议期间，黄学增还代表省农协出席国民党黄埔军校特别党部全体党员会议。[2]会后，黄学增即留省工作，不再回南路。虽然如此，黄学增还是被国民党政府以南路领导人的名义通缉。“关于地方治安及团务者：（一）邮电呈明各宪，并复遂溪海康两县长，仰该县长等认真协同防军剿办共党黄学增等。分电革命军总司令部暨省政府民政厅及各机关，据遂溪林县长报称，黄学增等在遂溪县属复图思逞，仰林县长认真防范，一面会营并督率团警，相机进剿，仍责成乐民市一带乡村绅耆，毋任子弟受黄学增等煽惑，免致滋蔓，仍□列宪示遵。”“分电省政府民政厅十一师三十一团余团长，据海康县长报告，黄学增等于海康县属截劫掳剁，并图捣乱，仰海康县长迅即会营剿办，并□列宪示遵。”“关于地方治安及团务者：（二）令饬遂溪县长知照，准政治分会胡秘书函，共党黄学增等，再行叛乱，已函总司令部核办。”[3]对于黄学增的通缉似乎是全方位的：“呈为呈复事：现奉钧府天字一六一号令开：为令遵事：案准中央执行委员会函开：准中央监（察）委员会函开：广东茂名县黄学增梁本荣，勾结共产党徒，逆迹昭著，□由本会议决，应予除名通缉，请查照判决执行，等因。当经

[1]《清党运动中之高雷状况》，《广州民国日报》1927年5月28日。
[2]《黄学增研究史料》，第278页。
[3]《广东省政府特刊》，《南路报告》1927年第二号，第22、51、73页。

本会第一0一次议决开除黄学增梁本荣党籍，并函国民政府下令通缉在案。除函复中央监察委员会外，相应录案函达，希即查照办理，为荷，等因。准此，合行令仰该省政府遵即令饬所属一体通缉，归案究办，此令，等因。奉此，自应遵令办理，除呈复及分令外，合行令，仰即便遵照，饬属严缉黄学增，梁本荣归案究办，此令，等因。奉此，自应遵令办理，当经令饬所属一体严缉黄学增梁本荣归案究办在案，兹奉前因，理合备文呈复钧府查核。谨呈国民政府。”[1]后来不久，与黄学增密切相关的南路国民革命者也遭受通缉。“为令缉事：现奉 总司令部务字第八四三一号令开，案准中国国民党广东省清党委员会函开，现据高雷区清党委员会呈称：呈为呈请通缉：及窃查逆党黄斌黄杰等。勾结土匪，扰乱海遂各节，经职会会同革命军第三十一团，派队剿击，各情业经先后电呈查核在案。现查该两股逆党，虽已击散，除当场击毙及擒获外，其余漏网首要，为数甚多，亟应按名通缉归案究办，以免死灰复燃，职会第三十次会议黄委员河丰提议，以陈荣位等四十三名，均系漏网首重分子，请开除党籍，及就近通知各军警，严行缉拏，并呈省清党委员会，转省政府，总司令部，通饬所属一体严缉，业经议决通过在案。除将陈荣位等四十三名，开除党籍，及就近通知各军警，严行缉拏外，理合将逆党首要陈荣位等四十三名，开列名单，备文呈请钧会查核，恳即转咨总司令部，及广东省政府，转饬所属，一体通缉归案，以清余孽而杜乱萌，实为党便等情，计附漏网逆党首要名单乙纸前来。据此，自应准予照办，除令复及分函省政府外，相应抄同该漏网逆党首要名单……查逆党陈荣位、黄斌、薛经辉、黄广渊、陈光礼、陈炳森、黄杰等七名，业经令饬查缉究办在案……（三）附漏网首要分子名单 遂溪县 陈荣位、薛文藻、黄斌、薛经辉、黄广渊、黄雨农、黄德中、陈荣福、陈光礼、刘坚、陈炳森、法□□广州湾东海岛、苏大春、仝上。曹迺轩、武其伦、周永杰、刘学卿、毛立伦、毛立经、□（劳）琼泗、黄安杨、黄宗记、黄凌氏、黄宗号、黄安凤、

[1] “通缉茂名县黄学增梁本荣案”，《广东省政府周报》1927年第三期，第21—22页。按，引文中不少词语是国民党诬蔑共产党之词。

余道生、罗兆东、刘居安、吴丕祥、王芝达、黄魅元、黄茂菴、黄美堂、萧加伦、萧英华、陈朝举、陈达兰、陈清泉、何应祥。海康县　黄杰、陈佐卿、晃朝英、陈玉照”。[1]“据遂溪县党部改组委员会呈报，前执监委员陈光礼、邓成球、吴运瑞、梁树本、梁德修、刘坚等，因闻改组，胆敢迁□公物，侵罪私逃，殊属目无党纪，请令饬通缉归案，严重究办。”[2]整个南路的国民革命进入低潮，南路社会进入到转折点。

早在5月，陈光礼等人在海山发动暴动，与国民党军队进行对抗；当时海山暴动被疑为黄学增等率领：“共逆黄学增、黄广渊、黄斌、陈光礼等，近潜回距县城200里之乐民地方，煽动〔引〕诱农民，勾结土匪，图谋不轨，当于灰（10）日代电呈报总部特别会警备部在案”，“昨十四日，该逆等竟敢纠党200余人，持械劫掳乐民区署长〔潘〕林雄及署员警兵七人，勒缴警团枪支，占据乡市，畝〔血〕盟誓，遍树赤帜，本县长据报即一面电请余团长调驻雷防军罗连会合，十九〔日〕向乐民前进，逆势不支退守乐民城及海山一带，负隅顽抗。职部与罗连进驻乐民市严重〔密〕监视”。[3]“顷据海康警察第三区二分署长冯应汉锐（应为“铣”字）（16）日代电开万急密迭革命军第三十一团第二营部温营长、海康县谢县长均鉴，附近河头市三十里，遂溪属第六区乐民市查及该市地方，发现农军聚集数百，枪械数百，有特殊举动，已将该区署枪支缴去，扣留署长及办事人，该处地方危急，并有武装农民擅自越境河头市，借名防卫土匪，盘查职署及团军局枪支，居心实不可问，探闻由黄学增、黄广渊、黄斌、黄虎吕、黄德中、黄汝清等潜回该处主动。河头市人心惊惶，事关地方治安，请查核维持以安人心，商民幸甚”。“海遂两县交界之乐民市，被共产党黄学增、黄广渊等占据谋乱，及咨会防军暨遂溪县长会剿情形先后呈电在案……寝日下总攻令，以一部

[1]“通缉遂溪海康两县逆党首要分子陈荣位等四十三名”，《广东省政府周报》1927年第11期，第29—30页。

[2]“通缉遂溪县党部前执监委员陈光礼等案”，《广东行政周刊》1927年第23期，第43页。

[3]中共湛江市委党史研究室著：《南路农民运动史料》，广东人民出版社，1997年，第177页。按，引文中不少词语是国民党诬蔑共产党之词。

监视乐民城，其余悉向海山冲进……”[1]其实黄学增当其时因工作关系，已离开南路，并没有亲自指挥海山暴动。其后在9月，陈光礼承海山暴动的余威，带领乐民、海山一带的农军100多人上到北部湾上的斜阳岛，团结改造了岛上的土匪队伍，在岛上实行武装割据，成为国内第一支海上武装割据力量。割据期间，斜阳岛农军先后数次回师遂溪、廉江、徐闻等地，攻占了部分圩镇，并曾一度占领了遂溪县城。1932年底，在国民党军队重兵围攻下才告失败。斜阳岛海上武装割据时间长达五年多时间。

第二节　领导广东西江地区武装抗争

4月17日，中共广东区委召开紧急会议，由区委秘书长赖玉润召集在广州的区委领导人穆青、杨殷、冯菊坡、罗绮园、周文雍、吴毅等，商讨应变措施。决定区委机关暂时撤离广州，迁驻香港。[2]黄学增随同区委迁到香港。后来，在省委在香港办公的时间里，黄学增时常在香港与内地奔波。在香港期间，黄学增常与到港相关人员接触。时在广宁县委工作的孔令鉴后来回忆道：“为了取得同省委的联系，（广宁）县委于五六月间（总之是热天）派我到香港寻找地下省委，向黄学增同志当面汇报过广宁农军坚持地下武装斗争情况。”“黄学增同志在这次接头时，还交给我200元港币，带回广宁去作为革命活动的经费。”[3]苏天春自白书亦提到：“回港后与党失去关系，后遇黄学增，黄与我长谈后，叫我同去琼州，黄入去山地，有时也出去海口”。[4]

---

[1] 中共湛江市党史研究室编：《南路农民运动史料》，广东人民出版社，1997年4月第1版，第179—180页。按，引文中不少词语是国民党诬蔑共产党之词。

[2] 中共广东省委党史研究室编：《中共广东党史大事记》（新民主主义革命时期），中共党史出版社，1993年，第92页。

[3]《访问孔令鉴谈话记录（节录）》，及《大革命时期广宁农民运动后期几个实况（节录）》，见《黄学增研究史料》，第199、196页。

[4]《苏浴尘（苏天春）自白书（1950年2月4日）》，存于广东省公安厅档案室苏浴尘案卷第一册；1981年12月4日中共湛江市委党史研究室抄录。

事实上，早在1927年4月上旬，国民党右派和新军阀头目在上海开会密谋，确定了反革命政变的计划，中共广东区委获悉此消息后，估计国民党右派及军阀“必定对C.P.和民众施行高压政策”；随后赶在他们返穗之前，中共广东区委即下令各地准备应变，并派专员分赴各路负责指挥：罗绮园、周其鉴到北路，黄学增到西江，杨善集到琼崖，黄居仁到潮梅，何友逖到惠州，中路由区委直接指挥。并计划在5月初全省举行暴动，并派专差送信给中共海陆丰地委。[1]在4月16日，国民党右派在肇庆实行“清党”，韦启瑞等8名共产党被逮捕，有的被杀害。西江党组织受到严重的破坏。黄学增即已任中共广东省委西江巡视员，奉命秘密到达西江一带巡视，指导当地革命工作。据言，黄学增曾“在高要县，遭防军的包围，爬城墙脱险”。[2]4月19日黄学增秘密抵达高要禄步黄洲，向隐蔽当地的罗国杰、周其柏、陈均权和许其忠等原西江党组织负责人和农军骨干传达广东区委的指示和举行武装暴动的决定，并与之一起研究作战的具体部署。其间曾成立“广东省西江拥护武汉政府大同盟农军”，并设立了一个指挥部，统一指挥西江的武装暴动。临时指挥部机关设在高要县的黄洲村。指挥为黄学增。同时在此期间，在黄学增、许其中、何遂等人领导下，高要重新建立起农民自卫军大队，机关驻地高要县的岭村。[3]在西江期间，黄学增依靠当地党组织，发动农民夏收暴动。他首先在高要县领村发动农民自卫军三百余人，举行了武装暴动。从1927年4月下旬至8月底，在黄学增组织领导下，西江地区相继发动了由高要、云浮、新兴三县农军组成的肇庆起义和郁南都城、罗定横岗等农军暴动。肇庆起义，是当时西江地区最大规模的武装起义。

8月7日，在共产国际的帮助下，由瞿秋白、李维汉主持，中共中央在湖北汉口召开紧急会议（后称“八七”会议）。会议总结了大革命失败的

[1]《海陆丰苏维埃》，1928年3月第13页。藏广东省中山图书馆。及赖先声：《大革命洪流中的一段回忆》，转黄振位著：《广东革命根据地史》，广东人民出版社，1993年，第20页。

[2]《黄学增研究史料》，第279页。

[3] 中共广东省委组织部、中共广东省委党史研究室、广东省档案馆：《中国共产党广东省组织史资料》（上册），中共党史出版社，1994年，第81、80页。

经验教训，结束党内投降主义在党中央的统治，确定了土地革命和武装反抗国民党的总方针，并把发动农民举行秋收暴动作为当前党的最主要任务。随后在8月20日，张太雷在香港召集中共广东省委会议，传达“八七”会议精神，经过详细讨论，通过了“关于拥挤中央紧急会议决议”，决定“完全拥护国际的决议及紧急会议所定之政策，并努力使同志普遍了解及立即在实际上实现之”。给根据“八七”会议精神，会议还制定了广东各县市的暴动计划和《关于暴动后各县市工作大纲》，组织了广州、西江、北江暴动委员会，并派负责同志分赴各地指导工作。[1]随后而来的《中共中央关于国民党军进攻南昌起义部队的估计和对策致南方局转广东省委的指示》中也明确指示：“东江须立即开始广大的暴动，发表政治的口号，为叶、贺（即叶挺与贺龙）内应。”“为牵制李、黄（即李济深与黄琪翔）军队起见，对西江及南路亦须立即有军事的动作和农民暴动。”[2]

《广东省组织史资料》记曰：“为组织西江地区各县武装暴动，1927年9月根据省委决定成立西江特别委员会，辖高要、三水、广宁、郁南（西宁）、罗定、德庆、四会、云浮、新兴、封川，开建等县党组织。特委机关驻地不详。书记黄学增（1927年9月—1928年6月）、副书记周济（1927年9月—1928年春）；委员：黄学增、周济、龙师侯。”[3]自9月起，黄学增即在黄洲主持西江地委扩大会议，根据广东省委（广东区委当时已改称广东省委）的暴动指示，将中共西江地委改为中共西江特别委员会，黄学增任书记，并成立军事委员会，黄学增任军委主席。西江地区当时包括高要、广宁、封川、郁南、德庆、四会、罗定、云浮、恩平、开平、鹤山、开建、

[1]《张太雷关于广东当前形势及武装起义计划等问题致中共中央政治局常委信》，中国人民解放军历史资料丛书编审委员会编：《土地革命战争时期各地武装起义·广东地区》，解放军出版社，1999年，第60页。

[2] 中国人民解放军历史资料丛书编审委员会编：《土地革命战争时期各地武装起义·广东地区》，解放军出版社，1999年，第60、59页。

[3] 中共广东省委组织部、中共广东省委党史研究室、广东省档案馆：《中国共产党广东省组织史资料》（上册），中共党史出版社，1994年，第167—168页。

新兴、高明等县。[1] 其间黄学增又回去香港与省委联系。“大概是 1927 年 10 月左右（将割禾时候），黄学增化装为柴杉商人，从香港回到广州，转搭梧州轮船到达三水，上岸步行回到广宁石涧，住在祥盛笋铺（当时这间铺号是外来同志接头地点，黄作枝明是店主——他还有一个名字叫黄德球，暗是石涧地区地下党的负责人）。黄学增与黄作枝接头之后，便由黄作枝带他来滨坑，找到我们地下县委几个头头，传达省委指示。”[2] 在“向中共广宁地委叶洁秀等人传达省委关于举行暴动的决定”后，西江特委“建议广宁地委集结武装力量，待时而举，以配合广州起义”。[3] 不久，黄学增又回到省委，与省委商议西江的武装暴动情况。1928 年 1 月 1 日至 5 日，中共广东省委在香港举行全体会议，通过了《目前党的任务及工作方针决议案》，提出从乡村到城市，初步确立了从局部割据到夺取全省政权的斗争步骤。会议指出：“目前主要策略，是要极力发展各地农民暴动，在东江、西江、北江、南路都造成一县至数县的割据局面，形成包围广州的形势。”在西江方面，“应以广宁为中心扩大到高要一带，以罗定为中心扩大到郁南、封川一带，形成两个割据的局面，与北江密切的联系”。[4] 针对“西江党是很糟的”[5] 局面以及周围环境变动等情况，中共广东省委决定加强广宁县委，由西江特委书记黄学增兼任中共广宁县委书记，并通过《西江工作大纲》，决定以广宁、罗定两县为中心，发展西江两岸的武装斗争。[6]1928 年 2 月 3 日《西江暴动工作计划》文件显示：“西江农民一向是有多少基础……广宁、

[1] 中共广东省委组织部、中共广东省委党史研究室、广东省档案馆：《中国共产党广东省组织史资料》（上册），中共党史出版社，1994 年，第 20 页。

[2]《黄学增研究史料》，第 199 页。

[3] 中共广宁县委党史研究室编：《中共广宁县地方大事记（新民主主义革命时期）》，内刊，1998 年 5 月，第 30 页。

[4] 广东省档案馆、中共广东省委党史研究委员会办公室编：《广东区党、团研究史料（1927—1934）》，广东人民出版社，1986 年，第 94—95 页。

[5]《中共广东省委给中央的报告——目前广东政治状况及党的策略》（1927 年 11 月），《广东革命历史文件集（中共广东省委文件）》（一九二七年），1982 年 10 月，第 158 页。

[6]《中共广东省委关于党务几件重要事情致中央的报告》，广东省档案馆、中共广东省委党史研究委员会办公室编：《广东区党、团研究史料（1927—1934）》，广东人民出版社，1986 年，第 117 页。

高要、罗定、云浮、封川、新兴各县，农民对于政权及土地的要求，是非常迫切——尤其是广宁、高要。……西江暴动主要任务，就是要实行土地革命，扩大各县暴动形成西江割据局面，以致汇合各方割据力量，由广宁以影响清远，由罗定以联络南路，使渐形成全省总的暴动。其次，西江为桂系进窥广东，扼守广西之门户，西江暴动之胜利，可以给极大之帮助于广西工作，根本动摇以致推翻桂系在两广的统治。……西江暴动第一个中心是在广宁，第二个中心是在罗定。”同时，文件也指出：“我们能够不能够领导农民起来暴动？暴动能够不能够得到胜利？胜利能够不能够持久？并不是完全在客观的事实，大半还是在我们党主观力量。如果我们党的力量太薄弱，在客观方面，虽然有很好的条件，这个暴（动）是很难领导起来，很难得到胜利，胜利很难持久的。西江许多地方如新兴、云浮、德庆、开建、高明，尚无党的组织（云浮、德庆以前已有组织，事变后才解体）；有党的组织地方如广宁、高要、罗定、郁南、封川、三水、四会太无力量。广宁党在质量上、数量上，虽然比较各县为好，但党的组织还是解体，各级党部负责人大多逃走，不逃走的亦是染着很深机会主义遗毒。”因而要求注意党的问题，依据上级党委的要求，整顿党的队伍。“西江暴动渐次扩大起来时，即须依照情形设立西江特委，直接指导西江暴动工作。”[1]省委同时亦将罗国杰从高要县委调回广宁，以便充实广宁县委领导力量。随后，中共广宁县委成立，书记为黄学增，委员包括黄学增、罗国杰、谭鸿翔、陈家善、高玉山、龙卓南等人。[2]1928年初黄学增从香港回到西江后——随同一齐回到的还有黄埔军校第一期学生、曾在南路长期合作的薛文藻，[3]即迅速投入工作。“2月初在石涧秘密召开了全县农民代表大会，到会的代表有20多人，其中有县、

[1] 《西江暴动工作计划》（1928年2月3日），中央档案馆、广东省档案馆：《广东革命历史文件汇集》（中共广东省委文件，一九二八年），1982年11月，289—296页。

[2] 《中共广宁县委给省委报告——目前形势及党的工作情况》，载中央档案馆、广东省档案馆：《广东革命历史文件汇集》（中共广东北江、西江、琼崖等县、市委文件，一九二八～一九三一），1982年12月，第330—331页。

[3] 《薛文藻自白书》，存于遂溪公安局刑事卷宗第五卷第十七册，1981年9月中共广东省湛江党史办抄录版。

区、乡农会干部，工农革命军干部，也有省委派来的干部。会议由黄学增主持。会议内容主要是贯彻省委指示，解决恢复工农武装以组织力量暴动，实行土地革命，建立苏维埃政权等问题。大会开了3天，决定成立加强农军训练……并将工农革命军改称为农民赤卫队”。会后，调动农民赤卫队300余人在江尾一带集结，组建了“广宁农民赤卫队”武装暴动指挥部，黄学增兼任总指挥。2月25日，在黄学增的率领下，广宁农民赤卫队攻占螺岗墟，宣布暴动。暴动当日，农民赤卫队300余人进驻螺岗，召开3000多人的群众大会，宣布成立西江地区第一个县级苏维埃政府——广宁县苏维埃政府，建立了广东西江地区第一个红色革命政权。大会选出罗国杰、薛六、谭鸿翔、高玉山、高纪、欧蛟、伍学南为苏维埃政府委员，罗国杰任苏维埃政府主席。[1]2月28日，国民党广宁县政府纠合广宁、高要、德庆3县联防民团向螺岗发起进攻。由于敌我力量悬殊及敌人疯狂反扑，苏维埃政权仅存在3天时间，大批党员被迫转移疏散，转为地下斗争。而西江特委与广宁县委根据当时情况，一致决定，将县委成员分散下去，到各区、乡工作，留下县委委员谭鸿翔负责指挥；[2]同时决定，为避免重大损失，广宁县赤卫队向罗汶山区撤退，坚持游击斗争。

第三节　当选为中共广东省委候补委员、省委委员及在宝安的战斗

在国共合作宣告破裂后，中共广东区委组织即遭受严重的破坏。8月20日，在香港召开的中共广东省委会议上，宣布正式成立新的中共广东省委，

---

[1] 中共广宁县委党史研究室编：《中共广宁地方史（1929—1949）》，中共党史出版社，2004年，第97—98页。

[2]《中共广宁县委给省委报告——目前形势及党的工作情况》，中央档案馆、广东省档案馆：《广东革命历史文件汇集》（中共广东北江、西江、琼崖等县、市委文件，一九二八～一九三一），1982年12月，第330—333页。

选出委员 13 人，候补委员 7 人，由张太雷任书记。

1927 年 10 月 15 日，广东省委与中共南方局在香港召开联席会议，对中共广东省委进行改组。黄学增以省委西江巡视员兼中共西江特委书记的身份被选为中共广东省委候补委员。

10 月 15 日，中共中央南方局、中共广东省委在香港召开联席会议。出席会议的有：张太雷、阮啸仙、杨殷、黄锦辉、黄谦、赵自选、恽代英、沈宝同、吴毅、彭湃、穆青、李求实及共产国际代表等。张太雷在会上作了《八一事件之经过、失败原因及其出路》的报告。会议通过了《最近工作纲领》和组织问题、宣传问题、工人运动、农民运动等多项决议。会议改组了南方局和省委，由张太雷、周恩来、恽代英、黄平、杨殷、彭湃 6 人组成南方局。中共广东省委由 36 人组成，其中正式委员 25 人，候补委员 11 人。“十五日南方局省委联席会议，决定改组省委，多以工农同志参加指导机关，实行党的工农化，并通过下列之同志为委员：正式委员：太雷、啸仙、黄平、代英、贺昌、杨殷、锦辉、陈煜、周祥、何振武、罗登贤、陈志荣、黄钊、陈权、岑灿、李安、赖松柏、朱桂祥、王强亚（以上是工人同志）。薛六、黄谦、欧日华〔章〕、何玉山（以上是农民同志），李海筹（C．Y．）。候补委员：张善鸣、黄鹤曾、杨善集、吴毅、沈宝同、罗绮园、沈青、杨石魂、周文雍、周其鉴、蔡如平。”同时“监察委员会暂行废止”。[1]“黄鹤曾”即黄学增的音误。

1928 年 5 月中共广宁县委给省委报告提到：“自三月二十二日，县委被敌人围攻，各委员即时离开，但未被攻以前，由县委书记黄学增同志接到省委指示，使各负责同志须要去各区乡，努力工作接近下层组织，该时已决定分配各委员下乡工作了。”“县委前月派来参加省委的扩大会议，陈家善与黄学增二同志来港，已经有五十多天至今尚未有一点消息，又未

[1]《中共广东省委通告（第十五号）——关于省委委员名单》，《广东革命历史文件集（中共广东省委文件）》（一九二七年），1982 年 10 月，第 93—94 页。

曾返来工作”。[1] 也就是说，广宁县委未被敌人围攻之前，大约在3月底，黄学增与陈家善两人接到省委通知，前往香港出席于4月13日召开的省委第一次会议。

1928年4月13日，中共广东省委在香港召开了第一次扩大会议，会议由省委书记李立三主持，中共中央代表周恩来到会指导。参加会议的有省委委员、巡视员、中央代表、海员代表和广州、香港、汕头、石龙、佛山、琼崖、西江、英德、广宁、四会、顺德以及广西等地的代表会议通过了《广东政治任务及工作方针决议案》《党的问题决议案》《苏维埃问题决议案》《军事问题决议案》等。会议认为：“广东的革命仍处于高潮，已发展到‘争夺城市’的阶段，党的总策略是加紧扩大各路的暴动局面，加强城市的领导，向全省政治中心发展，完成全省的总暴动。为此，要求东江特委要完成割据，向广州方向发展；琼崖特委要夺取海口、夺取全岛”等；“会议决定将根据地的工农革命军正式定名为红军，并提出在广东可建立红军四至五个师”。会议同时改选了省委，选举包括黄学增在内的省委委员共32人，候补委员10人。[2] 下面是当时选举出来的中共广东省委委员名单及其成分等信息内容：“罗登贤（工）、彭湃（智）东江、冯菊坡（智）香江、李立三（智）香江、杨石魂（智）南路、黄钊（工）西江、李源（工）香江、沈青（智）潮梅、陈郁（工）东江、恽代英（智）东江、周松腾（工）中路、沈宝同（智）香江、林一人（农妇）琼、黄学增（智）琼、欧日章（农）北江、周颂年（工）南路、罗绮园（智）上海即到港；张善鸣（智）东江；杨殷（智）东江，杨殷（智）香江，王灼（工）、黄赤（工）北江，李海筹（工）东江，吴毅（智）广州，何源（工）广州，黄依农（农）东江，黄悦成（农）东

[1]《中共广宁县委给省委报告——目前形势及党的工作情况》，中央档案馆、广东省档案馆：《广东革命历史文件汇集》（中共广东北江、西江、琼崖等县、市委文件，一九二八～一九三一），1982年12月，第330—331页。

[2] 中共广东省委党史研究室编：《中共广东党史大事记（新民主主义革命时期）》，中共党史出版社，1993年，第118—119页；黄振位：《中共广东党史概况》，广东高等教育出版社，1994年，第126页。

江；郭经树（农）琼，赖松柏（农）、赵自选（智）东江，杨望（智）东江，王强亚（工）委任。”“候补委员十人：陈强（工）广州，季布高（智）广州，卢永炽（工）西江，戴××（农）惠州，王文明（智）琼，陈家善（农）××，陈行（工）广州，袁炳辉（×）；罗文淹（×）”。[1]其中李立三为书记。根据文件的内容及编排来推测，姓名后面的括号内容，当为委员的身份阶层，后面的地名，为委员工作或将要安排工作的地点。据此，黄学增应是以知识分子的身份、并已计划安排到琼崖工作岗位进入省委委员的。“智”当指知识分子；“东江”“香江”“南路”“西江”“潮梅”“琼”“北江”“惠州”等应该指的委员工作岗位所在地。如此看来，在从西江发动暴动回来后，黄学增在4月13日左右又接受组织的安排，正计划前往琼崖工作。

而正在整个广东省“目前主要策略，是要极力发展各地农民暴动”[2]的情况下，此时宝安却发生的情况，是地迟迟没有发动暴动。4月5日一份报告中有所反映：“东江总暴动策略报告及讨论，大家发表意见均是赞成这个策略。但其中有几个负责同志（二个是县委），对宝安暴动一则怀疑武器太少，说非有五百武装起来是不能暴动的，一则怀疑自己同志太少，所有同志平素太多不肯工作，其中有些尚互怀意见，群众斗争情绪，亦不热烈，说此时是不能够暴动，若要暴动，首先要自己同志活动起来，经我与△△同志引证许多事实解释之后，结果全体赞成宝安马上暴动。”[3]其后在5月2日黄学增以宝安县委名义向省委汇报了他过去后的情况。《中共宝安县委给省委报告——各区暴动斗争情况》谈道：“这数日来我们决定完全把武装集中组织起来，连续进攻福永、长圳、唐家村、塘尾×等处，乘豪绅地主统治阶级如此惊慌之际，一直猛干下去，可是各乡同志，尤其是负责同志，竟多

[1] 中央档案馆、广东省档案馆：《广东革命历史文件汇集》（中共广东省委文件，一九二八年），1982年11月，第281—282页。

[2]《目前党的任务及工作方针决议案》，广东省档案馆、中共广东省委党史研究委员会办公室编：《广东区党、团研究史料（1927—1934）》，广东人民出版社，1986年，第94页。

[3]《△△给省委报告——宝安暴动问题》（1928年4月5日），中央档案馆、广东省档案馆：《广东革命历史文件汇集》（中共广东北江、西江、琼崖等县、市委文件，一九二八～一九三一），1982年12月，第277页。

散动摇起来，不说广州未暴动，即说敌人将派兵来攻，由自己之动摇影响群众”。[1] 考虑到黄学增与宝安农民运动的关系，以及他在当地农民中的威信，估计是省委又临时决定让他暂时充当救火队长，前往宝安处理暴动事务。早在 1925 年 4 月前后，黄学增即受命在宝安发动、组织宝安各级农会的成立，成立后的农会在进行国民革命中发展巨大的作用，“这里自有农会组织，全县政治几乎完全操纵在农会手里，旧年（按，指 1927 年）四月十五以前，县长做事都要得到农会许可才敢进行”。[2] 也许由于农会的影响，宝安民众对黄学增似乎比较信任与崇拜的原因。在 1928 年拟定的《宝安暴动计划》有一段话是如此说的：“四月十二日在□区□□圩召集全县农民代表大会宣布暴动，经过大会号召农民（以△△同志，省农会执行委员名义通告召集，因一般农民对△△同志有特别信仰，如此可以号召农民广大起来参加）。”[3] 在一份 1928 年 6 月广东省农民协会发布的檄文中，我们知道省农协常务委员有彭湃、罗绮园、阮啸仙、黄学增、周其鉴。[4] 此几个人里，黄学增却是一直与宝安农民运动、建党活动密切相关，相对而言，彭、罗、阮、周四人比较少在宝安活动的；文中“△△同志”“省农会执行委员”应指黄学增同志。

黄学增到达宝安后，即投入到繁忙的工作，不久宝安县委制订了《宝安暴动计划》并上送省委，暴动计划对暴动的任务、口号、时间、地点、组织指挥以及暴动成功后对反动商人、豪绅地主的财产处理等方面作了详细的部署。不久暴动计划获得了省委的同意。黄学增在宝安的努力应该还是有成就的。如在暴动方面，“四月二十九日我们集中百余武装，包围六

[1] 中央档案馆、广东省档案馆：《广东革命历史文件汇集》（中共广东北江、西江、琼崖等县、市委文件，一九二八～一九三一），1982 年 12 月，第 282 页。

[2]《中共宝安县委给省委报告——关于农会、工会及党的组织宣传工作，暴动准备情况》（1928 年 3 月 29 日），中央档案馆、广东省档案馆：《广东革命历史文件汇集》（中共广东北江、西江、琼崖等县、市委文件，一九二八～一九三一），1982 年 12 月，第 271 页。

[3] 中央档案馆、广东省档案馆：《广东革命历史文件汇集》（中共广东北江、西江、琼崖等县、市委文件，一九二八～一九三一），1982 年 12 月，第 290 页。

[4] 中央档案馆、广东省档案馆：《广东革命历史文件汇集》（苏维埃、工会、农会文件，一九二七～一九三四），1982 年 12 月，第 406 页。

区迳背反动派，益震动了豪绅地主统治阶级，许多反动乡村如四区之长圳、唐家村，五区周家村之塘尾 ×（围），均搬迁逃走。三十日四、五两区豪绅地主有数十人在新桥会议，亦因内部冲突哄闹无结果而散。乌石岩、福永、云霖区长巡官均继续自己惊慌逃走，乌石岩、新桥、沙井各处当铺完全闭门，县长及沙井、新桥各乡豪绅地主纷纷告急到省城、虎门、深圳请兵，三区之湖贝、向西各反动亦惊慌，全县大有风声鹤唳之概。”“周家村武装几占一半，周家村负责同志看见各乡武装来得少亦表现胆怯而动摇，不过他已经骑上虎背不得不做。昨今二日因一般同志顾虑武装少观望不去攻打反动乡村，令他们领导群众自动手去杀本乡豪绅地主反动派，亦因封建关系而不敢做。今晚计算可增加数十武装来，明早即可进攻福永继续依照前此决定计划做去。”在农民运动、社会影响方面，“我们在丰和圩开了一次农民大会，四、五、六各区豪绅地主已开始震动，皇岗、霖云（误，云霖）反动武装，不敢安心在当地驻扎，全县最大豪绅领袖曾奕樵（四区新桥人）秘密逃走，四区最大反动之乡村新桥、沙井立刻宣布戒严，搜索住户并过往人，福永农民自动开会与本乡豪绅争公款，吓走了本乡最大最反动豪绅潘乃昌，县游击捕拿钟永恩同志到县城枪毙，临刑时钟同志慷慨大骂，并说‘我们共产党已号召农民暴动，不久你们反革命派就要跟着我来死’等话，当时吓惊了全城，现在四个城门除南门外，完全关闭，县长不敢在衙门，每晚都潜往南山避宿，城内住户亦有四成搬迁出外。二区西乡演戏有一晚，演到十一点钟时候，观戏群众自己发惊，以为共产党来攻，有一人发声哄说，共产党来了，即全场惊慌逃走，连戏台都要压倒。”在党组织发展方面，宝安“党的组织在四月份以前，一区党员得八人，三区党员得三十四人，四区党员得十七人，五区党员得百一十人，六区党员得八人，全县共计一百九十七人。四月份三区增加十六人，四区增加五人，五区增加三十四人，六区增加二十五人，全县共增八十三人，现在共计全县党员二百八十人。三区、四区、五区均已成立区委，一区与六区均成立独立支部。但均不得健全，一区党员完全不动。六区党亦只在迳背乡经此项事变，党员一半逃走，一半到五区来，在六区亦失作用。三区党员亦不甚活动。四、五区党员比较好些，在群众〔中〕亦不能起来有多大作用，党的力量仍算是非常薄弱。”宝安五区是 1924 年黄学增来宝安时的主要活动地区。因为黄学增在 1928 年 4 月来宝安协助发动暴动前已确定要前往琼崖任职，故“×学增同志俟武装集中组织完妥且亲身参加进攻一、二处反动乡村才回省委当面报告，听候调遣。”[1] 黄学增同志估计是在 5 月下旬左右回省委，然后计划前往琼崖任职的。1928 年 5 月 22 日《中共宝安县委给省委报告——关于召集武装问题》里提及：“此间各种情形，已交学增同志回去报告，想已知尽一切了。”[2] 在前往琼崖之前，黄学增与彭湃等人一齐共同以广东省农民协会名义发布檄文与紧急传单。[3]

广东省农民协会檄文

农友们！

时局即刻要有下个大的变化了！夏收的时候，便要是我们全省总暴动的时候！

不要忘记了开耕时无钱〔使〕的困难，不要忘记了青黄不接时无饭吃的痛苦！几个月，风吹、雨打、太阳晒，辛辛苦苦的望收割的时候！但收割的时候，农友们！你们能得着什么？

交五六成的租，还三四分利息的债，如狼似虎地催收钱粮捐款，清理一切旧欠，除此以外，东家还要在此时辞工调田。收割的时候，一使〔贯〕不劳动而寄生的官吏、豪绅、地主，都准备向农友敲吸，他们都可以有很多的收入，以维持其高楼大厦、丰衣美食的生活，我们农友呢，仍旧是贫穷，

[1] 《中共宝安县委给省委报告——各区暴动斗争情况》（1928 年 5 月 2 日），中央档案馆、广东省档案馆：《广东革命历史文件汇集》（中共广东北江、西江、琼崖等县、市委文件，一九二八～一九三一），1982 年 12 月，第 280—284 页。

[2] 中央档案馆、广东省档案馆：《广东革命历史文件汇集》（中共广东北江、西江、琼崖等县、市委文件，一九二八～一九三一），1982 年 12 月，第 285 页。

[3] 广东省农民协会檄文（1928 年 6 月）及广东省农民协会紧急传单——为重兴农会事（1928 年），（中央档案馆、广东省档案馆：《广东革命历史文件汇集》苏维埃、工会、农会文件，一九二七～一九三四），1982 年 12 月，第 405—406 页。

饥饿，痛苦！

贫苦的自耕农，以至于佃农雇农，无业农民，一切有田无田的农友们！从今年起，不交租，不还债，不完税，不纳捐，暴动杀尽一切豪绅地主，重新分配田地，不问男女，十六岁以上得一份，四岁以上得半份。

全省总暴动的胜利，使一切贫苦的农友们有田耕，有饭吃，享太平！

常务委员：彭湃、罗绮园、阮啸仙、黄学增、周其鉴

广东省农民协会紧急传单——为重兴农会事（1928年）

全广东的农友们！

夏收总暴动是一定要干起来的！全省的工友和兵士亦都已经准备着起来联合我们，夺取城市，建立我们工农兵自己的政权。

这一回我们要杀尽地主豪绅，重分田地（不分男女，十六岁以上得一份，四岁以上得半份）不交租，不还债，永远脱离我们奴隶牛马的穷困饥饿的生活。

我们现在要重兴农会起来，而且农会马上要开始领导各地农友，用自己的力量，与豪绅地主斗争。

重兴农会的办法如下：一、重兴的农会要完全是贫苦农民的农会，中小地主不许加入，不赞成杀地主豪绅重分田地的富农不许加入。二、凡是贫苦农民，不问男女，十六岁以上，经农会一人之介绍，即可加入农会。三、农会会员一律改为按人计算，不按家计算，一家父子夫妇兄弟姐妹均可各自加入农会，以便将来重分田地之时，易于统计。四、在地主的反动乡村内的贫苦农友，亦得一律加入农会，帮助暴动，杀地主豪绅，重分田地。无论何人不许记从前仇恨，以妨害我们的农友的团结。五、农会发展到各乡村去，无论红的白的乡村，都要有我们的农会。每乡有会员三十人以上便可设立农会。六、农会在敌人手下，暂时秘密不挂招牌。七、农会会员一律不收会费，如要办公费用，由会员力量乐捐。八、农会会员均应负责向一般农友宣传地主豪绅的罪恶，全省夏收的总暴动与重新农会各事，在趁圩神会时，须鼓动一般农友对地主豪绅的仇恨，介绍农民加入农会。

常务委员：彭湃、罗绮园、阮啸仙、黄学增、周其鉴

中华民国十七年

按，省农会这份传单大约也是6六月发出的，主要是针对夏收暴动而努力的。1928年6月19日《中共广东省委关于夏收总暴动及目前工作的决议》中明确提到："省农会简章传单，每县须尽力翻印，或从省委带去，无论有无党与农会地方，每乡村至少须散帖一、二份，能每家一份最好。"[1]

[1]《中共广东省委关于夏收总暴动及目前工作的决议》（1928年6月19日），中共广东省海南行政区委员会党史办公室、广东省海南行政区档案馆编：《琼崖土地革命战争史料选编》，1987年8月，第66页。

第八章

战斗在琼崖

琼崖，即是海南岛的别称，其位于中国的南端，突起于浩瀚的南海之上，是中国仅次于台湾岛的第二大岛，它北隔琼州海峡，与雷州半岛隔海相望，南与东南亚一些国家如马来西亚等海路相接，西与越南隔海相望。它既是南海交通要冲，又是广东、广西两省区出入咽喉。琼崖富有革命优秀传统，五四运动时，岛内民众即举行过游行示威，追悼在五四运动中被殴打至死的海南籍北大学子郭钦光。在 1921 年，吴明、罗汉、鲁易等人已在该地发展党团组织，宣传马克思主义。1926 年，国民革命军南征胜利后，中共琼崖地委也在 1926 年 6 月成立。琼崖随后一直成为中国共产党重点发展的区域，也是寄予较大希望的区域。在 1927 年“四一二”事变之后，琼崖的革命工作遭到一定的挫折。为了更好推动琼崖的革命斗争，1928 年 6 月黄学增奉命来到琼崖，整顿琼崖各方面工作，推动了琼崖革命事业往前发展，为琼崖后期的“二十三年红旗不倒”奠定了基础。

第一节　奉命到琼，改组琼崖党组织

1928 年 6 月 16 日黄学增从海口行抵位于乐会第四区的琼崖特委机关。[1]1927 年琼崖“四二二”事变后，中共琼崖地委根据广东省的指示，立即将地委机关撤往乐会县第四区（现琼海县阳江镇一带），城市基层党组织疏散隐蔽，转入地下活动。这是琼崖地委机关第一次从城市撤往农村。其实根据省委的安排，黄学增早就应该在 4 月来琼崖了——4 月 13 日在香港召开的省委第一次扩大会议上，黄学增在选举为正式委员时，标示的身份就是“琼”地。只不过因为宝安暴动迟迟无法进行，故他奉命先到宝安处理暴动后再过来琼崖的。此时的琼崖一方面承受着省委的重托，另一方面却是形势严峻，国民党军步步迫近，生存压力巨大。

[1]《中共广东省委巡视员黄学增给省委的报告——琼崖特委改选、过去工作错误和红军活动情况》（1928 年 7 月 16 日），中央档案馆、广东省档案馆：《广东革命历史文件汇集》（中共广东区委文件，一九二八年四），1982 年 11 月，第 155 页。

如1928年2月25日，奉命而来、后担任中共琼崖特委书记的李源，曾在给省委报告中指出："我十五日到，至今日二十五日足有十天之久。在我未到前，以为琼崖的工作很好，省委天天都说琼崖有五县，大有可能夺取全琼崖，不知我到后一看，所得的不确说你知，完全是我们力量只有一个陵水县，是整个有，除陵水外还有万宁十分之八是我们，乐会十分之八是我们，文昌、琼山十分之八是我们，其余西路澄迈、临高、儋县、昌江、感恩等县，除澄迈外，其余都是未有后〔厚〕点基础的。至到海口，以前以为海口真是大罢工，我到海口一看方知海口的群众运动可说宜布死刑。这种情形看来的条件，是否有可能夺取全琼崖的吗？"同时琼崖"党部及各级指导机关不健全。每个指导机关都充满了机会主义的遗毒和军事投机的倾向"。且"党员成分不甚好，虽然表面上工农同志占百分之七十，但是其训练未有，可以说未有什么作用的，都挂名C.P.一个，数量确是多，质量上很少"。而"万宁失败原因完全是犯了机会主义和军事投机的倾向（如陵水县部队到来帮助他们）。日期、动作经已规定，临时变更，又不通知陵水方面，使陵水部队打进城去，不见万宁方面动作，至到恐慌退出。后至万宁方面见得陵水部队攻入城去，他们马上动作起来，又打入城去。又不见陵水部队又恐慌而退出，攻入二次都是犹豫不定，所以结果被敌人冲锋而出，这时就打了败仗。你们说是气死人不气死人呢？这种机会主义遗毒真是气死人呵！""现在我们特委住在地方，几乎连火柴、火水、油、纸笔，一切工业品都买不到用。"[1] 2月28日，与李源同时从省委而来的黄雍也在给省委军委的报告里提及："琼崖的情形，与前在港所言的全两样，各地的暴动尚是局部的消极的，各级党部更是存了'一次暴动应得到相当利益的失败主义观念'，因此，每次暴动后的损失看得非常之重，失败后被劫的乡村不特群众不敢去，同志也不敢去"；"各级党部对于暴动不能

[1]《李源给省委的报告—来琼经过、琼特工作情况及二次代表大会情形》，中央档案馆、广东省档案馆编：《广东革命历史文件汇集（中共琼崖、南路特委文件）》（1927—1935），1983年12月，第56—62页。

绝对的执行命令，总是取种敷衍的形式。同时各级党部无互〔通〕的精神，每每一区的事二、三区不知道，因此敌人可用各个击破的方法来进攻。”“农军与红军及民众，现在每人都存有敌来我去的观念，甚至于一听敌人两字，即争先恐后上山逃命！”[1]到了3月，随着国民党蔡廷锴部的到来，琼崖革命形势更为严峻。“3月中旬，国民党广东当局派其第十一军第十师师长蔡廷锴率领所部第二十八、二十九、三十3个团及谭启秀独立团一个营共4000余人，分批到琼。”“便对‘围剿’革命做出军事部署，以何清雅、莫如恕、邱海云分别率领的东、中、西三路联防大队为先锋，采取各个击破战术，步步向东、中、西各路革命根据地进逼。”“时琼崖红军仅1400余人，其中东路红军600余人，分驻在乐会、万宁、陵水；中路红军300余人，分驻在琼山、文昌、西路红军400余人，驻在澄迈。根据突变的形势，中共琼崖特委立即决定将‘琼崖之东路、西路、中路势力会合起来，发展定安工作，夺取定安区域，以为琼崖中心根据地。’‘切实整顿工农武装，将原来的工农红军编为一个师，东、西、中路各组成一个团’，农民赤卫队统一于红军各路指挥之下。在农村，继续加强苏维埃政权建设，深入开展土地革命；在城市，继续开展工运、兵运，组织暴动，骚扰和打击敌人。但由于敌人进攻已经开始，琼崖特委来不及实行整编部队并向定安会合的计划，只好立即改变决定，号召‘各路红军就地机动作战，军民配合，粉碎敌人的‘围剿’，保卫革命根据地，保存琼崖革命力量。”[2]“中共琼崖特委决定工农红军东路总指挥梁秉枢率领当时在陵水的部队北上乐会、万宁革命根据地，只留少数兵力配合赤卫队保卫陵水革命根据地。这时，王昭夷为国民党琼崖南路‘剿共’总指挥、崖县县长王鸣亚所收买，勾结起来进攻陵城。因敌强我弱，陵水县委、县苏维埃政府为了保存革命力量，于3月29日率领农军500多人主动撤出陵水县城。一路由中共陵水县委

---

[1] 中央档案馆、广东省档案馆编：《广东革命历史文件汇集（中共琼崖、南路特委文件）》（1927—1935），1983年12月，第71—73页。

[2] 中共海南省委党史研究室著：《中国共产党海南历史》，中共党史出版社，2007年，第124页。

书记许邦鸿带领撤到北区的港坡、马村、彭谷园一带；另一路由县委委员黄振士带领，撤到西区的东光村一带。历时4个月的苏维埃县城又被敌军占领。”[1]

而大革命失败后，中共广东省委对琼崖的期待却是非常高的。“琼崖是目前广东工农革命扩大各路暴动割据局面向广州发展夺取全省政权为重要的区域之一。”[2]“琼崖是目前广东工农革命扩大各路暴动割据局面的重要区域，亦〔因〕目前反动军队民团和一部分土匪在琼崖的统治并不统一，再加以乡村多为农民割据，城市形成孤立，乡村经济（农产品和购买力）对城市封锁，军队饷源枯竭，商业停顿，军阀、地主更没有方法维持他们长久统治，故琼崖工农群众在我们党的领导之下只要团结一致，以有组织的统一力量必能战胜敌人散乱而无组织的力量，实现夺取全岛的计划。”[3]但由于种种原因，琼崖暴动并没有达到非常理想的效果，此多少令省委对琼崖特委工作的不满意。如1928年1月中共广东省委回复琼崖特委的信提到：“还没有能够深入土地革命，就是杀豪绅地主等初步工作，都没有做得充分”；“深入土地革命完成全岛的暴动才是你们主要的任务。尤不应该以为必须这个军事计划成功，然后暴动才有把握，这完全是军事投机的观念，应该绝对打破的。”[4]又如4月的信件中也提到：“琼崖全岛暴动计划之未能实施，特委负着很大的责任，第一，特委该求省委转去新军事计划，急速地将陆〔陵〕水攻下取得一出海港口，专待外来接济，而停顿了暴动中心区域万宁、

[1] 中共海南省委党史研究室著：《中国共产党海南历史》，中共党史出版社，2007年，第126—127页。

[2]《中共广东省委琼崖工作计划大纲》（1928年4月），中央档案馆、广东省档案馆：《广东革命历史文件汇集》（中共广东省委文件，一九二八年·二），1982年11月，第395页。

[3]《中共广东省委扩大会议政治任务及工作方针决议案》（1928年4月13日通过），中央档案馆、广东省档案馆：《广东革命历史文件汇集》（中共广东省委文件，一九二八年·二），1982年11月，第208页。

[4]《中共广东省委复琼崖特委信——关于深入土地革命、发动农民暴动问题》（1928年1月20日），中央档案馆、广东省档案馆：《广东革命历史文件汇集》（中共广东省委文件，一九二八年·一），1982年11月，第113、121页。

乐会的夺取和向北发展以完成全岛暴动。”[1] “琼崖党的组织，发展得也较普遍，农民群众参加暴动的数量和对于暴动夺取政权的要求，都日益扩大，只是琼崖的斗争经过较海、陆丰尚久的时期，在敌人动摇而恐慌的统治下终不能完成全岛暴动夺取全岛的政权的缘故。的确在政策上、在工作布置上都还犯有很严重的错误。”[2] “省委在这里应该严重的忠告于琼崖特委及全体同志：蔡廷锴部是琼崖暴动目前最重要的敌人，蔡廷锴对我们的进攻，就要开始了。我们现在的责任，应该用全力很快地去消灭他这个部队，绝对没有回旋的余地了。如果我们现在不消灭他，他就要拼命去镇压全琼的暴动。”[3]

正是在如此背景之下，黄学增在处理完宝安暴动之后，急急赶到琼崖。

根据7月16日黄学增写给中共广东省委的报告，在来到琼崖不够一个月的时间里，黄学增“由乐会而万宁，由万宁而乐会，对内对外都做过许多工作。”虽然如此，“可是琼崖工作过去太坏，一时确难医治，故我虽如此努力，亦未能收得若何效果。”这可能是黄学增比较谦虚的说法，但根据省委与琼崖之间的互动，似乎又是实际的。如1928年“5月3日，中共琼崖特委在省委一再催促下，召开了第二次扩大会议，贯彻省委扩大会议和省委指示信的精神。”[4] 7月4日中共广东省委给中央的报告中也提到：“琼崖自蔡廷锴到后，同志即发生相当恐慌，加以蔡廷锴对付我们的策略，布置非常周密……然后才开始向我们进攻……特委对蔡师进攻，毫无策略，加以一部分同志之叛变，及同志对特委之不满，致应付着着失策，以致步步退守。最近东路乐会、万宁，特委在乐会四区已受敌人包围，且决以二

[1]《中共广东省委扩大会议政治任务及工作方针决议案》（1928年4月13日通过），中央档案馆、广东省档案馆：《广东革命历史文件汇集》（中共广东省委文件，一九二八年·二），1982年11月，第192页。

[2]《中共广东省委琼崖工作计划大纲》（1928年4月），中央档案馆、广东省档案馆：《广东革命历史文件汇集》（中共广东省委文件，一九二八年·二），1982年11月，第395页。

[3]《中共广东省委致琼崖特委信（琼字第二号）》（1928年4月26日），中央档案馆、广东省档案馆：《广东革命历史文件汇集》（中共广东省委文件，一九二八年·二），1982年11月，第387页。

[4] 中共海南省委党史研究室著：《中国共产党海南历史》，中共党史出版社，2007年，第128页。

团人力企图彻底解决我们。在这危险情形之下，省委曾详细讨论，除即派黄学增同志去主持一切外，对工作的决定是："特委应马上改组，坚决领导群众反攻，明白告诉群众除反攻无出路，并且应切实调查民众的生活状况，抓住实际的问题，鼓动反攻，同时在海口以及东路、中路无条件的发动兵变，以摇动敌人军心，海口、琼山要创造出真正的群众暴动来。"[1] 此报告其实也披露，黄学增到琼崖来仍是中共广东省委经过详细讨论的结果，是经过非常慎重的考虑。[2] 似乎黄学增并没有辜负省委的期望，他顶着种种压力，根据省委的指示，以及调研获得的信息，首先在琼崖特委内部组织改组着手。"特委已于六月五日召集全琼第三次代表大会改组选举新的特委。这次大会由各县党部要求，各地党部因为看到旧特委太无能力而且权力平日太过集中，一切事情都由一、二人包办（指文明、文淹），他们专是感情用事，各地党部及许多同志提出什么意见都不容纳（一般同志是这样说），以致党内显然分出两个派别，一个是'文派'一文明，一个是'反文派'（在港时 × 伦同志报告琼崖党是多数派与少数派，其实就是'文派'与'反文派'），许多同志因为不满意旧特委之故，或负气幼稚，或消极归家，凡此种种，都使各地党部及许多同志不得不要求召集第三次代表大会来改组。此次改组可以说在于推翻文明与文淹两人，可是到会代表各地来得太少，近地的多数又为所谓'文派'包围，改组结果，虽然亦有许多新分子参加，但文明与文淹两人仍当选为新特委的常委委员。因无人才之故，又以文明照旧当特委书记，于是许多同志仍然失望。我到以后，即召集特委扩大会议，再行改组，我明白指出文明与文淹两人须退出特委，以文明去当琼革委主席，文淹调去省委另由省委分配他的工作（因许多同志太不满意文淹，

[1]《中共广东省委给中央的报告（第四号）——关于夏收暴动的策略和各路、各重要城市的工作及反帝运动情形》（1928 年 7 月 4 日），中央档案馆、广东省档案馆：《广东革命历史文件汇集》（中共广东区委文件，一九二八年·四），1982 年 11 月，第 28—29 页。

[2] 叛徒陈骏业 1933 年向国民党供述，黄学增在来琼前在共产党内"地位颇高"。见《琼崖共首之自述》，（国民党）广东琼崖绥靖委员公署印行，1933 年 3 月，藏于广东省档案馆。这从另一个侧面，说明当时中共广东省委对琼崖工作谨慎与重视。

故有此意见）。后文明诸人坚决反对文淹调去，以为他是能做宣传工作，如调他去即无人能负党的宣传工作（未必如此），结果，仍以文淹当宣委书记。特委经此改组之后，各地同志已无怨词，并有同志以私人名义写信给我说：'从此以后，琼崖的党当有一个新生命'"。[1]有回忆文献提到改组后琼崖特委的情况："（1928年）本年夏，中共广东省委派黄学增同志担任中共琼崖特委书记，加强特委，从各县增选一些领导干部任特委委员：王文明（兼琼崖苏维埃政府主席）、冯白驹、官天民、陈大基、杨树兴、黄照麟、梁秉枢、罗文淹、何毅、郭儒灏、陈骏业、符明经、林树芹、黄振士（黎族）等。这是第三届特委。团特委书记原是琼东县团书记黄心源，委员韩托夫（财源）等。"[2]或许，也正是这次改组，触动了一些当地人情绪，致使一些后人给黄学增非常非常不公正的叙述，如有言："16日，在乐四区召开琼崖特委扩大会议，改组了产生不到半个月的新特委，由黄学增任书记。黄学增强调要加强党的无产阶级意识，在特委成员中增加了工人成分，但把一部分久经考验的坚持农村根据地斗争的优秀知识分子干部排除出特委领导班子之外，让王文明改任琼崖革命委员会主席。"[3]似乎将后期琼崖革命遭受到一定挫折的负责归结于黄学增。胡适在其所著《实验主义》一文中认为历史"实在是一个很服从的女孩子，他百依百顺地由我们替他涂抹起来，装扮起来。"[4]但真实的历史一定是需要建立在史料的基础上，并有前后语境之下，才能成为信史的。若没有史料，纯靠"扣帽子"的方式，以及脱离前后背景的所谓"历史"一定不会流传下去的。这些当地地方文献却不结合历史背景，甚至还利用黄学增报告中部分，脱离前后语境，

---

[1]《中共广东省委巡视员黄学增给省委的报告——琼崖特委改选、过去工作错误和红军活动情况》（1928年7月16日），中央档案馆、广东省档案馆：《广东革命历史文件汇集》（中共广东区委文件，一九二八年.四），1982年11月，第156—157页。

[2] 郑放整理：《海南革命斗争大事纪要（上）（1909—1937年上半年）》，琼岛星火编辑部：《琼岛星火》第二期，1980年，第76页。

[3] 中共琼海市委党史研究室著:《中国共产党琼海历史》(第一卷)(1921—1950)，中共党史出版社，2012年，第96页。

[4] 胡适:《实验主义》，载欧阳哲生主编:《胡适文集》第2册，北京大学出版社，2013年，第206页。

给予黄学增非常不公正的评价，这是非常不应该的："他（按，指黄学增）虽然也看到当时琼崖危急的局势，并进行了多方面的整顿，但由于盲目地坚持推行省委的'左'倾盲动错误路线和政策，按照省委关于开展夏收暴动的指示，到处组织反攻敌人，结果付出了更大的代价。由于敌人围攻加剧，革命根据地越来越小，在重重困难面前，以琼崖农村革命根据地工作丧失信心，因此把希望寄托在开展城市工作上，提出一个月内将特委移到靠近海口市的琼山县去"；[1]"黄学增对建立农村革命根据地信心不足，认为'特委在乐四实在是盲目一样，不能指导全琼工作'，决定'一个月内将特委移去琼山'。在敌人'围剿'日益猖獗的情况下，作出特委领导机关即将撤离革命根据地的决定，动摇了军民反'围剿'斗争的信心，从而使琼崖革命事业面临着危机"。[2]历史虽然是过去的事情，但如果我们不尊重历史事实，若不依据历史史料来叙述历史，那，对历史的教育功能是没有什么作用的，甚至会产生极坏的影响。

"乐四"即是乐会第四区，是一个非常具有革命传统和基础的根据地，自"四二二事变"琼崖特委搬迁过来后，"乐四"区革命工作有成效地开展着，1928年1月，"乐四"的革命工作获得中共琼崖特委的高度评价："民众组织尚以乐会、万宁、文昌、琼山等县为最好"；"农会以在东路一带为较好。尤以万宁、陵水、乐会等县之农会为最有权威"；"区苏维埃最有成绩者，为乐会第四区"。[3]但是随着形势的变化，至2月时任琼崖领导人的李源向省委的报告时即有如此的说法："现在我们特委住在地方，几乎连火柴、火永、油、纸笔，一切工业品都买不到用……关于特委住在地被敌人封锁很利害，

[1] 中共海南省委党史研究室著：《中国共产党海南历史》，中共党史出版社，2007年，第134—135页。

[2] 中共琼海市委党史研究室著：《中国共产党琼海历史》（第一卷）（1921—1950），中共党史出版社，2012年，第96页。

[3]《中共琼崖特委给省委的报告（第六次）——政治形势、党务工作、群众运动、军事概况》（1928年1月25日），中央档案馆、广东省档案馆：《广东革命历史文件汇集》（中共琼崖、南路特委文件，一九二七～一九三五），1983年12月，第34—35页。

什么消息都不知，请省委多多以给消息”。[1]而黄学增报告里也提到：“乐会全县各区均为敌人占领，特委及琼革委所在之乐四，亦被敌人四面进攻，局面非常严重”，即使如此，黄学增还是坚定着，认为这些困难“仍未能摇动我们”，并决定“在未移去以前，先将万宁、乐会两县委弄健强起来，琼革委党团亦须能干，使特委转去后，不影响到万宁、乐会及琼革委的工作。”以黄学增为领导的琼崖特委这个决定，实际为王文明为主席的琼革委预留了非常大活动空间，也明确要求“琼革委党团亦须能干”，必须担负起自己的责任来！特委的决定不会影响到琼革委的工作的。同时为了加强乐会、万宁及琼革委的工作，还“决定乐会、万宁各组织二连共四连”红军，并建立了琼革委党团。这为后期王文明率领琼崖苏维埃政府转移定安县南端母瑞山，开辟新的革命根据地，继续坚持斗争奠定了坚实的基础！事实上，在国民党“宁汉合流”之后，中共即将武装反抗国民党反动派作为斗争的方针，何处不是血雨腥风呢？故黄学增领导的琼崖特委面临重重包围的局面，他们并没有动摇，并没有丧失信心！一方面国民党的力量大大地超过了革命的力量；在琼崖，“敌人有正式军队、乡村联团、城市商团、县兵、土匪等”；“敌人军队约三千，民团县兵约三千，土匪约一千人；我们的红军一千二百人，农军三千人，刀串队约数万人”。且“敌人的子弹甚充足，我们的则十二分缺乏。”[2]另一方面，在面临重重包围局面时，中共琼崖特委还面临另一个问题就是内部问题：在乐会，“我们党内第四区变去一个区委委员及赤卫队大队长，第三区变去常委二人，C.Y. 区委书记亦变去，各乡仍有支部负责人叛变，特委叛变去一个交通员。除交通员枪毙外，其余均

[1] 中央档案馆、广东省档案馆编：《广东革命历史文件汇集》（1927—1935），1983 年 12 月，第 55—62 页。

[2]《中共琼崖特委代表在中央会议上的报告——去年四月至现在琼崖斗争情况综合》（1928 年），中央档案馆、广东省档案馆：《广东革命历史文件汇集》（中共琼崖、南路特委文件，一九二七～一九三五），1983 年 12 月，第 101 页

投到敌人方面当向导，因此我们一举一动敌人都知道，敢于深入进攻我们。”[1]后面乐会发生的事也证实黄学增的判断：“8月下旬，国民党军由叛徒冯书生带路，经分水、深淡、东排枝开进阳江墟，将沿途村庄烧成瓦砾场。东排枝村老幼数十人全被杀害，无一幸免。国民党占领阳江后，连日烧掠屠杀，乐四苏区腹地的土地岭、加造、沙帽、荔枝塘、宝墩等30多个村庄全被烧毁，夷为平地。国民党军还拆毁了不少民房，将土木材料运到阳江修筑炮楼。乐四区被笼罩在白色恐怖之中。此时，中共琼崖特委和琼崖苏维埃政府机关撤向中平仔山区。”[2]因而，黄学增决定撤离特委机关地址，并非是什么“在敌人‘围剿’日益猖獗的情况下，作出特委领导机关即将撤离革命根据地的决定，动摇了军民反‘围剿’斗争的信心，从而使琼崖革命事业面临着危机”。而是针对环境的变化，作出灵活处理的工作手法，有效地保存琼崖革命力量。毫无疑问，作为一名杰出的领导干部是必须具有草摇叶响知鹿过、松风一起知虎来、一叶易色而知天下秋的见微知著能力，对潜在的风险有科学预判，否则，风险来临将会非常被动，真的就是不知如何处理，就只能是坐以待毙了！

经过黄学增与特委的领导下，琼崖各方面工作获得一定的进展。至8月琼崖的党组织已在乐会、万宁、琼东、琼山、陵水、文昌、定安、澄迈等县建立了县委，并建立了67个区委，10个特别支部，712个支部，党员26913人；[3]当时广东全省的党员数量为64229人。已建立的政权组织有乐会、万宁、陵水、琼东等县苏维埃政府和文昌、定安等区、乡苏维埃政府；军队有红军7个连，1200余人，农军3000人，刀串队数万人；同时琼崖苏维埃政府也于七八月间成立了。“琼崖苏维埃本定期十五日成立，因军事

[1]《中共广东省委巡视员黄学增给省委的报告——琼崖特委改选、过去工作错误和红军活动情况》（1928年7月16日），中央档案馆、广东省档案馆：《广东革命历史文件汇集》（中共广东区委文件，一九二八年四），1982年11月，第160—161页。

[2] 中共琼海市委党史研究室著:《中国共产党琼海历史》(第一卷)(1921—1950)，中共党史出版社，2012年，第100页。

[3]《广东全省党的组织统计》（1928年8月7日），中央档案馆、广东省档案馆：《广东革命历史文件汇集》（中共广东省委文件，一九二八年·五），1984年1月，第109—111页。

影响未能，至迟在此月内要成立，各县均决定成立苏维埃，一律取消革委。”[1]关于琼崖苏维埃政府成立的具体时间，我们可以从时人冯白驹的《琼崖群众对琼崖第二次代表大会应有认识》一文中得到线索：“琼崖苏维埃政府是琼崖工农兵以及一切劳动群众的政府……她在琼崖已经二年时间的历史。在这二年的时间当中，她领导全琼崖的革命群众向琼崖的反动政治冲锋陷阵……建立了定安、琼东、乐会、万宁、陵水五县的苏维埃区域……”“琼崖苏维埃政府正将在今年八月十二日二周年纪念中，召集她全琼第二次代表大会，检阅她的主观力量，讨论和决定她今后的工作任务”之内容；[2]由之推知琼崖苏维埃是在 1928 年 8 月 12 日前后建立的。由此可见，黄学增自然是琼崖苏维埃政府的创始人之一。后来，琼崖苏维埃政府及其下属苏维埃政府在带领琼崖民众反抗压迫、争取解放的道路上发挥巨大的作用。可以讲，黄学增播下的革命种子为琼崖革命的推进发挥巨大的作用！如 1929 年 12 月 10 日琼崖苏维埃政府发布第三号布告曰：“为布告事，照得琼崖的豪绅地主资产阶级国民党，这三年以来，压迫、屠杀工农群众无所不用其极，勒办民国，施行保甲、强迫移民、罚款派饷、苛捐杂税层出不穷，种种罪恶罄竹难书。本政府当此紧急关头，应就领导全琼崖群众起来肃清一切反革命势力，解除种种痛苦，完成夺取琼崖的任务……在不妨碍革命范围内，决不妄加杀戮，如有自动起来杀死反革命领袖及携枪出来和工农合作，本政府必奖励……在夺取政权的苏维埃区域内，退伍兵士一律发给土地，使得乐居乐业。”1931 年 6 月 25 日发布第六号通令说道：“红军第二独立师部、琼崖互济会、琼崖反帝大同盟，仍然要保存他已有全国系统的组织，直接受上级的指挥，然一方面，也是受当地最高苏维埃政府指导。现琼崖革命军事委员会取消，

[1]《中共广东省委巡视员黄学增给省委的报告——琼崖特委改选、过去工作错误和红军活动情况》（1928 年 7 月 16 日），中央档案馆、广东省档案馆：《广东革命历史文件汇集》（中共广东区委文件，一九二八年·四），1982 年 11 月，第 164—165 页。

[2] 转中国人民解放军历史资料丛书编审委员会编：《中国人民解放军历史资料丛书·土地革命战争时期各地武装起义·广东琼崖地区》，解放军出版社 1996 年，第 341 页。该文原登载于 1930 年 7 月 10 日出版的《琼崖红旗》第 1 期。

以后红军第二独立师部直接受本政府指挥，所有关于红军组织编制、政治训练、军需生活，及一切行动等随时报告本政府，以便加以指导。”而在同年8月10日第十一号通令中，又言：“标语是根据政治经济有合于革命性的语言书写成简要警惕的文字宣传与鼓动，同时要站在无产阶级的立地上而合时间空间性的……本政府特通令各级苏维埃各革命团体，以后关于张贴标语，须依照本政府所印发的口号书写张贴。如要书写当地情形的标语，须详细讨论指出，交上级阅核后才书贴，不宜随随便便的写贴为要。”[1] 1929年10月21日，在黄学增牺牲不久，琼东县苏维埃政府对外发布了“为击毙陈昌海告全县民团书”：“全县的民团兄弟们！今天是本苏维埃政府武装同志击毙陈昌海的日子，我们为什么击毙他呢？因为陈昌海是第四区最凶恶的反动第八甲甲长，他屠杀摧残和剥削第八甲的民众，比任何甲都较残酷，他除白日勒剥买枪费每户三十九元，炮楼费每户十元、团费每户每月普通三元、什么戏捐每户壹元并各项捐税无算外，还有黑夜在下田牛厌岭等村放去农民牛没收，在本月五日更勾引军团前往文里、梅埇、平坦等村抢掠，并捕去文里村农民黄先觉一名（现闻打死），种种罪恶实纪不胜纪，他的凶恶不但第八甲民众恨之入骨，就全区的民众都欲食其肉而寝其皮，本苏维埃政府为解放农民，不得不击毙之，以除民害，可是我们所击毙的反动（分子），是甘心为军阀官僚地主阶级的走狗屠杀压迫民众和摧残革命最热烈的领袖而为民众最仇恨者，我们才击毙之，否则我们以宣传感化，听其觉悟同情或投入革命这方面来。 全县的民团兄弟们！我们击毙[陈]昌海是因为他有以上的凶恶才方戮杀，你们没有如[陈]昌海那样的凶恶，我们不但不愿意杀你们，还望你们从速觉悟，投入革命与我们共同合作，推翻国民党军阀资产阶级的统治，建立工农兵贫民的苏维埃政权。因为目前中俄决裂，国民党军阀又起战争，正是我们工农夺取政权的极好机会，希你们毋庸顾

---

[1] 中共广东省海南行政区委员会党史办公室、广东省海南行政区档案馆编：《琼崖土地革命战争史料选编》，1987年8月，第380、429、436页。

虑迅速猛醒！　琼东县苏维埃政府。”[1]

第二节　整顿、恢复组织与领导琼崖人民进行武装战斗

中共琼崖特委改组后由黄学增担任特委书记，特委原书记王文明改任琼革委主席，军队方面取消东、中、西各路名目，一律改为红军第几连，在每一县暂设一营长指挥，各连所有红军，均在军委指挥调动之下，并决定暂停反攻敌人，扩大……与游击暴动带领琼崖民众进行持续的斗争。同时，针对琼崖武装斗争的主力“红军因衣食不给，一年疲劳，负病甚多，子弹缺乏”的概况，黄学增恢复军械局子弹制造，“再从物质上虽为改良红军生活，使红军真能作用起来”。[2]举措这也适合省委军委的要求：“军委在十二常会中根据上面的情况有下列的决定：1. 党的整顿改组，由省委决定之；2. 避免大部队之战争；3. 积极发展赤卫队的组织；4. 注意红军的休养；5. 子弹运输补充。”[3]当然这里面是难度非常的：“目前食饭问题真是困难万分，医院有百余人无药医亦无饭食，各地逃难同志时常百余二百不能分配到各地工作，亦无饭食，军械局工人不得饱食亦不肯做工，其余红军伙食，各机关伙食，真想无法可想要哭起来！然无法之中，仍须设法。”时任特委委员魏宗周在回忆当时的黄学增时，曾沉痛地说道：“他个子不大，近视眼，黑黑的，很瘦弱，很能吃苦，当时粮食紧缺，大家都吃稀饭，

---

[1] “为击毙陈昌海告全县民团书”，海南省档案馆藏。

[2]《中共广东省委巡视员黄学增给省委的报告——琼崖特委改选、过去工作错误和红军活动情况》（1928 年 7 月 16 日），中央档案馆、广东省档案馆：《广东革命历史文件汇集》（中共广东区委文件，一九二八年·四），1982 年 11 月，第 162、164 页。

[3]《中共广东省委军委给中央的报告（第一号）——关于东江、琼崖红军的过去和现在情形》（1928 年 7 月 28 日），中央档案馆、广东省档案馆：《广东革命历史文件汇集》（中共广东区委文件，一九二八年·四），1982 年 11 月，第 255—256 页。

他每顿都让我们先吃，他继续工作，等我们吃完后他才吃。”[1] 为了使省委反攻策略能够实现，琼崖需从新组织红军和赤卫队，发动农民及同志，从根本上改造各地党部，成立琼崖苏维埃及各县苏维埃，然后一律取消军委。鉴于琼崖特委在乐会第四区，“亦被敌人四面进攻，局面非常严重”，“不能指导全琼工作”，特委决定在一个月内“移去琼山并派建初同志去布置”。但在特委“未移去以前，先将万宁、乐会两县弄健强起来，琼革委党团亦须能干，使特委移去后，不影响到万宁、乐会及琼革委的工作”。为了加强乐会、万宁及琼革委的工作，琼崖特委决定在乐会、万宁各组织二连共四连红军，同时建立了琼革委党团。[2] 同时为了保存实力，解决断粮问题，还支持部分同志、进步农民及红军兵士上山开辟基点，[3] 为保存琼崖后继力量而保护火种。

在此期间，中共广东省委“决定海口、琼山合并，组织一健全之县委，并指导向澄迈方面发展。琼山县委书记，省委已去函特委指调陈大机同志前来担任，并主持改组。省委并指定（冯）继周（按，即冯白驹）、（冯）裕江、（严）风蛟、黄善藩诸同志为县委委员。此外尚可由你们召集代表会议，民主选举县委委员。黄善藩同志特别负向澄迈发展之责。”“琼山县委，须在海口或其附近。须特别注意海口府城之工作，指定专人负责”；[4] 在7月17日，中共广东省委继续指示琼崖特委应以海口至嘉积一带城镇为工作中心，开展琼崖革命活动。毕竟“琼崖的暴动，不可只看重农民土地革命的口号，

[1] 转陈立超：《农民运动领袖黄学增：琼岛埋英魂 碧血耀千秋》，载《海南日报》2019年7月8日B02版。

[2] 中央档案馆、广东省档案馆编：《广东革命历史文件汇集》（中共广东区委文件，一九二八年·四），1982年11月，第163—165页。

[3] 中央档案馆、广东省档案馆编：《广东革命历史文件汇集》（中共广东区委文件，一九二八年·四），1982年11月，第260页。

[4] 中央档案馆、广东省档案馆编：《广东革命历史文件汇集（中共广东省委文件）》（中共广东区委文件，一九二八年·四），1982年11月，第289页。

实际工人改良生活问题要看得更加要紧”。[1]同时在9月25日还作如下的指示：“特委须注意强健城市党支部，并须有职运有独立指导机关与独立经费。特委要执行上述指导，必须注意将重要城市党的市委或区委支部健全起来。”[2]但早八月，以黄学增为书记的琼崖特委根据实际环境以及之前的指示，即已将海口市委重新健全起来。同时黄学增并非教条主义式的全部照搬省委文件，将琼山与海口两组织合而为一，而是根据客观实际，继续保留琼山县委和海口市委两基层组织，以助当地革命斗争的有效开展。琼山县委一直保持着；[3]对于中共海口市委，有回忆录提到：“一九二八年八月，中共琼崖特委书记黄学增在海口白沙乡三旺村陆国宪家秘密召开党员会议，成立海口市委。参加会议的有：严鸿蛟、陆国宪、苏天春、谭荣光、潘子裕等。严鸿蛟被选为书记，潘子裕当交通员，负责同琼山县苏维埃政府和东排溪郊区联络。年底，严鸿蛟往羊山开会，半路上被敌军搜捕去府城，成为可耻的叛徒。”[4]里面提及的苏天春是黄学增的邑人，长期在南路从事农运活动。至于中共海口市委的情况，在5月10日报告时，“市委所管下的党部有四个区委——海口区委、市郊区委、府郊区委、府郊二区委。有两个特支——府城特支、兵士特支。同志共有六百八十人”。[5]省委还专门指派利春作为

[1]《中共广东省委致琼崖特委信——改变工作布置以继续暴动》（1928年7月17），中央档案馆、广东省档案馆编：《广东革命历史文件汇集（中共广东省委文件）》（中共广东区委文件，一九二八年·四），1982年11月，第168页。

[2]《中共广东省委、团广东省委致琼崖特委信》（1928年9月25日），中央档案馆、广东省档案馆编：《广东革命历史文件汇集（中共广东省委文件）》（中共广东省委文件，一九二八年·五），1984年1月，第290页。

[3]《中国共产党广东省组织史资料》（上册）（中共广东省委组织部、中共广东省委党史研究室、广东省档案馆编，中共党史出版社，1994年，第150—151页）载：琼山县委书记1927年秋至1928年12月为冯白驹；1928年12月至1929年7月为陈秋辅。

[4]王炳桂：《海口早期的工人运动（1923年—1929年）》，琼岛星火编辑部：《琼岛星火》第二期，1980年，第134页。

[5]《中共海口市委给省委报告（第一号）——市委成立四月来的工作情况》（1928年5月10日），中央档案馆、广东省档案馆编：《广东革命历史文件汇集》（中共广东北江、西江、琼崖等县、市委文件，一九二八～一九三一），1982年12月，第460页。

琼崖特派员来海口指导工作，计划发动暴动。[1]可惜的是，不久，利春被捕牺牲。中共广东省委“夺取海口”计划停止，海口市委准备发动的第二次暴动计划流产。[2]省委对此也颇为不满：“在蔡廷锴部进攻革命势力的时候，士兵表示普遍动摇，而琼崖党部并不设法打进去工作，虽然省委曾经屡次的指示，而琼崖党部置若罔闻。自省委派人到海口工作被破坏牺牲甚大后，琼崖党部更不敢去做这工作，这是极大的错误！”[3]黄学增奉命来琼整顿后，在1928年8月14日，中共海口市委在关于市委已恢复工作等问题致中共广东省委的信中有所提及：“现在海口各负责人住的问题已暂时可解决了。海口市委、工委及海口区委已恢复进行工作（市郊已照原旧工作）……琼山县委和市委现在尚在隔膜中，尚找不着交通前去。”[4]黄学增对改组后的中共海口市委提出，要求中共海口市委要认真贯彻中共广东省委的指示，做好府海地区的城市工作。

1928年7月，中共广东省委一方面要求琼崖“特委必须切实执行省委一切关于群众工作之指示”；另一方面，更想从实际出发，全面规划琼崖的全面工作：“假如不妨碍工作，学增同志能回省委一行，以便切实讨论规划全琼崖之工作，更所希望。”[3]不知黄学增是否能够返回省委汇报工作？但在9月里，中共广东省委与团广东省委共同致信给琼崖特委，承认之前的

---

[1] 中共广东省海南行政区委员会党史办公室、广东省海南行政区档案馆编：《琼崖土地革命战争史料选编》，1987年8月，第52、576页。

[2] 1928年9月3日中共省委文件《中共广东省委给中央的报告（第七号）》提及：“海口　日期六月二十四日。原因：兵委机关开会泄密被破获相继破市委机关等处。”中央档案馆、广东省档案馆：《广东革命历史文件汇集》（一九二七～一九二八），1982年12月，155—156页。

[3]《中共广东省委给琼崖特委、琼崖各级党部的指示——关于形势、组织、宣传、武装、兵运工作等问题》（1929年5月26日），中央档案馆、广东省档案馆：《广东革命历史文件汇集》（中共广东省委文件，一九二九年·二），1982年11月，第67页。

[4]《中共海口市委给省委报告——工作进展及经济情况》（1928年8月14日），中央档案馆、广东省档案馆编：《广东革命历史文件汇集》（中共广东北江、西江、琼崖等县、市委文件，一九二八～一九三一），1982年12月，第477页。

[3]《中共广东省委致琼崖特委信（琼字第七号）——海口、琼山及西路工作，实行红色清乡联防》（1928年7月29日），中央档案馆、广东省档案馆编：《广东革命历史文件汇集（中共广东省委文件）》（中共广东区委文件，一九二八年·四），1982年11月，第260、263—264页。

希望完成全岛割据的指示是错误："自然，省委以前未曾充分注意于应付敌人的正确策略之指示，而过于主观的希望进攻完成全岛割据，这是错误的"；并对琼崖作了一番指示，其中包括整顿与发展工人运动。"若特委能善于保存而且利用现有的力量，同时并且能以最大的决心，使同志从专注意军事转移到更注意群众的工作，使我们的武装与群众的斗争力量汇合，在整个革命高潮到来之时，琼崖便很有把握的可以全岛暴动起来"。要求琼崖"特委要有计划地保留武装力量，以影响帮助周围的群众工作，要决心发展群众工作以保证而扩大暴动的胜利"。而"琼崖以前不注意工人阶级的力量，实在不是一个寻常的错误"，从而要求琼崖特委切实发展工人运动。[1]"琼崖的党目前徘徊于盲动主义与机会主义的道路上，万宁、乐会、定安、琼东四县是在机会主义下工作，因此一切工作均无大的发展，但有个好的现象，就是各县工作差不多都恢复起来，工作仍是连续进行下去，如果能迅速纠正这些错误，工作前途是很乐观的。现在把各县简要情形分述于下：①琼山最近大恢复（已恢复八个区），但工作仍无多大进行，支部会议多不能开，城市工作无头绪，县委力量薄弱，和平发展观念很浓厚。②文昌——失败后同志牺牲两三千人，但现在已有恢复的头绪，特委曾派人去组织临时县委。③澄迈——已恢复五个区工作，县委□不健全。④临高——与澄迈合组县委。⑤琼东——琼崖总暴动失败后，琼东工作原已恢复很多支部，但因重受摧残（秋收暴动），最近亦渐渐重新恢复起来。⑥定安——党支部会议非常普遍，但同志观念不正确。⑦万宁——以前是割据区域，失败后，最近工作已恢复六个支部，有四个区工作有发展，同志精神亦很好。⑧乐会——情形比敌人进攻时较好，大部分工作已恢复，仅第一区未恢复。全县 L.Y. 派很活动，因他们的告密使我们工作受损失（如第三区），县委设于附城，不健全。⑨陵水——因交通困难，工作未有恢复。⑩崖县、感恩、昌江、儋县等，

[1]《中共广东省委、团广东省委致琼崖特委信——最近政治形势与党的政策，琼崖过去的工作教训与今后任务》（1928 年 9 月 25 日），中央档案馆、广东省档案馆编：《广东革命历史文件汇集（中共广东省委文件）》（中共广东省委文件，一九二八年・五），1984 年 1 月，第 279—284 页。

特委已派人前去组织。⑪海口——现在党有四个支部，同志三十余人，观念还好，但对党的政策不明白，不知如何去作。⑫加积——以前已有八个支部，市委破坏后已完全塌台，特委已派人去恢复。”[1]但亦有时人对特委迁移到海口后的工作持保留意见：“琼崖的党的组织自经过去年秋收，敌人之极残酷的普遍的摧残而后，特委点移到海口去（琼崖政治中心），然而与各县之交通则除琼山一县而外，余皆断绝。故各县如中路之文昌、定安，东路之琼东、乐会、万宁、陵水，南路之崖县，西路之澄迈等县县委以（已）和特委隔绝，就这些县之间也不相通，无形中使党的作用等于没有，党的组织仅存其名。县委下之区委支部亦如之。”罗文淹长期在琼崖主持宣传工作，在1928年6月黄学增改组特委时“乃退出特委”。在报告中他也提到“琼崖状况——这项，党当有详细的报告于中央，淹不必再道其详，且也无能再道其详”，“不过这里不能自已于言”而已。[2]不管如何，黄学增在报告中也明确指出：“总之，省委对于琼崖工作，要格外注意，琼崖仍是有最大希望，切不可与前一样等闲视之。”[3]

在琼崖时期，黄学增还积极配合广东省委机构调整，策划南区特委的筹办。1928年11月中共广东省委扩大会议，省委针对形势的变化，计划对机构设置进行调整，有意设立南区特委，以之代替琼崖与南路两特委。“南路、琼崖党都有基础，且经过党的斗争，在群众中的影响，亦已相当深入，但在地域与工作关系上，南路与琼崖是有联系起来的必要。所以，应并设一特委，以海口为中心，兼顾南路与琼崖两地的工作。”[4]“南路与

[1]《中共广东省委给中央的报告（C字二十二号）省委扩大会后到现在的总报告（十二月、一月、二月、三月）》（1929年3月22日），中共广东省海南行政区委员会党史办公室、广东省海南行政区档案馆编：《琼崖土地革命战争史料选编》，1987年8月，第142—143页。

[2]《罗文淹致中央信——个人工作简历及对党的认识，琼崖状况及其前途，对党的几点请求》（1929年6月25日），中共广东省海南行政区委员会党史办公室、广东省海南行政区档案馆编：《琼崖土地革命战争史料选编》，1987年8月，第356—357页。

[3]同上。

[4]《中共广东省委第二次扩大会议关于目前政治任务与工作方针决议案》（1928年11月通过），中央档案馆、广东省档案馆：《广东革命历史文件汇集》（中共广东省委文件，一九二八年·六），1982年11月，第66页。

琼崖合设一特委，以海口、北海为中心，加积市、崖县（两地工人最多）、乐会、万宁、琼山、文昌、定安、儋县、廉江、花县、高州、遂溪、雷州、防城等为应注意的地方。”[1]“这次大会决议重新布置各路工作，定位城市为工作中心，在南路应注意海口、北海两城市工作的发展，并决定将南路、琼崖特委合并迁往海口，指挥琼崖全属及南路各县工作，指定陈△△、张△△、符△△、谢△△、易△△、黄△△、梁△△等七同志为新的特委委员，△△、△△、△△三同志为常委，△△为书记，△△为组织，△△为副书记兼宣传，限在一个月内实行合并，合并后，琼崖、南路二特委名义同时取消，改称南区特委。”[2]恽代英给中共中央的报告，对设立中共南区特委的原因说得比较明了：“南路、琼崖合设一特委，设在海口（或北海），因：（一）就全省地位说，省委不能对南路、琼崖看得特别重要，故为人才、经费均以设一特委为妥。（二）经济影响上，海口实际兼控高、雷、钦、廉；其次，在北海可以控制高、雷，但广州湾决不能成为南路中心。（三）南路交通，海口、北海有直接火轮航线，但两处对广州湾均只帆船来往；南路、琼崖合并，交通并无特别不便之处——又特别指出南路要注意北海、琼崖于海口外，要注意崖县（三亚港）。”[3]将雷琼并合发展、管理，这个构思、战略，即使在黄学增牺牲后的1930年5月，广东省委仍在促进这个策略的推进：“琼崖的党，她不仅要完成全岛夺取，完成全琼地方暴动，而是〔且〕要与全省各地斗争力量汇合起来，以争取一省和几省政权的首先胜利。在琼崖的斗争，总的发展路线，应由高雷向广州发展，以与全省暴动势力汇合。对于南路高

[1]《中共广东省委第二次扩大会议关于党的组织问题决议案》（1928年11月通过），中央档案馆、广东省档案馆：《广东革命历史文件汇集》（中共广东省委文件，一九二八年·六），1982年11月，第200页。

[2]《中共广东省委致琼崖特委信（指字第一号）——关于成立南区特委以及中心工作》（1928年11月29日），中央档案馆、广东省档案馆：《广东革命历史文件汇集》（中共广东省委文件，一九二八年·六），1982年11月，第271—272页。

[3]《恽代英给中央的报告——广东省委扩大会议的经过和内容》（1928年12月3日），中央档案馆、广东省档案馆：《广东革命历史文件汇集》（中共广东省委文件，一九二八年·六），1982年11月，第283页。

雷的工作，省委除了积极去布置外，琼崖与南路不论政治、地理上均有密切的关系。故特委从现在起即要负起创造和恢复南路党的工作的一部分责任，切实计划派人到北海和广州湾去工作。这一工作是要特委切实注意的。”[1]正是居于此原因，原计划将特委迁移至琼山地区的黄学增遂将特委搬迁至海口。1928年“12月初，由黄学增率领，琼崖党团特委机关撤离中平仔，迁出乐会四区，搬到海口，以海口为中心指导琼崖工作”。[2]但由于中共南路特委在1928年12月受到严重的破坏，黄平民、朱也赤等人被捕及杀害，“负责同志差不多全部牺牲，一切工作完全停顿”，南区特委“因为这个关系，南路二特委合并的计划，至今尚未实现”。[3]至少到1929年3月，南区特委尚未完成合并工作。

或许因为琼崖“工作过去太坏”，或许是因为琼崖产业不发达，或许因为长期从事农民运动的缘故，或许因为其他原因，在刚刚到琼的一段时期（6—9月）里，黄学增注意力主要放在党建及农村方面，对城市工人运动方面关注力不够，因此受到省委的注意：“琼崖在学增他去了三个月，未能充分了解省委的新策略，省委已去函纠正……去了，不过工作……并且只有英德和曲江，最近赖松柏来省委。”[4]估计后期黄学增推动特委所在地迁移到海口，这也是被省委催促后去做的一个原因。特委机关迁移到海口后，也出现了部分工人运动：“海口一市最近已发生几次自发斗争”，包括印

[1]《中共广东省委致琼崖特委信——关于组织政治罢工、“六·二三”总示威及地方暴动等》（1930年5月21日），中央档案馆、广东省档案馆：《广东革命历史文件汇集》（中共广东省委文件，一九二〇年·一），1982年11月，第418—419页。

[2] 中共琼海市委党史研究室著:《中国共产党琼海历史》(第一卷)(1921—1950)，中共党史出版社，2012年。第102页。

[3]《中共广东省委给中央的报告（C字二十二号）省委扩大会后到现在的总报告（十二月、一月、二月、三月）》（1929年3月22日），中共广东省海南行政区委员会党史办公室、广东省海南行政区档案馆编：《琼崖土地革命战争史料选编》，1987年8月，第141—142页。

[4]《中共广东省委给中央的报告（第七号）——白色恐怖情形、省委常委的变动、宣传工作、经费津贴问题》（1928年9月3日），中央档案馆、广东省档案馆：《广东革命历史文件汇集》（一九二七～一九二八），1982年12月，第161页。

务工人加薪斗争、屠业反屠捐斗争，人力车反加租斗争，汽车工人的罢工等。[1]相对而言，琼崖的农民运动、暴动方面却有一些效果。“至1928年底，（琼山）全县各区乡基本上都成立了苏维埃政权，区苏维埃政府共10个，乡苏维埃政府40多个，这批苏维埃政权是在中国共产党领导下建立起来的，代表人民的意志，执行政府职能的权力机关。”[2]

当然还有间或的暴动举措。“琼东最近因暴动发展，并且每次与敌人打做仗都得胜利，敌军从嘉积派一连去攻我们，被我们打伤、打死、生擒许多，缴得长枪成十杆，子弹千余。敌人注意枪毙两个打败仗排长，倾琼东、文昌、定安三县民团及军队来攻，我们琼东原有一连红军，不能站足，即将驳壳枪放下交县委做……其余尽调来万宁，琼东暴动暂时停止。”[3]

除党建、组织建设、农民运动、工人运动之外，在奉命琼崖期间，黄学增还在红军等方面进行整顿与建设，为后面琼崖红军师级建制的创建以及母瑞山革命根据地开创奠定了军事等方面的基础。由于对琼崖寄托予比较大希望，中共广东省委对的军事方面还是比较注意的。1928年4月《中共广东省委扩大会议军事问题决议案》：“为保障暴动的胜利，与扩大暴动，建立红军已为目前的要务。不一定要等到一省或一国暴动成功，只要能建立一割据区域便应当开始建立红军的工作……广东省内可成立海陆丰、普宁、惠来红军二师至三师，琼崖可成立一师，北江若能合朱德部队，亦可成立一师。”[4]并对琼崖红军的建制给予详细部署：“红军应尽量地扩大，

---

[1]《中共广东省委给中央的报告（C字二十二号）省委扩大会后到现在的总报告（十二月、一月、二月、三月）》（1929年3月22日），中共广东省海南行政区委员会党史办公室、广东省海南行政区档案馆编：《琼崖土地革命战争史料选编》，1987年8月，第143页。

[2] 中共海口市委党史研究室著：《中国共产党海口历史》（第一卷），中共党史出版社，2008年，第151页。

[3]《中共广东省委巡视员黄学增给省委的报告——琼崖特委改选、过去工作错误和红军活动情况》（1928年7月16日），中央档案馆、广东省档案馆：《广东革命历史文件汇集》（中共广东区委文件，一九二八年·四），1982年11月，第159—160页。

[4]《中共广东省委扩大会议军事问题决议案》（1928年4月13日通过），中央档案馆、广东省档案馆：《广东革命历史文件汇集》（中共广东省委文件，一九二八年·二），1982年11月，第275—276页。

尽量地吸收赤卫队中勇敢分子，红军的编制可试用五五制（见省委扩大会的军事问题决议案），将枪弹、粉枪弹（或长枪、长矛）概行编作红军兵器，最好东路组织两团（十连），中路组织一团，进而发展至两团，西路应有三连至一团的组织。兵器分配，每连弹枪两排，粉枪两排，尖串一排（每排仍分三班，每班连正、副组班长共十二人，排共三十六名士兵），五团成一师共四千五百士兵。一师的兵器计弹枪一千八百，粉枪一千八百，尖串九百。依现时琼崖的兵器，粉枪尖串不成问题，弹枪只九百，应有决心地夺取敌人九百支快枪，好完红军一师的编制。”[1]“现将扩（大）会军事决议案带上你们，望即依照五五制，编成一师红军，并随时积极扩大。”[2]甚至师级番号都预定：“军委在五月七日常会中听了吴丙太同志的报告以后，对红军的建立与指挥问题，有下列的决定：1. 琼崖成立红军第六师；2. 东路、中路，各编两团；3. 梁秉枢为二十六团团长兼东路指挥，符亮为二十七团团长；4. 严凤仪为二十八团团长兼中路指挥，二十九团团长——（候委）；5. 冯平为三十团团长，兼西路指挥；6. 第六师师长未到差以前，所有各路指挥均归琼特委军委指挥；7. 军委组织扩大（附军委组织系统表）（按，无附件）；8. 各部组织按红军各部队编制表实施之；9. 调黄雍、刘明复为军委委员。各科人员工作之分配，由军委决定之。”可惜的是，由于环境的变化，以及有的策略的不得当，一直至黄学增到琼，上级指示的红军第六师师级红军建制都没有得到正式创建。“自中路文昌、琼山及西路澄迈暴动失败，所有红军，均移到定安，再由定安移到东路，因此敌人目标即由中路、西路而移到定安，更由定安而移到东路乐会、万宁。”“红军现在尚有十连，均有步枪，分驻澄迈、定安、乐会、万宁、陵水等县（张梦安又已带二连至陵水兴隆地方与钟美开合作）。省委指示之新编制，因

[1]《中共广东省委琼崖工作计划大纲》（1928 年 4 月），中央档案馆、广东省档案馆：《广东革命历史文件汇集》（中共广东省委文件，一九二八年·二），1982 年 11 月，第 404—405 页。

[2]《中共广东省委致琼崖特委信（琼字第三号）——实现全岛割据的工作方法》（1928 年 5 月 19 日），中共广东省海南行政区委员会党史办公室、广东省海南行政区档案馆编：《琼崖土地革命战争史料选编》，1987 年 8 月，第 57 页。

有许多困难，未能实现。”针对此情况，黄学增决定“取消东、中、西各路名目，一律改为红军第几连，在每一县暂设一营长指挥，各连所有红军，均在军委指挥调动下，不过在各县的，可委托各县苏维埃去指挥调动。”[1]尚有十个连，加上将要在乐会、万宁新组织的4个连，琼崖红军数应该达到1200多人。此人数，与后期提及琼崖红军第二独立师的建制相当：“全师红军原是规定编为三三制，现在全师三个团部虽算成立，但是每团只编二营，每营只编有二连三连不等。全师现共编有十四连，总的人数大约有千百左右，枪支不(到)八百枝。”[2]同时根据省委军委的指示：“琼崖现仍有红军七连，此种红军应依照省委规定之“初期的红军”等各种办法，使可以休养，并加强军事、政治训练。”[3]“军委在十二常会中根据上面的情况有下列的决定：1. 党的整顿改组，由省委决定之；2. 避免大部队之战争；3. 积极发展赤卫队的组织；4. 注意红军的休养；5. 子弹运输补充。”中共琼崖特委领导下的红军，一方面进行休养调整，另一方面补充枪支弹药。经过多方的努力，如包括1928年12月中共广东省委曾提出送部分琼崖红军出境休养的途径：“琼崖红军尚存四、五百人，内有二百余病兵，多是受山崖嶂气足上生病，不能行走，病得非常厉害。此二百余病兵，若不早日设法医治送出，则必被敌人烧山以至完全牺牲。其余亦多不能在乡村立足，非送出境不可。省委以为琼崖红军，多是勇敢忠实的同志，如能把他们送到莫京去训练是很好的，未知中央意见如何？如同意请即复知，以便转琼崖。……不然，过去海陆丰、

[1]《中共广东省委巡视员黄学增给省委的报告——琼崖特委改选、过去工作错误和红军活动情况》(1928年7月16日)，中央档案馆、广东省档案馆：《广东革命历史文件汇集》(中共广东区委文件，一九二八年·四)，1982年11月，第158、164页。

[2]《琼崖红军第一独立师党委报告——关于红二师的组织、战斗任务、战斗经过、教育工作及党的组织》，《中共琼崖特委给省委的报告(第六次)——政治形势、党务工作、群众运动、军事概况》(1928年1月25日)，中央档案馆、广东省档案馆：《广东革命历史文件汇集》(中共琼崖、南路特委文件，一九二七～一九三五)，1983年12月，第171—172页。

[3]《中共广东省委、团广东省委致琼崖特委信》，1928年9月25日，中共广东省海南行政区委员会党史办公室、广东省海南行政区档案馆编：《琼崖土地革命战争史料选编》，1987年8月，第123页。

琼崖英勇斗争的红军将完全牺牲于敌人之手，诚可惜也。”[1] 正是在省委以及琼崖特委种种方法的实施，琼崖红军有生力量得以保存，红军独立师的师级建制得以保存。“琼崖红军于1930年经中华苏维埃工农兵代表大会命名为中国工农红军第二独立师”，[2] 可惜的是，这时候，黄学增刚刚惨遭杀害半年多的时间了，因而说黄学增是琼崖红军师级建制、琼崖红军独立师的创建者并不为过。

同时，母瑞山革命根据地的开创当与黄学增有着密切的关系。上述的1928年省委文件中谈及的数百个琼崖红军“多是受山崖嶂气足上生病，不能行走”，如此大规模的山上红军当是指母瑞山上的红军。1928年9月，针对琼崖的情况，中共广东省委指示琼崖“红军应注意休养训练，以游击战争帮助红色清乡联防之发展”；“红军之给养，应使红色乡村有一定之捐助，无论是现款或粮食……但亦不可强制征发，应就群众乐意而可能的范围内”，[3] 要求红军主要隐蔽于琼崖各乡村地带。即使在1928年11月29日中共广东省委文件中，省委在琼崖红军问题上仍然要求：“经济困难，子弹无法补充，给养发生问题，红军病饿交迫，战斗力比前锐减……目前为要保存这部分势力及扩大群众武装组织起见，只有尽可能地将这部分红军有计划的分散到各乡村（红色乡村）中去，加入赤卫队，扩大赤卫队的组织，加紧军事的政治的训练工作，发动游击战争，如遇大部分的敌人，则可设法回避，小部分的敌人，则可解决他们”。[4] 也就是说，在1928年

---

[1]《中共广东省委给中央的报告（普字第六号）——关于红军出境、省委经济问题》（1928年12月6日），中央档案馆、广东省档案馆：《广东革命历史文件汇集》（中共广东省委文件，一九二八年·六），1982年11月，第349—350页。

[2]《黄学增研究史料》，第286页。

[3]《中共广东省委、团广东省委致琼崖特委信——最近政治形势与党的政策，琼崖过去的工作教训与今后任务》（1928年9月25日），中央档案馆、广东省档案馆编：《广东革命历史文件汇集（中共广东省委文件）》（中共广东省委文件，一九二八年·五），1984年1月，第300、302页。

[4]《中共广东省委致琼崖特委信（指字第一号）——关于成立南区特委以及中心工作》（1928年11月29日），中央档案馆、广东省档案馆：《广东革命历史文件汇集》（中共广东省委文件，一九二八年·六），1982年11月，第273页。

11月前，在黄学增为领导的琼崖特委已安排部分红军深入母瑞山等地开辟根据地，但由于物资的缺乏等方面的原因，广东省委曾一度计划让琼崖特委将这部分红军撤至红色乡村，以保存力量；在1928年12月6日中共广东省委甚至向中央提出送部分琼崖红军出境休养的计划。母瑞山位于定安县南端，方圆一百多公里，是琼崖地区主要山脉五指山向东伸延的一支山脉。母瑞山山上高林密，地势险要，从军事上考虑可以有回旋余地。当时山上周围只有苗族杂居的二十余个村庄，居民仅为千余人。1933年叛徒陈骏业（曾任琼崖苏维埃政府第二届主席）向国民党供述，黄学增在来琼前在共产党内“地位颇高”。[1]或许因为黄学增等琼崖特委的汇报，促使了中共广东省委向中央提出了相关的要求。但由于种种原因，母瑞山红军似乎一直保持着。1929年10月中共琼崖特委给省委的报告中谈及：“红军除有一连驻在山之外，其余的潜伏在农村。”[2]在王文明、冯白驹等人的领导与努力下，母瑞山革命根据地的力量不断地壮大、发展，后来成为琼崖革命一面卓越的旗帜！

第三节　获得极高的评价

1928年6月18日至7月11日，中国共产党在莫斯科近郊召开了第六次全国代表大会。会议对大革命失败后，中国社会的性质和革命的形势作了正确的分析，指出当前的革命形势不是处在高潮，而是处在两个高潮之间的低潮。因此，党的任务不是去发动群众举行暴动，而是宣传和组织群众，准备迎接革命高潮的到来。会议批判了党内的“左”右倾错误，特别是批判了“左”倾盲动主义的错误。大会通过了关于政治、军事、组织、苏维

---

[1] 见《琼崖共首之自述》，（国民党）广东琼崖绥靖委员公署印行，1933年3月，藏于广东省档案馆。

[2]《中共琼崖特委给省委的报告——政治、经济、军事情形及党的组织、工作弱点、工作计划》（1929年10月27日），中共广东省海南行政区委员会党史办公室、广东省海南行政区档案馆编：《琼崖土地革命战争史料选编》，1987年8月，第376页。

埃政权、农民、土地、职工、宣传女、青年等问题的决议，以及经过修改的《中国共产党党章》。党的“六大”后，中共中央连续给广东省委发出通告，并派出巡视员恽代英等到广东传达“六大”精神和检查工作。随后，为了全面贯彻“六大”精神，1928 年 11 月 16 日至 24 日，广东省委在香港召开了第二次扩大会议。参加会议的有中央巡视员、省委常委、广东出席“六大”代表和香港、广州、海陆丰、东江、琼崖、北江、肇庆、江门、石龙、佛山、陈村、惠州等地党组织的代表以及“省委的军委、职委、妇女亦均有人参加”。[1] 会议选举了新的省委领导机构，补选了省委委员和常务委员，推选黄钊、卢永炽、杨石魂、聂荣臻、陈郁、周颂年、冯菊坡为正式常委，黄平民、卢济、黄学增、吴锦德、李鹏、甘卓棠、姚常为候补常委，黄钊为书记，卢永炽为候补书记兼组织部长、全总书记，杨石魂为宣委书记兼农委书记，聂荣臻为军委书记，并决定卢济任东江特委书记，冯菊坡巡视东江，甘卓棠巡视海陆丰，周颂年、吕品巡视南路，黄甦巡视北江，陈郁、黄平民、李鹏巡视中路，陈魁亚参加北江特委工作。[2] 这次选举后，中共广东省委正式委员 25 人，候补 11 人。在 25 名正式委员中工农占 18 人，候补委员系知识分子。[3] 扩大会议上黄学增被选举为候补常委，仍是对他工作的高度肯定。而对于黄学增赴琼改组特委，以及根据上级部署所开展的一系列工作也得到中共广东省委的高度肯定，扩大会议上省委给予如此之说：“省委扩大会闭幕了。省委扩大会对琼崖过去英勇的艰苦的斗争，表示十分敬意！”[4]

[1]《恽代英给中央的报告——广东省委扩大会议的经过和内容》（1928 年 12 月 3 日），中央档案馆、广东省档案馆：《广东革命历史文件汇集》（中共广东省委文件，一九二八年·六），1982 年 11 月，第 279 页。

[2] 中共广东省委组织部、中共广东省委党史研究室、广东省档案馆：《中国共产党广东省组织史资料》（上册），中共党史出版社，1994 年，第 142—143 页。

[3] 中央档案馆，广东省档案馆：《广东革命历史文件汇集》（一九二七～一九二八），1982 年 12 月，第 54 页。

[4] 1928 年 11 月 29 日《中共广东省委致琼崖特委信（指字第一号）》中央档案馆、广东省档案馆：《广东革命历史文件汇集（中共广东省委文件》（1928）（6），1983 年 12 月，第 271 页。

在 1928 年，经过长期的考验，黄学增的能力获得党组织的高度评价。1928 年 12 月广东省委收集上来的干部分子调查表中，黄学增的情况如下：“成分：知识分子。过去党工作的历史：历任广宁、西江各县县党部书记及农运、南路地委书记、西江巡视员、南路特委常委、省委委员、琼崖特委书记。现在党的工作：省候补常委。工作能力、活动范围：工作能力顶好，可做党的指导，及农运工作。特殊技能：空白。有无职业：无。可找到职业否：空白。家庭状况、家庭关系：空白。对党的认识程度：深刻。”黄学增工作能力一栏填写为“顶好”，对党的认识程度一栏填写是“深刻”，在收集上来的 145 人中极为高的——“顶好”与“深刻”的评语只有两人拥有！（另一人为 15 号何务光，“工作能力顶好，海员、CY 支部书记、省委常委，中路巡视员，亦为深刻，备注栏：在狱”）其他的党员几乎都是“极好”“颇好”“甚好”“尚好”“很好”“有工作能力”等；程度方面是“清晰”。[1]在 1924 年国共合作时期，黄学增作为国民党中央农民部派出的第一批农民运动特派员中，也是深受表彰的两人之人，被誉为：“黄学曾勇于任事，才能称职……众人之中，可称佼佼（姣姣），应予奖励，以为众瞻。”[2]由此可见，黄学增工作态度、工作能力、工作责任感是极度之高，表现他对信仰的无限忠诚！1929 年 1 月中旬，在中共广东省委第二次扩大会议后，省委根据形势的变化，又作了一次整顿与改组，“正式常委自石魂、菊（他现在有出狱的可能，省委已尽力去办）由中央另调工作后，省委决定候补委员，甘、学增补上。”[3]当其时黄学增仍然在琼崖领导人民在斗争。调整后的中共广东省委常委包括：黄钊、卢永炽、聂荣臻、陈郁、周颂年、甘卓棠、黄学增。书记黄钊（1929 年 1 月—3 月）（按，黄钊后调任福建省书记期间携款私逃）

[1]《干部分子调查表——干部的成分、历史、职务、工作能力、家庭状况和对党的认识程度》，中央档案馆、广东省档案馆：《广东革命历史文件汇集》（一九二七～一九二八），1982 年 12 月，第 195—198 页。

[2] 中国国民党五部档案，中国社会科学院近代史所藏。

[3]《中共广东省委给中央的报告（普四十一号）——关于省委工作的重新分配问题》（1929 年 1 月 18 日），中央档案馆、广东省档案馆：《广东革命历史文件汇集》（中共广东区委文件，一九二九年·一），1982 年 11 月，第 64 页。

候补书记卢永炽。[1]1929年2月底，鉴于原省委常委中杨石魂被中央另调工作，甘卓棠、黄平民2人牺牲，冯菊坡被捕入狱，姚常被捕叛变，根据中央的意见，省委常委召开办公会议，决定省委常进行调整，并报中央批准。选举出来的常委包括：卢永炽、黄钊、陈郁、聂荣臻、贺昌。候补常委为：周颂年、吴锦德、黄学增。军委是聂荣臻。其后在4月27日，中央常委会议批准了广东省委常委、候补常委名单，并作了组织上分工。书记：卢永炽；常委：卢永炽、贺昌、聂荣臻、陈郁、黄苏；候补常委：黄学增、吴锦德、邝壁清；宣传：贺昌；组织陈郁；军委聂荣臻。[2]

第四节　一些理论与思想

早在1928年5月，中共广东省委宣传委员会就特约黄学增同周恩来、叶挺、朱德、苏兆征、邓中夏、阮啸仙、彭湃、周其鉴等十三人，为理论刊物《红期》“按期供给文字，以给予全省工农兵士的切实指导”。[3]

1925年4月，蔡和森在《向导周报》上发表评论谈及到，“广东农民运动是国民党改组后实行其新政纲之一部分的产物”，“从去年国民党中央农民部颁行农民协会章程及设办农民运动讲习所派出特派员实地宣传之后，广东遂开始了系统的农民运动”。无论是农民协会的发展规模，还是农民斗争的开展情况，都大大超过了以往，并一改从前农会“总不免染着一种狭义的地方主义色彩”，而成为自上而下的有组织机构和统一计划的全省范围的运动，成为“全国农民运动的先导”。[4]作为国共合作时第一批中央

[1] 中共广东省委组织部、中共广东省委党史研究室、广东省档案馆：《中国共产党广东省组织史资料》（上册），中共党史出版社，1994年，第143页。

[2] 中共广东省委组织部、中共广东省委党史研究室、广东省档案馆：《中国共产党广东省组织史资料》（上册），中共党史出版社，1994年，第144页。

[3]《红期》第21期（1928年5月6日）编者的话，见《黄学增研究史料》，第281—282页。

[4] 和森：《今年五一之广东农民运动》，《向导周报》第112期（1925年4月20日），湘潭大学出版社《红藏·进步期刊》系列影印本，2014年，第1030页。

农民部农运特派员，黄学增长期奋斗在农民运动第一线上，对广东农民运动有着切身的体会。

1929 年 5 月，黄学增写了《五卅运动后广东农民运动的状况》一文，在《红旗》周刊第 15 期发表。文章回顾了大革命时期和土地革命初期广东农民运动的发展概况："五卅运动，是中国一九二五年至一九二七年大革命开始爆发的第一页，所谓第一个革命高潮便从这一运动澎湃鼓荡起来"；指出广东农民运动是受工人运动高潮的推动，并得到工人阶级正确的领导而获得极大的发展，"当时乡村很明显的分出两极大对抗阶级，一个是豪绅买办地主阶级，他是勾结帝国主义镇压农民的阶级斗争和反帝国主义运动；一个是农民阶级，他是联合工人阶级反对豪绅买办地主阶级和反对帝国主义。这样一来，乡村的阶级斗争和反帝运动同样的互相并进而互相急剧起来"。文章强调了组织的重要性，认为省农会在其中的作用："五卅运动以后，全省农民便统一在全省农民协会指挥之下，开始有系统之组织和行动"；"到一九二七年的三月间的省农会第三（二）次扩大大会统计，全省居然又有了六十多个县农会的组织，农会会员在一百二十万以上，各地农民协会，事实上都是变成农民的第二个政府。"'四一五'事变以后，广东农民运动更加现实的进到土地革命阶级……共同的要求创造苏维埃和没收土地。"文章认为"这一土地革命的胜利，终归要为全省农民的艰苦奋斗所获得。"[1]

同年 6 月，黄学增写的《省港罢工时代之广州四郊农民》一文，在省委《红旗》周刊第 16 期刊载。文章回顾了大革命时期在省港罢工推动下广州四郊农民运动的兴起、发展概况及其特点和贡献，强调了工农联盟的重要作用，认为 1925 年爆发的"省港大罢工，对于广东全省农民运动具有很伟大的领导作用"；文章同时指出：工农反帝国主义反封建势力的联合战线的历史经验不可忘记，"广州四郊农民从这长期的经验认清了帝国主义、豪绅、地主、买办阶级、国民党这一反动势力联盟的危险，认清了只有工农联合

[1] 见《黄学增研究史料》，第 104—107 页。

彻底反对这一反动势力的联盟，才能够保证革命的完全胜利”。因此，“广州无产阶级的天职，更是应当努力争取这一广大的同盟军。”[1]

黄学增写的《盲动呢？不动呢？公开呢？秘密呢？》一文在省委1929年6月《学习》半月刊第4期发表。文章对琼崖党组织内在思想路线和斗争方式问题上的争论，提出了自己的看法，一方面表示完全接受党的“六大”的决议，正确认识当前形势是“旧的革命高潮已经过去，新的革命高潮还是没有到来”，党应该反对“左”的盲动倾向，注意秘密工作；但在另一方面，黄学增又把反对右的不动倾向仍看作当时琼崖党内斗争的主要任务，“要百分之八十五力量反对不动倾向，以百分之十五力量反对盲动倾向”。文章的写作，估计与黄学增正好在琼崖工作，有着切身的体会，他的这一主张似乎是与上级党组织保持高度一致。“琼崖各级党部必须全体动员，把百分之八十以上之力量，在党的正确路线指导之下，消灭这右倾的不动倾向，坚决的走进群众中间，勇敢的打出我党的政治主张，发动领导群众各部分斗争。只有这样，才能够提起群众的阶级意识，提高群众的斗争勇气，也只有如此才能争取全岛广大群众，推进革命高潮之更快到来。”[2]“琼崖受挫折所以如此之大，还不仅应归咎于群众工作的缺乏。以前党的组织过于公开，而成分又很复杂，失败时遂致易为敌人捕杀，或内部发生背叛的事；再则在失败时完全等于溃散”；“尤其错误的，是误解省委以前指示要公开党的政治主张与党的对外机关为公开党的一切工作机关，乃至党员每个人。于是使反动势力一来，同志在本地均站脚不住。其实，便在苏俄今天，党的工作机关与党员个人，仍旧是保持相当秘密的”。[3]当然，早在1922年就在陈独秀创办的广东省宣讲员养成所学习

[1] 见《黄学增研究史料》，第108—110页。

[2]《中共广东省委给琼崖特委、琼崖各级党部的指示——关于形势、组织、宣传、武装、兵运工作等问题》（1929年5月26日），中央档案馆、广东省档案馆：《广东革命历史文件汇集》（中共广东省委文件，一九二九年·二），1982年11月，第62—63页。

[3]《中共广东省委、团广东省委致琼崖特委信——最近政治形势与党的政策，琼崖过去的工作教训与今后任务》（1928年9月25日），中央档案馆、广东省档案馆：《广东革命历史文件汇集》（中共广东省委文件，一九二八年·五），1984年1月，第278、279页。

理论知识，其后又长期奋斗在国民革命战线上的黄学增，是非常清晰地认识到马克思主义是科学的理论，彰显出一种“理论自信”！基于这种“理论自信”，他充满信心地认为“我们正确的路线应该是绝无所畏惧的公开的在群众面前勇敢提出我们党的政治主张，打击敌党的反革命宣传，如此才能把广大群众夺取过来，才能把党在广大群众中间树立起巩固的基础，才能促使革命高潮地更快的到来”。[1]政治不仅仅是一种如何安排权力的计划，还是一种与其他人建立联系以及理解世界的方式。对马克思主义思想理论的自信，促使黄学增明白，只有唤醒民众的意识，我们才能“组织无产阶级，使它有很坚固的团结，能够与资产阶级作激烈的斗争”，建立新的社会。

7 月 1 日晚上，黄学增写成《阅了农民问题决议案以后》一文，在文章里他表示对党的“六大”土地问题决议案和农民问题决议案“完全接受与拥护”，同时根据广东情况和自己多年从事农民运动的体会，环绕以下几个问题发表了意见：其一是有关土地关系问题。黄学增补充了广东地主豪绅和军阀有意保留农奴制残余，采用包农制、采取分裂农民阶级的手法来压迫剥削农民的情况。其二是农民斗争问题。长期的农民运动经历，令他对农民斗争也有相关体会。黄学增认为，党组织未能有效地“变豪绅地主所领导的乡村械斗为农民反对豪绅地主的阶级斗争”，而是“依靠单纯的军事行动”，“依靠绝不可靠的土匪以发动斗争的力量”，是大革命失败后初期西江、南路农民暴动失败的重要教训。其三是游击战争策略问题方面。黄学增认为“首先必须建立起很巩固的秘密基”，建议把党组织和群众组织划分清楚，而且要十分严密，党的干部在领导群众斗争时不得显露自己的面目，同时要准备一批“灰色”干部以代替“红色”干部，从各方面做好受挫折的思想和组织准备。其四是有关土地革命政策问题。黄学增拥护把“没收一切土地”口号改为“没收一切地主阶级土地”口号，他主张地主不分大小，

[1]《盲动呢？不动呢？公开呢？秘密呢？》，《学习》第 4 期（1929 年 6 月 13 日），见《黄学增研究史料》，第 111—116 页。

土地一律没收，而他所说的小地主实际上是小土地出租者，不过他又认为对他们的生活可由群众去予以解决。对于富农的政策，黄学增则提出了“拉拢”的建议。[1]

第五节　主动与英勇牺牲

1928年底，黄学增等人带领中共琼崖特委机关迁入琼崖地区的政治、经济、文化中心府海地区，一边根据广东省委的决定，协助筹建南区特委，一边开展恢复琼崖各地党建工作以及城市工人运动。[2]“特委本身状况——常委三人组织，过去工作集中书记一人，现在已比较好点。特委扩大会议在二月举行，到会只五地方的代表（澄、临、文、琼山、海口），精神很好。特委对工作布置，以琼山澄迈、文昌为中心区域，城市工作加紧注意海口、加积工作，港口注意三亚、榆林港、新盈港等。”[3]其间中共海口市委书记严鸿蛟被捕，随后叛变革命，成为可耻的叛徒。作为海口市委书记，严鸿蛟的叛变，对整个琼崖特委与海口市委是一个大灾难！特委委员陈大机、黄朝麟及海口市委委员云昌江及机关干部共13人相继被捕。[4]有文献提及：1928年年底，“叛变活动猖厥（獗），情况极为紧急，黄学增返回内地，苏天春乘船往高州，谭荣光逃去暹逻（罗），潘子裕被迫离琼赴港。潘子裕到香港后，住在永乐街海口庄二十天左右，经联络员谢应生和唐仁瑞介绍，才找到地下党负责人陈德华同志（曾任中共琼崖地委委员）。第二天，

[1] 文章见《黄学增研究史料》，第117—123页。

[2]《冯白驹将军传》载：“中共琼崖特委机关迁驻海口后，特委书记黄学增一直在考虑如何扭转澄迈县工作局面的事。”随后根据冯白驹的要求，派遣冯白驹前往澄迈恢复工作。见中共海南省委党史研究室编著：《冯白驹将军传》，中共党史出版社，1998年，第56页。

[3] 中共广东省委给中央的报告（C字二十二号）省委扩大会后到现在的总报告（十二月、一月、二月、三月）（1929年3月22日），中共广东省海南行政区委员会党史办公室、广东省海南行政区档案馆编：《琼崖土地革命战争史料选编》，1987年8月，第143页。

[4]《广东南区善后委员会公署训令》，转中共海南省委党史研究室著：《中国共产党海南历史》，中共党史出版社，2007年，第149页。

陈德华同志将省委秘密文件装在金属包装的饼干盒内，交他带回海南找琼崖特委。因情况复杂，直到一九二九年九月十九日，潘子裕才同特委通讯员郭秉良接上关系，并约定翌日在海口关上兄弟庙椰子园交接省委文件。不料郭秉良于当晚被国民党永安团检查户口时抓走。”[1]而在新中国成立后，苏天春有自白书谈道：“回港后与党推动联系，后遇黄学增，黄与我长谈后，叫我同去琼州，黄入去山地，有时也出来海口，我留在海口做工运，主要是雷州、钦廉州走去的难民、工人。我在海口工作约有一年，因海口市委被破坏，同志背叛告密，何项（已记不大清楚）还带着黑眼镜去街上认人。我位的红礁坡难民丛中被大兵包围，捕去上百青年的难民、工人，未检查我。我在海口不能再候下去，并感到党的政治路线错误，党员的修养不够，幼稚怕死，而有出卖同志、出卖革命的行为，因对革命失望，不愿入去山地，乃化装船工，搭同乡的帆船回东海。”[2]估计当时，因工作关系，黄学增到香港向省委汇报工作。除了苏天春自白书谈到当时黄学增在香港，另有文献也谈到当时黄学增是在香港：“1929年正月，周纪只好到香港，寻找他的领导黄学增同志。两人见面后，黄学增指示他回广州湾（今湛江市）继续开展革命斗争。并说自己先去海南岛海口市处理一些问题，然后再考虑回遂溪。”[3]也就是说，严鸿蛟的叛变时，“黄学增、官天民因赴省汇报工作而幸免于难。”[4]其实，当时由于交通的问题，信息延缓，中共广东省委没有及时了解黄学增的情况，对黄学增的安危颇为关注：“最近常委五人到港工作（昌兄仍在沪，郁兄于明日首途赴沪），候补常委中颂兄在九龙区巡视支部工作，学增兄

---

[1] 王炳桂：《海口早期的工人运动（1923—1929年）》，琼岛星火编辑部：《琼岛星火》第一期，1980年，第134页。

[2]《苏浴尘（苏天春）自白书（1950年2月4日）》，存于广东省公安厅档案室苏浴尘案卷第一册；1981年12月4日中共湛江市委党史研究室抄录。

[3] 许和达：《黄学增的战友——周纪》，政协湛江市委员会学习和文史资料委员会编：《湛江文史》第23辑，2004年，第528页。

[4] 中共海南省委党史研究室著：《中国共产党海南历史》，中共党史出版社，2007年，第149页。

在琼崖特委，最近破坏机关，他有牺牲的消息。吴兄在港海支负责工作。”[1]一旦了解黄学增并没有牺牲信息后，又一次向中央汇报：“据就，琼崖海口机关被破数处（特委常委处、工委处），被捕同志七八人，姓名未确，因闻是工委先被捕供出机关所致。现在情形，尚未得确实报告，不得而知，不过据最近来人报告，学增同志仍在琼崖主持工作，并未牺牲云。”[2]大有松一口气的感觉。

5月期间，黄学增返回广东省委，向省委作了详细的汇报，对琼崖方方面面都作了汇报，促成了省委形成新的工作规划。“学增同志回省委，对于琼崖情形报告甚详，关于琼崖目前工作，省委讨论结果，有如下的指示，希详加讨论切实执行。”[3]指示中提及：“过去琼崖完全放弃城市工作，甚至畏惧城市、烧毁城市，这是非常错误的。现在各级党部对于这样错误，还没有完全改正过来。按照琼崖党目前的力量，我们便应首先特别注意海口、嘉积、三亚港这三个重要城市。”[4]汇报、确定琼崖工作思路后，本应该留省工作的黄学增却又决定义无反顾地返回琼崖：“学增同志此次回琼是以省委巡视员的资格指导琼崖工作，不参加特委，学增同志此行，至多两个月须回省委。至要！”[5]由中共广东省委文件这些话语中，我们不难看到，其实省委是不想黄学增返回琼崖，毕竟海口市委书记叛变，乐四区区委委

---

[1]《中共广东省委给中央的报告（C字二十二号）》（1929年3月22日），中共广东省海南行政区委员会党史办公室、广东省海南行政区档案馆编：《琼崖土地革命战争史料选编》，1987年8月，第144页。

[2]《中共广东省委致中央信（C字二十六号）》（1929年3月24日），中共广东省海南行政区委员会党史办公室、广东省海南行政区档案馆编：《琼崖土地革命战争史料选编》，1987年8月，第146页。

[3]《中共广东省委给琼崖特委、琼崖各级党部的指示——关于形势、组织、宣传、武装、兵运工作等问题》（1929年5月26日），中央档案馆、广东省档案馆：《广东革命历史文件汇集》（中共广东省委文件，一九二九年·二），1982年11月，第57页。

[4]中央档案馆、广东省档案馆编：《广东革命历史文件汇集》（中共广东省委文件，一九二九年·二），1984年1月，第64—65页。

[5]《中共广东省委给琼崖特委、琼崖各级党部的指示——关于形势、组织、宣传、武装、兵运工作等问题》（1929年5月26日），中央档案馆、广东省档案馆：《广东革命历史文件汇集》（中共广东省委文件，一九二九年·二），1982年11月，第69页。

员叛变、乐五区常委叛变、共青团区委叛变、赤卫队大队长、交通员等等亦不少成为可耻的叛徒！这些人都认识黄学增这位省委下来、常常深入基层工作的特委书记。而琼崖是一个岛屿，出入都必须经过海口！当其时，琼崖对黄学增而言，简直就是虎穴。这点省委自然是非常清楚的。但或许因为对琼崖充满着极大的希望——“总之，省委对于琼崖工作，要格外注意，琼崖仍是有最大希望，切不可与前一样等闲视之。”[1]或许因为对之前的工作并不是很满意，或许是心中那份信仰——在革命的道路上，黄学增曾被法国殖民政府通缉过，被国民党政府通缉过，被土匪绑架过，被地主武装民团追杀过，他是深知革命的危险性，“不过为着党和农民的利益，不得不去，而且一个真正的革命党人，时时是准备牺牲的，故大胆地绝不畏怯”。[2]“明知山有虎，偏向虎山行”，为了自己的信仰，怀着对革命事业的无比忠诚，为着党与人民利益，黄学增在5月又踏上前往琼崖的路上。

一回到琼崖，虽然困难重重，但黄学增又迅速投入工作中去。“一九二九年上半年，工作得到恢复和发展，重新成立琼山县十三区区委，陈家仁同志（另名陈健）为书记，我为区委委员。……后来组织决定我和冯夙福、陈继盛为琼文县委经委委员。这时琼山县委领导人是冯正邦同志，文昌县委是谢冠洲（改名木森）、云龙等同志，他们经常在琼文交界地方的溪尾乡、马灵沟乡的竹堆、竹坑坡、山竹村、后坡、龙头山、南洋村一带活动，和我们联系行动，开展组织工作。一九二九年红五月的时候，黄学增同志来文昌县委，和谢冠洲、云龙等同志在竹堆村开会，讨论布置化装深入到锦山市消灭该市民团局。根据黄学增同志指示，由我带一路短枪班从左边冲入敌人兵房，但是由于敌人设有两层岗哨，严密监视，不能进去，所以我另外想办法，叫一位女同志冯月华，和我装扮成夫妻俩走进去，后被敌人

[1]《中共广东省委巡视员黄学增给省委的报告——琼崖特委改选、过去工作错误和红军活动情况》（1928年7月16日），中央档案馆、广东省档案馆：《广东革命历史文件汇集》（中共广东区委文件，一九二八年·四），1982年11月，第165页。

[2] 黄学增：《吴川遇险情形》，《犁头》第十一期（1926年7月21日），湘潭大学出版社《红藏·进步期刊》系列影印本，2014年，第291页。

发现，拖入团局办理，我们即借这机会，一直冲进去杀伤敌人，部分敌人惊慌失措，举手投降当了俘虏，我们缴获长短枪三十余支，子弹四千多发，并没收反动商店二三间，取得了胜利。回来后，文昌县委发给各人二丈布料，暂时解决部队的衣服困难。”[1]但不幸的是在7—8月期间，中共琼崖特委、团特委机关在海口市被敌人破坏，黄学增在这次特委被破坏的事件中被捕。更令人遗憾的是，至目前为止，琼崖特委如何被破坏？黄学增如何被捕？等，至今都是众说纷纭，即使里面有不少是当时人的回忆。“到省委汇报工作的黄学增、官天民返回海口，借病住进美国教会在海口办的福音医院，由于叛徒告密，敌人当晚包围医院，官天民中弹牺牲、黄学增被捕，后被敌人杀害”。[2]“（1929年）8月，由于叛徒出卖，中共琼崖特委、团特委机关在海口市被敌人破坏。特委书记黄学增，特委委员黄照麟、陈大基，团特委书记官天民，兵运干部杨新培，学运干部熊侠等十余人先后被捕牺牲。少数同志如符彪、曹俊生（特委海口交通站长）、韩托夫（领导机关被破后抵海口，符彪通知他次日离开）等脱险。中共澄迈县委书记冯白驹同志，最先得到这个消息（县委和特委交通陈玉清回报）。”[3]“一九二九年秋琼崖特委机关在海口市福音医院遭到敌人包围，特委书记黄学增以及官天民、黄昭麟、陈大机等同志顽强抵抗，最后弹尽牺牲。王文明在母瑞山病逝。琼崖党的骨干受到很大损失。”[4]“正在这个时候，我们住在海口市美国福音医院的特委，因为企图争取敌军兵暴夺取政权，被敌人发现，文昌县委黄朝连同志（住在海口）突然被捕，琼山县委陈大基也动摇叛变，特委领导机关被敌人破坏，黄学增同志被捕牺牲。当时澄迈县委冯白驹同志得知后，主动和各县联系，

[1] 冯安全:《海南革命斗争亲历记》，中国人民政治协商会议广东省委员会文史资料研究委员会编:《广东文史资料》（第三十辑），广东人民出版社，1981年4月，第127—128页。

[2] 中共海南省委党史研究室著:《中国共产党海南历史》，中共党史出版社，2007年，第150—151页。

[3] 郑放整理:《海南革命斗争大事纪要（上）（1909—1937年上半年）》，琼岛星火编辑部:《琼岛星火》第二期，1980年，第77页。按黄学增当时并非是特委书记，他是省委巡视员身份。琼崖特委书记时为官天民。

[4] 陈其美:《曲折的道路》，琼岛星火编辑部:《琼岛星火》第二期，1980年，第166页。

在定安县召开各县联席会议，推选冯白驹为特委书记。”[1]“我（按，指冯白驹）到澄迈新的工作岗位后，经过一段时间配合原在澄迈县的一些干部，逐步地澄迈工作在万分困难的条件下恢复起来。大约在一九二九年夏或秋初的时间（具体时间记不清），因为内部有人叛变，特委在海口和府城的机关被破获，干部统统被捕。当时黄学增同志到香港汇报和请示工作不在，但当他回到海口时，找不到机关和干部。他不是本地人，又不熟悉农村，在毫无办法的情况下，借病进住海口美国人办的福音医院，但一进医院，当晚即被捕，后来壮烈牺牲。这事由澄迈县委布置在海口和特委联系的同志（做小贩的）回来向县委报告。我们得悉之下，悲痛万分，除悼念牺牲的同志外，经过县委研究，用县委名义向各县委报道这事，并提议召开各县委联席会议，交换情况，研究工作，和产生新的特委来统一领导海南人民的革命斗争。”[2]在这里，虽然对于什么时候黄学增被捕？因什么原因而被捕？等等不确定，但比较确定的是黄学增是在教会福音医院被捕的。非常巧合的是，这间福音医院与黄学增的家乡是有着非常密切的关系。海口福音医院成立时间是1885年，是现在海南省人民医院的前身。[3]它是美国纽约长老会传教士、医学博士康兴利（H.M.McCandliss，又译为康兴丽） 和杰尔曼（F.P.Gilman）到海南协助冶基善（Mr.C.C.Jeremiassen）进行传教活动而成立的。[4]传教士

[1] 冯安全:《海南革命斗争亲历记》，中国人民政治协商会议广东省委员会文史资料研究委员会编:《广东文史资料》第三十辑，广东人民出版社，1981年4月。第128页。

[2] 冯白驹：《我参加革命过程的历史情况》，中共广东省委党史资料征集委员会、中共广东省委党史研究委员会编：《广东党史资料》第5辑，广东人民出版社，1985年第8页。另按：编者按语曰：文为冯白驹同志于“文革”期间在浙江被审查时所写的“交代”材料，根据他自己的经历写出来的，是他生前写得比较全面系统的一个材料，对研究琼崖党和人民革命斗争史有重要参考价值。由于当时正处在“文革”这一特殊环境里，作者处在被审查的情况下，所以对一些具体细节和时间、地点、人名等均无法进行调查核对。估计也是吧，文中说黄学增不熟悉农村，似乎就值得商榷，黄学增出生于农村，雷州半岛与海南岛隔海相望，语言相似，习俗相近；海南人称对岸的徐闻人为海北仔。更主要的是黄学增长期从事农民运动，无论是在宝安、南路、西江等都是战斗在农村的。说他不熟悉农村，似乎不是很合适。

[3]《海口市志》在“医疗机构”一节说海口福音医院是1896年（光绪二十二年）建立；但在“基督教”一节说是1885年（光绪十一年）建成。见海口市地方史志编纂委员会编：《海口市志》，方志出版社，2004年，第1758、245页。

[4] 张小群：《基督教与清末民初的海南社会》，湖南师范大学硕士学位论文，2010年，第20页。

这些医疗公益活动对当地及周围地区民众影响很大："在最近一次因医疗引起的麻烦期间，海南的病人和从雷州半岛来的病人，以及驻扎在海口的士兵们还是蜂拥而至，把已经扩大了的医院挤得几乎要散了架，但是，这与当初的情况毕竟已经有了相当大的不同。"[1] 后来这些来琼的雷州半岛民人随后将基督教传播入雷州半岛。[2] 徐闻、遂溪、海康（亦称雷州）时称之为雷州三属。

黄学增被捕不久，即被国民党军杀害于海口。黄学增的被捕及牲，实令人痛惜！"一九二九年九月琼崖各县委书记联席会议（也称第四次代表会议）召开，冯白驹同志当选为特委书记以后，接到省委通知，赴省参加党代会。之后，广东省委派冯白驹同志到上海参加党中央会议，讨论李立三路线，研究全国斗争形势和任务。会议期间，周恩来同志特地带着李立三同志来找冯白驹同志，在询问了琼崖革命斗争情况后，周恩来同志对李立三同志说：'琼崖特委的损失，黄学增同志的牺牲和城市中心论有关。'李立三同志承认：'这是血的教训，不可忘记。'"[3] 中共广东省委给中央的信件中沉痛地提及："尤其最痛心的就是学增、天民二同志最近被捕牺牲，使琼崖工作受到更大的创伤，目前恢复琼崖工作实在困难万分。"[4] 在 1930 年 1 月 17 日，中共广东省委发出《"二七"纠集宣传提纲》，号召全省党员纪念包括黄

---

[1] 王翔译：《棕榈之岛：明末清初美国传教士看海南》，南海出版公司，2001 年，第 71 页。

[2] 见陈国威：《湛江基督教发源地探析——兼对雷州半岛基督教最早教会史实考略》，《广东史志》2017 年第 5 期，第 40—45 页。另外，1987 年，香港基督教杂志《桥》的记者邓肇明来徐闻教会访问，他在《未领洗的信徒——徐闻教会见闻》中也写道："在这里，基督教是指新教，天主教还未能进入徐闻的农村。大概 80 多年前，徐闻黄锡霖先生到海口的福音医院看病，认识那里美国长老会的牧师，后来更从福音医院免费取得西药回徐闻贩卖，并开始传扬福音。这以后，福音在徐闻继续发展，到新中国成立前已建有十余教堂，信徒在三千人以上。"见邓肇明：《未领洗的信徒——徐闻教会见闻》，《桥》（香港）1987 年 3、4 月合刊，第 3 页。

[3] 陈其美：《曲折的道路》，琼岛星火编辑部：《琼岛星火》第二期，1980 年，第 166 页。周恩来与李立三的对话也可见《冯白驹将军传》（中共海南省委党史研究室编著，中共党史出版社，1998 年，第 68 页）。

[4]《中共广东省委要求将琼崖在上海的同学派回琼崖工作给中央信（C 字三十八号）》（1929 年 8 月 2 日），中共广东省海南行政区委员会党史办公室、广东省海南行政区档案馆编：《琼崖土地革命战争史料选编》，1987 年 8 月，第 156 页。

学增在内革命先烈，继续奋斗："在二七纪念中，我们要纪念英勇的先烈！我们永远不忘记施洋同志的反抗精神，我们永远不忘记林祥谦同志临死不屈的态度……我们同时要纪念一切的革命烈士，特别纪念广暴的领袖张太雷同志，省港大罢工的领袖苏兆征同志，海陆丰农民运动领袖彭湃同志，东江工人领袖杨石魂同志和南路农民领袖黄学增同志！我们要号召群众募款来捐助烈士的家属！我们要起来反对国民党军阀的白色恐怖！我们要为革命的先烈报仇！"

余　评

1960年2月周恩来总理来广东湛江视察，这是他一生中唯一一次来到雷州半岛。在这一次视察湛江中，他对当时湛江的主要负责人同志询问道："有个黄学增，农讲所的学员，是雷州人，在海南岛被特务告密，牺牲了。你们认识吗？他家里还有什么人？生活过得怎么样？你们要去看一看。"[1]两年后，他指示财政部门拨款8万元为他建造纪念设施。如此让一个国家总理牵挂、关心的黄学增应该是有着什么历史故事的。

雷州半岛地处中国南疆，虽然说它的地理位置极其重要，有着"天南重地"之称。实际却是长期深受封建势力、帝国主义势力的压迫，民众普遍身处困苦之处。但由于自身的条件的限制，却不敢反抗，本地人民不敢抗争。是黄学增领导这一块区域的人民进行规模宏大的抗争活动，为改变自己的命运而抗争，从而为这一区域，包括整个雷州半岛地区的人民播下革命的种子，播下敢于对命运说"不"的革命种子。事实上，黄学增不仅在这一块土地上领导民众进行抗争，播下革命的火种，而且在整个广东南路地区，包括北部湾的钦廉防北四个区域都播下革命火种，而在南路传播革命火种的之前及之后，黄学增也分别在宝安地区、西江流域、琼崖地区等播下革命种子，从而促使这些地区的民众当面对命运的不公时，敢于抗争！可惜的是由于牺牲时间较早，加上他虽然结婚，却没有留下一子半女，后期的不少人对他似乎遗忘了不少，有关他的历史，有关他的革命奋斗历史，有关他的信仰，有关他的追求等等，似乎都是处于模糊状态，甚至对他作出不公的评说，这对于他来说，是非常非常不公的。实际上，中国传统上有"有德于民，

[1]《周总理关怀湛江人民 湛江人民崇敬周总理》，《湛江报》1977年1月8日，第三版。对此事，有学者记述如下：1960年2月周恩来总理来湛视察时，"在与湛江地市领导座谈时，特别提到30多年前曾同他一道开展革命工作的湛江人黄学增烈士，周恩来对地委书记孟宪德等人说：'湛江有个黄学增，第一届农讲所学员，土地革命战争时期曾任琼崖特委书记、红军琼崖独立师政委和广东省委候补常委，1929年在海口市被叛徒出卖，被捕牺牲了，你们知道这件事吗？他家里现在还有什么人？生活过得怎么样？黄学增是广东甚至是全国的著名烈士，党和政府要对他的亲属多给予关心和照顾啊！'"见苗体君：《周恩来一生在湛江仅有的15个小时》，《红广角》2012年第5期，第29页。按，因为新闻报道往往是记者在现场，或采访当事人，报纸的记载真实度高些。后期学者并不是当事人，又不注明采访何人，里面话语可信度略低些。

民祀之”“有功于国，国祀之”“有功于国，有德于民，死则祀之”的传统。虽然对于类似黄学增这类人物而言，为了人民的幸福，为了自己的信仰，为了自己的祖国，并不苛求什么的。“任何民族都需要自己的英雄。真正的英雄具有那种深刻的悲剧意味：播种，但不参加收获。”[1] 这估计也是黄学增这一代共产党人的情怀。在他们的以上中，也许如何将苦难的祖国拯救出来，从而走向独立、走向富强；如何使家乡的人民走向独立、生活富裕，这才是关键的，这才是他们考虑的内容，其他的都是不重要的内容！

黄学增，1922 年加入中国共产党，是 1922 年 6 月广东中共党员 32 人中的一员。先后在广东省立宣讲员养成所、广州第一届农民运动讲习所等处学习，毕业后，相继担任过中国国民党中央农民部特派员、广东省农民协会执行委员兼秘书、中国国民党广东省党部南路特别委员会委员、广东省农民协会南路办事处主任等职。革命斗争中，又担任过中共南路地委书记、西江特委书记、琼崖特委书记、中共广东省委委员、候补常委等职。1929 年 7 月，他在海口被国民党被捕，随后不久被杀害，牺牲时，年仅 29 岁。一个人的 19—29 岁，恰好是人生的美好时光，在大革命时期、土地革命时期、抗日战争时期、解放战争时期，有多少诸如黄学增满怀信仰的共产党人走向奋斗的路上？他们为了心中的理想，敢于抛头颅、洒热血，他们是值得我们敬佩之人！我们对他们的历史应该铭记！

[1] 见金一南：《苦难辉煌》，华艺出版社，2009 年，前言。

附　录

黄学增生平年表

1900 年诞生

光绪二十六年闰八月二十一日(即公元1900年10月14日)黄学增出生;出生于广东省遂溪县乐民区敦文村。黄学增父亲黄如英，母亲姓氏不明（有一说她姓饶）。家庭环境一般。

根据遂溪敦文村黄氏族谱，黄学增是敦文黄氏十八世，学字辈。除了黄学增外，还有学思、学孟（学增的弟弟）、学武、学超、学伦等人。（1986年重修，2017年重印。而另一本1954年黄氏族谱，只记载至敦文黄氏十七世。）

1913 年，13 岁

在村内入读私塾，成绩优秀。

1916 年，16 岁

入读乐民高等小学（后来县立第五小学），成绩优秀。

1918 年，18 岁

考入雷州中学求学，省十中由雷州中学改名而来；校址在雷州城内。1913年谭平山开始在该校教书，1916年离开。

1919 年，19 岁

奉父母之命，在此年冬结婚，爱人苏莲，年龄有多种说法，原籍本县北坡乡大潭村，从小给乐民东边角村一位农民抚养。后在1926年逝于遂溪革命养老院（院址在界炮镇）。

1920 年，20 岁

以优异成绩考入广东省立第一甲种工业学校（学校亦简称“甲工”）。阮啸仙、刘尔嵩、周其鉴、张善铭等人曾就学于广东第一甲种工业学校。“甲工”是广东工艺局的附属学校，该校创办于1918年，是当时广东唯一的工业学校。"甲工"创办当年免费招生二百名，其中在广州招五十名，各县招一百五十名。阮啸仙、刘尔嵩、周其鉴、张善铭分别就读于该校机械、织染、化学科。

1921 年，21 岁

入读广东省宣讲员养成所。学校同学录中黄学增年龄标示为 22 岁，疑是所填为虚岁。

广东省宣讲员养成所先后由陈独秀、陈公博主持，由谭植棠任教导主任，由谭平山、杨章甫、谭天度、邓瑞仁等人任教员。宣讲员养成所以"宣传和普及马克思主义，造就将来开展群众工作的干部"为办学宗旨，所授课程包括国语、历史、马克思主义原理等。1921 年 6 月 20 日开学，后因经费原因，于 1923 年 9 月前停办。这个时间黄学增已毕业离校。

黄学增班级是专门班，班主任是谭植棠。同学有刘琴西等人。

1922 年，22 岁

在宣讲员养成所学习马克思主义理论，并在宣讲员养成所读书期间，黄学增加入中国共产党，成为广东早期第一批党员之一。同时在读书期间，利用回乡机会，创办雷州青年同志社，在乡村宣传、传播马克思主义。

1923 年，23 岁

有文献谈及是年黄学增参加市郊农民运动。

"一九二三年初，广州新学生社负责人阮啸仙（共产党员）深入花县发动组织农工协会，开办 农民夜校……同年夏天，他和该社骨干黄学增、高恬波等深入花县的九湖、推广等乡区发动农民。在他们的帮助下，花县各乡区陆续建立农民协会，并开展与地主豪绅的斗争。"（陈登贵:《一九二二至一九二七年广东农民运动综述》，载广州农民运动讲习所旧址纪念馆编:《广东农民运动资料选编》，人民出版社，1986 年，第 601 页。）

但史料来历不明，1923 年黄学增的经历成谜。

1924年，24岁

国共第一次合作正式形成。黄学增随后根据上级党组织指示，加入国民党，成为跨党党员之一。

1924年5月26日，黄学增等人向国民党中央执行委员会发出请愿书，控告广州湾赤坎公局局长陈学谈在“二月四日”捕杀“党员黄汝南、梁竹生”，“复相继通缉党员黄荣、黄学曾、黄河丰、方景、黄汝清等”以及“解散雷州各县国民党分部”。

7月23日，《广州民国日报》报道陈学谈继续追杀黄学增，还将黄学增放在赤坎义利号的“行李书籍印刷品等件”搜去。后来陈学谈还派陈怀琦（又名陈禹铸，假名陈磊夫），“潜来省城，刺探军情”。

从1924年7月3日至1926年9月11日，中国共产党以国民党中央农民部名义举办了六届农民运动讲习所，以培训农运干部。因为这六届农讲所都是在广州举办的，故习惯称为“广州农民运动讲习所”。黄学增入读第一届农讲所，时任所长为彭湃。入读时间为7月3日至8月20日；其间还到黄埔军校接受军训，以及到广州市郊进行农民运动，协助当地农民创办农民协会。

8月21日，孙中山对农讲所第一届毕业生及第二届学员训词，黄学增聆听孙中山的训词。在农讲所学习期间，黄学增还接受彭湃、谭平山、廖仲恺、鲍罗廷等人的授课教育。同学之中有韦启瑞、侯凤池、丘鉴志、梁复然、陈伯忠、王镜湖、莫萃华、梁桂华、高恬波等人。

8月18日，黄学增在广州主持召开雷州青年同志社的恢复大会（会址设在广州长塘街内），韩盈、黄广渊、薛文藻、陈荣位等20人参加会议。会议研究修订了雷州青年同志社的宗旨和章程，选出黄学增、韩盈、陈荣位、黄广渊、陈荣福、陈遵魁等7人为执行委员，陈均达、田乃英、余晃等3人为候补委员，推选韩盈为主任，黄斌为书记（文书），陈荣位兼任会计。会后，该社将上述情况呈报国民党中央执行委员会备案。在开会之前，韩盈以“海康留省学会暨农工绅商代表”身份，“为广州湾法政府捕禁雷籍学生事”，向国民党中央委员会“请求提出交涉案”。

8 月，黄学增从农讲所毕业，随后成为中国国民党中央农民部农民运动特派员，前往广东各地进行农民运动。

11 月 4 日，黄学增在广州参加第一届农讲所学员毕业典礼。

11 月 5 日，黄学增在广州参加共青团大会。10 月 5 日至 12 日，社会主义青年团粤区代表会议在广州召开，会议由陈延年主持。黄学增在这次会议上被选为团粤区执行委员会候补执委，任工农部助理。

11 月 30 日，黄学增因为农民运动工作出色，以农运特派员身份受到农民部表彰，被誉为“勇于任事，才能称职……众人之中，可称佼佼（姣姣），应予奖励，以为众瞻”。是 23 名农民特派员中受表彰的两名之一（另一名为侯凤墀）。

在该年底，黄学增以农运特派员的身份到达宝安开展农民运动，并在宝安发展党员，成立党支部。黄学增成为宝安党组织的创始人。

1925 年，25 岁

1 月，黄学增以中央农民运动特派员的身份奉命前往花县协助当地农会开展农运活动。18 日，黄学增、何友逖与花县农协副委员长兼第二区农协委员长王福三在处理事务时，受到当地地主劣绅的袭击。王福三被杀，黄学增与何友逖在群众保护下脱险。

花县地主劣绅当时是非常猖狂的，如花县洛场大地主江新南，象山大地主江锦堂、平山大地主江季瞻等，勾结县长江侠庵，组织“花县田土业权维持会”（农民称之为地主会），成立民团，增购武器，筹划与农民协会对抗，到处宣扬要“劏大猪（大珠农会），拆大箩（罗洞农会），碎石头（石岗农会），执田螺（田螺湖农会），煲莲藕（莲塘农会），捻出九湖大浓头（设于九湖乡的花县农民协会）”。

3 月 23 日，黄学增出席在沙莆召开的宝安县第一区农民协会成立大会，并发表讲话。同时出席者还有韦启端、蔡日新、蔡启芬、蔡日昇等人。

4 月，黄学增受命在宝安组织宝安县级一级农会——宝安县农民协会。26 日，宝安县农民协会成立。27 日，“东宝两县农民联欢大会”召开，到会者达七十余乡，代表达千余人，黄学增在大会上“演述为农民运动死难先烈同志事略”。

3月至4月，黄学增、何友逖等又在第三区发展了蔡子儒、蔡励湘、郑泰安、文季彬、郑庭芳（农运讲习所学生）等一批党员。随后，党的组织继续发展到二区、一区、六区。

4月12日，广州各界举行孙中山先生追悼大会。是日农工商学兵政警察妇女各界赴会团体七百余，人数廿余万。黄学曾代表农界发表演说词：中山先生虽死，但他的主义是永永存在世界。他的主义是为平民利益的，他也因此奋斗而死了，我们农民要一致团结起来，拥护为民族革命而奋斗的国民党。

5月2日，由广东农民协会举行的全国第二次劳动大会，各县代表报到人数达117人。黄学增被推举为提案及起草委员会委员及决议审查委员会委员。

随后在广东省第一次农民代表大会上黄学增以101票的票数当选为省农会执行委员。执行委员共九人，代理执行代表大会闭会后的会务。

5月6日，在广东省第一次农民代表大会上，黄学增向大会“特别报告琼雷农民状况，极言该地农民受帝国主义，军阀土匪之残酷”。

5月7日，出席广东各界举行的“五七”国耻纪念大会。农民、军人约两万人。国民党中央执行委员会委员廖仲恺、中共中央委员、国民党中央执行委员谭平山、第二次全国劳动大会代表刘少奇、广东省农会代表黄学增相继在会上发表演说。

5月20日，广东省立第一中学青年学社开半周年纪念会，黄学增以广东省农会代表的身份出席，并发表讲话。

6月2日，黄学增在广州出席五卅示威大巡行大会。并被选为大会主席团主任。示威大巡行大会“人数万余”。在会上黄学增发表讲话，中国共产党代表罗觉、国民党代表谭平山和中华全国总工会代表邓中夏等分别在会上发表演讲。

6月17日，黄学增代表省农协主持欢迎清远县农民代表的会议，热情赞扬清远县农民自卫军在讨伐反动军阀刘震寰、杨希闵的战斗中勇敢作战的革命精神，鼓励大家再接再厉、奋勇向前，为巩固和发展广东革命根据地作出更大的贡献。清远县农民运动曾由黄学增农讲所的同班同学韦启瑞领导进行。

6月20日，《广州民国日报》报道黄学增前往番禺珠村慰问当地农民自卫军，对他们协助国民政府共讨杨刘叛军的努力表示嘉勉。

7月3日，黄学增与廖仲恺、邓中夏、黄平等人，受聘为中华全国总工会省港罢工委员会顾问，指导省港罢工工人的斗争。

7月14日，在广东省政府省务会议第五次议决案上，黄学增作为农界代表被孙科提名为18名广州市政委员人选之一。同时提名的还有：农界代表：潘文治、李民治；工界代表：林伟民、邓汉兴、陆枝；商界代表：邹殿邦、蒋寿石、李朗如；教育界代表：邹鲁、金曾澄、韦悫；现代职业代表：谢作楷、程天固、卢维溥；自由职业代表：陈孚木、伍伯良、钱树芬。

7月，黄学增被国民政府委派为“广宁乱事处分委员会”委员，同为委员者还有廖仲恺、陈公博、郑润琦、罗绮园、梁朴元等。“广宁乱事处分委员会”的组成是因为广宁江屯、扶溪一带的大地主冯月庭、江耀南等串同前广宁县长、仍被广东国民革命政府通缉在案的广宁民团头目李济源，组成武装力量对广宁农民协会进行围攻，大规模屠杀农民而产生的。7月29日“广宁乱事处分委员会”召开了第一次会议。

8月1日，省港罢工工人第七次代表大会在广州召开，通过了《对于广东省农民协会代表黄学增报告决议案》，声援广宁县农民协会及农民兄弟反抗地主残杀的斗争，表示要以全力帮助广宁农民。决议“请求政府惩办凶犯，撤回第三师兼撤换广宁县长，从严惩办”。在省港罢工工人代表第七次大会上，黄学增对罢工代表了报告。

8月下旬，国民党左派领袖、中央农民部部长廖仲恺于20日被刺不幸逝世。广宁县农民协会在潭布举行“全县农民追悼廖部长大会”。黄学增专程到潭布参加大会。经过大会宣传鼓动工作后，江屯地区的区乡农协人员情绪渐趋稳定。

在8—9月，黄学增回到南路，协助韩盈、黄杰等人成立雷州青年同志社乐民分社。乐民是黄学增的家乡敦文村所在的集镇。黄学增小学即在乐民求学。

9月，黄学增被中央农民部确认为一级特派员，是四名一级特派员之一。

9月26日，黄学增等发动雷州青年同志社联合新学生社等组成革命青年联合会，选邓颖超为主席。

9月28日，黄学增在广州参加农民部特派员会议。

10月20—26日，中国国民党广东省第一次代表大会召开，毛泽东参与国民党广东省党部的筹集成立大会。

10月，黄学增命前往宝安调查粤军第四师第八旅第十五团及当地污吏劣绅土豪串杀掳抢当地农民的案件。经过详细的调查，黄学增一方面将调查报告报送中央农民部；另一方面将报告分日（10月22—27日）刊登于报刊，详细披露事件的前后经过以及影响。

10月，黄学增与王文明、林熙载等人发起组织“广东高雷罗阳钦廉琼崖八属旅省革命团体联合会”，发动旅穗革命青年随国民革命军南征，协助革命军工作。

10月28日，中央农民部在广州召开全省农民运动特派员大会，黄学增参与。

11月14日，黄学增以省港罢工委员会顾问和农运特派员身份，到宝安县沙井，协助省港罢工委员会纠察队查办土豪劣绅陈炳南、陈寿康等偷运粮食、破坏禁运，扰乱罢工事件。

11月，黄学增被选派为国民党广东省党部南路特别委员会委员，但因为工作关系，黄学增无法及时赴任。

12月，黄学增同志受派出席江门市代表大会选举执行委员。

12月，黄学增还被委派赴开平县考察该县各级党部之组织及指导。

12月23日，中国国民党广东省南路特别委员会成员随国民革命军到南路，在梅菉办公。主席潘兆銮（中共党员）、委员黄学增、彭刚侠（中共党员）、林丛郁（林增华，中共党员）、谭竹山、朱曼、吴武祥、许庆之。

12 月 25 日至 26 日，黄学增与陈荣位一起“从梅菉至吴川，又从吴川城回梅菉”，进行农民运动调研工作。

12 月 31 日，国民党广东省党部选出出席中国国民党第二次代表大会，黄学增以 22 票的票数当选为出席大会的代表。

1926 年，26 岁

1 月 1 日至 19 日，中国国民党第二次全国代表大会在广州召开。黄学增和刘尔嵩、宋庆龄等 9 人以国民党广东省党部代表的资格出席了会议。会后，黄学增以中共南路特派员、广东省农民协会南路办事处主任、国民党南路特别委员会负责人（后任主席）的身份，于 1 月下旬又一次抵达梅菉。

1 月，广东省农民协会在全省区域设立 6 个办事处：潮梅海陆丰办事处（设在汕头，主任彭湃，辖 17 县）、惠州办事处（设在惠州府城，主任朱祺，辖 8 县）、西江办事处（设在肇庆，主任周其鉴，辖 14 县）、南路办事处（设在梅菉、后迁到高州，主任黄学增，辖 15 县）、北江办事处（设在韶关，主任丘鉴志，辖 11 县）和琼崖办事处（设在海口，主任冯平，辖 13 县）。

1 月 7 日，黄学增与邓颖超等被选为大会提案审查委员会委员

1 月 8 日，提案审查委员会第一次会议召开，黄学增参会。

1 月 9 日，黄学增被确定为农民运动报告审查委员之一，毛泽东等为宣传报告审查委员之一，邓颖超等为妇女运动报告审查委员之一。

1 月 13 日下午，黄学增代表农民提案审查委员会，向国民党“二大”全体会议报告审查“中山、南海、高要等县民团屠杀农民案”的结果和处理意见。会议期间，高要县发生了“领村惨案”。1 月 3 日晨，地主土豪卢沂川、梁荣邦等纠集高要、广宁、德庆三县民团 500 人和黑社会组织“神打团”一批人马，进攻领村。由于农民方面“人又少，子弹又缺乏，所以仅仅抵抗四点多钟，便被神打及联团烧了 3 个村子，农民被打死的 13 人、打伤 25 人”。民团、神打团冲过领村，放火烧毁农舍 30 余间，农民被迫离开村庄，跟随农军分散逃匿。1 月 5 日，三县联团又纠集神打、土匪 3000 余人，包围领村、波河、料村，打死打伤农民自卫军和农会会员共 100 多人。在领村惨

案发生之前，中山、南海两县也发生了地主民团屠杀农民，破坏农会的事件。中共广东区委农委有见于此，在领村惨案发生后，立即指派省农协西江办事处主任周其鉴、委员陈均权、农民运动特派员邓（第259页）广华等急赴领村处理此案，同时指示黄学增、蔡如平、韦启瑞向国民党“二大”提出议案，要求大会审议。

1月18日，黄学增代表农民运动决议案审查委员会，首先向国民党“二大”全体会议介绍本次大会的《农民运动决议案》的主要内容和当前保护、促进农民运动发展的措施，然后宣读《农民运动决议案》全文，请大会讨论通过。

1月19日下午，中国国民党第二次全国代表大会闭幕，黄学增在大会上发表演说，演说词内容简要精辟：“我们要到大多数被压迫的民间去，要尽力为他们解除一切政治上经济上的痛苦！”

1月，遂溪召开第二次人民代表大会，黄学增“用国民党广东省部南路特别委员会会员名义参加”。

年初，广东南路成立中国国民党遂溪县党部筹备处，并于当年1月24日发表《敬告雷州各界同胞书》，根据国共合作的要求，文书中指出“要解除自身的痛苦，须加入国民党去奋斗”。2月1日，发表《为反对日本出兵满洲敬告全国民众书》。2月1日，南路特别委员会委员朱曼已回省。

2月中旬，黄学增在南路，筹建广东省农民协会南路办事处，并主持制订近期工作计划。

年初，黄学增吸收陈时入党，随后派他到梅菉市开展工人运动和建党活动。同年3月，中共梅菉市支部成立，驻地梅菉营盘街。

2月上、中旬，5日，黄学增派周纪、薛经辉等人前往遂溪第二区界炮协助指导农会工作。

2月22日，黄学增到广州出席了广东省农民协会全体执行委员及各属办事处代表、各农民运动特派员扩大会议。这次会议总结了自去年5月1日省农协成立十个月以来广东农民运动的经验和存在问题，规定了农会组织手续以防止阶级敌人的破坏，听取了潮梅海陆丰办事处、惠州办事处、北江办事处、西江办事处的报告并作了决议案，审查了南路办事处最近进行计划和琼崖办事处暂行计划。会议还决定5月1日（旧历三月二十日）召开全省第二次农民代表大会。这时，广东省已有50个县有农民协会，会员60万人以上。

3月7日，广东省农民协会南路办事处在梅菉成立，黄学增任主任，韩盈任书记（文书），苏其礼任委员（后为梁本荣）。南路办事处统一领导阳江、阳春、茂名、信宜、化县、廉江、吴川、电白、遂溪、海康、徐闻、合浦、钦县、灵山、防城15县和梅菉、北海2市的农民运动。

3月15日，吴川县爆发废除苛捐的斗争，黄学增代表南路办事处支持农民的合理要求，并随示威请愿队伍到县署黄坡向县长苏鹤元交涉，迫其取消了蒜头苛捐。

4月初，为培训干部，黄学增在梅菉创办“梅菉市宣传学校”。其间还成立梅菉青年同志社等民间社团。

4月1日，黄学增整理的长篇调查报告《广东南路各县农民政治经济概况》上半部分在《中国农民》开始登载。这份调查报告是学增在南路办事处初期主持的一次有组织的、深入的社会调查的基础上形成的。这次调查不是单靠个人去完成，而是根据有关调查的提纲，依靠集体的力量，即办事处全体工作人员和农民运动特派员一齐参加……患有严重胃病……

4月2日，黄学增在广州代表省农民协会出席“广东各界讨段惨杀北京市民众大会”，被选为大会人民主席团成员，并发表了演说。事缘3月8日北京市民集会反对日本支持军阀张作霖，要求段祺瑞政府向日本提出交涉，被段祺瑞卫队开枪杀死百数十人，各地纷纷集会“讨段”，广州市16万人参加了“讨段”大会，为国民革命出师北伐作了强大的舆论准备。

4月10日，经广东省南路特别委员会批准，召开国民党遂溪县第一全县代表大会，成立国民党遂溪县党部，地址在文化馆（现城西乡政府）。到会代表200余人，选举产生执委和监委，办理全县党务。选出陈光礼、吴斌、陈耀庚、刘坚、钟竹筠、薛经辉、邓成球7人为执行委员，黄荣、梁树本、周润生3人为候补执行委员，周纪、吴定培、陈奇谟3人为监察委员，叶春卿为候补监察委员。

4 月 15 日，遂溪县农民协会成立，黄学增代表省农协南路办事处出席成立大会，向遂溪县农民协会授旗授印，并发表演说。

4 月中旬，黄学增出席中国国民党遂溪县党部执行委员会和监察委员联席会议，指导重新分配调整党部职员，选出党部常委 3 人，共产党员占 2 人；组织、宣传、农民、工人、商人、青年、妇女 7 个部负责人，共产党员占 5 个部：组织部陈光礼、宣传部吴斌、农民部刘坚、工人部邓成球、妇女部钟竹筠。

4 月中旬，中共廉江县支部在城西回龙寺成立，黄学增派遣的筹备员周永杰任书记，党员有吴绍珍、关泽恩、罗慕平、江刺横、李雄飞、简毅等 10 余人。同时，还建立了共青团支部，罗慕平任书记。

4 月 17 日，海康县农民协会举行成立大会，黄学增代表省农协南路办事处向海康县农民协会授旗授印，发表演说，号召农民团结一致，巩固农会，开展斗争。此时，遂溪县已成立 5 个区农民协会、51 个乡农民协会，会员总数 2800 人；海康县已成立 6 个区农民协会、65 个乡农民协会，会员总数 3400 人。同日，遂溪、海康两县农民协会发表了《联合宣言》。纪继尧回忆："一九二五（应为六）四月召开全县农民代表大会，选举县农会委员，正式成立海康县农民协会。县农会的被（当）选人物为黄杰、陈玉英、陈凤鸣、梁德生、李宗程、邓□森、黄光业。农会的标志有犁旗、圆形木质大印。农会会员有圆形（铜）质证章。成立农会时，党政军部来参加讲话，南路领导人黄学增在讲话时口似悬河，农民各界倾听都很感动。县农会的经费由县府每月供给一百元为人员薪金、公杂费等开支。"

4 月底，黄学增与林增华两人先后返省城广州。

5 月，根据中共南路特委负责人兼中国国民党南路特别委员会主任黄学增的部署，江刺横到北海，担任中共北海镇（后改为市）特支书记兼中国国民党北海市党部执行委员、组织部长。

5 月 1 日，广东省第二次农民代表大会在广州召开。这是一次具有全国农民代表大会雏形的会议。黄学增出席大会，被先为大会秘书长，主持繁重的会务工作。此次农代会，有 49 个县有组织的农民代表 214 人到会，还有 17 个县有协会之地，因道远未派代表。全省会员人数已增至 626457 人，除了正式代表之外，各县的农民自备资斧来省参加者亦有百余人，更有广西、福建、湖南、湖北、浙江、江苏、河南、山东、山西、贵州等 11 省的代表参加，已经不光是广东农民代表的大会，而已略具全国大会的雏形。

5 月 5 日，黄学增在广东省第二次农民代表大会上作《南路办事处会务报告》，概述南路农运情况和南路办事处工作情况。此时，南路的阳江、茂名、化县、电白、信宜、吴川、廉江、遂溪、海康、合浦等县已建立农民协会，计有乡农会 146 个、区农会 14 个、县农会 2 个，会员 9000 多人。大会对报告作出了决议案。

5 月 7 日，大会秘书黄学增提议，潮阳县长阻碍农民运动，无理扣留本次会议代表邓某，大会对此事应予干涉。随即通过以大会名义致电潮阳县长，从速释放该代表，使他能早日赴会。

5 月 8 日，广东省第二次农民代表大会提案及决议案审查委员会成立，黄学增和彭湃、周其鉴、罗绮园、何毅等为委员。

5 月 10 日，黄学增代表省二次农大，与省劳动大会、教育大会代表一直，参加黄埔军校联欢会，并在会上发表演说，希望黄埔军校本着国民革命精神，早日出师北伐，统一中国。

5 月 15 日上午，省农民代表大会举行最后一次会议。会上选举黄学增和罗绮园、阮啸仙、彭湃、周其鉴、韦启端、杨其珊、蔡如平、原基、郭竹朋、朱观喜、薛六、钟耀龙等为省农民协会第二届执行委员，何耀、何玉山、何友逖、周永杰、邓一舟为候补委员。下午，大会举行闭幕典礼，由秘书长黄学增报告大会经过后，新当选之执行委员和候补委员就职，由周其鉴代表全体新委员致辞。次请第六届农民运动讲习所所长毛泽东演说，内容是关于农民之经济斗争与政治斗争之关系及敌人压迫原因。在湖北、湖南等部分代表相继发言后，乃高呼口号拍照散会。

5 月 26 日，中国国民党广东南路特别委员会在梅菉召开工作。会议由黄学增主持，潘兆銮、林丛郁、韩盈、杨枝水、薛经辉等人参加会议。林从郁等报告南路各县农、工、妇、青、学运及党务工作情况。会议决定整顿各县市国民党党务，继续发展农运、工运、青运、妇运，并对有关人员作了分工：黄学增负责雷州三县和廉江，潘兆銮负责茂名、信宜、化县（茂名县具体工作由钟竹筠、黄荣负责），韩盈负责钦廉四属，林从郁负责电白、吴川和兼管梅菉本部工作。

6月1日，国民党遂溪县党部在黄学增、韩盈的指导下召开执委监察第三次会议，重新调整各执委工作，决定陈光礼、邓成球、刘坚、钟竹筠分别负责组织部、工人部、农民部、妇女部的工作。

6月5日，李子安陪同黄学增、陈柱、彭成贵到南二淡水沟吸收李癸泉、李春瑞、李荣泰入党，李癸泉、李春瑞任正副组长。

6月25日，黄学增从广州回到梅菉。次日即主持召开中国国民党广东省党部南路特别委员会工作会议，听取各地国民党改组工作和群众运动情况汇报。出席会议的有潘兆銮、林从郁、韩盈、杨枝水、薛经辉等人，学增任会议主席。会议先由林从郁汇报茂名、电白、信宜、化县、廉江、吴川、梅菉、海康、遂溪、徐闻、合浦、北海、灵山、钦县、防城、阳江、阳春等县（市）改组、建立国民党党部情况和斗争情况。黄学增听了汇报后指出，各县（市）国民党党部"办党的人多是投机派，想把持党部升官发财"，给南路工、农、青年运动的开展造成很大的障碍，因此必须把改造工作继续进行下去。接着，杨枝水报告青年运动、工人运动、农民运动情况和举办"宣传学校"及创办"血痕"白话剧社等情况。最后，会议作出了进一步改造各级党部和开展群众运动，解决举行"南路代表大会"经费等十多项决议，并决定把主要负责同志分派到各地开展工作。

6月27日，黄学增步行从梅菉去雷州开展国民党党务和农运工作，被土匪劫持，机警脱险。

7月初，中国国民党南路特别委员会派员接收《高州民国日报》，黄学增兼任社长，韩盈兼任总编辑。同时还接收了《雷州民国日报》，派罗应荣主持该报社工作。年底，《高州民国日报》增设副刊《高潮》，报道各地群众运动情况。

7月，黄学增到信宜参加怀乡农民代表大会，并在会上作了重要讲话。在黄学增的指导下，选举产生了区农民协会领导成员，并通过了惩治贪官土劣、减租减息、解放婢女等项决议。7月5日，茂名县署根据省农协南路办事处的要求，逮捕了大地主梁竹铭，全县震动。

8月，为了推动南路地区大革命运动高潮的全面兴起，南路特别委员会和南路办事处机关由梅菉迁往茂名县高州城，办公地址设于南皋书院。9月6日至11日，南路特委在南皋书院举行南路地区各县市党部代表大会（其中9月7日因参加国耻纪念和祝捷大会而休会一天）。迁后的办事处领导成员：主任黄学增，委员韩盈（兼任书记）、梁本荣（兼任农民部长），宣传部长杨枝水，组织部长林丛郁，青年部长王克欧，妇女部长钟竹筠。同时，中国国民党南路特别委员会亦迁到高州。

8月8日，黄学增到电白调查6月至8月初电白所发生事件的真相，并在电城参加电白县农协干部会议，着重讨论如何进一步扩大农会组织和向土豪劣绅展开斗争的问题。10月，黄学增撰写的《为电白农民求救》一文在《人民周刊》上发表，揭露电白县土豪、劣绅、地主、民团破坏农会、杀害农民的罪行，提出惩办不法土豪劣绅地主、解散不法民团、取消团局一切苛捐杂税、赔偿农民损失等项要求。

在8月17—24日召开的广东省农会扩大会议，黄学增亦参加并相继担任秘书长报告大会经过及游行请愿活动

8月24日闭幕会上，秘书长黄学增作闭会报告，并代表扩大会议召集全体与会七路代表团代表和广州郊区农民千余人，举行请愿示威大巡行，要求国民政府惩办逆党、贪官污吏、不法军人、土豪劣绅、民团土匪。彭湃被选为请愿示威巡行总领队，黄学增和黄谦、张安养、薛六四人为请愿代表，向国民党中央党部、国民政府和广东省政府递交请愿书。

8月，黄学增在高州城主持开办“南路农民干部训练班”……参加第一期训练班学习的有南路各县（以茂名地区为主）农运干部50人。

9月6日至11日，中国国民党广东南路党部代表会议在高州城召开。出席者南路14县（合浦县未派人到会）2市党部代表46人，列席开幕式各

界代表300余人。黄学增任会议主席。会议听取了南路和各县、市党务报告，并就政治、党务、工人、农民、青年、商人、妇女报告作出了决议案。南路农民代表会议和工人代表会议亦同时在高州召开，农民代表会议讨论了贯彻省农协第二届执委扩大会议的决定，开展“减租”、规定二分纳息、反对苛捐，请愿惩办破坏农运的茂名县地主李沛甘、张伯年等问题并作了决议；工人代表会议讨论了继续发动工人参加政治斗争、支持省港罢工、争取改善生活待遇等问题。二会皆由黄学增主持。

12月，黄学增以国民党南路特别委员会和省农民协会南路办事处的名义，在高州主持召开南路农民代表和国民党各县党部代表联席会议。会议传达了省第二次农代会精神，并针对国民党广东当局派林云陔到南路支持反动势力，排挤共产党人，制造摩擦，挑起事端，镇压农运，破坏国共合作等行径，揭露国民党反动势力的阴谋。会议期间，国民党右派分子绵伯年、李沛甘、黄俊思等人纠集一些不明真相的人进城捣乱，呼喊反共口号。黄学增在会上指名批判张伯年、李沛甘等人制造分裂，破坏国共合作的阴谋。会议决定继续开展农民运动，坚持实行“二五减租”和反苛捐斗争。

12月，黄学增在高州主持召开南路工人代表会议，参加会议的有各县工人代表20多人。会议号召各行业工人组织工会，团结斗争，争取改善生活待遇，积极支持农民运动。

冬，黄学增在廉江第一区大塘村召集廉江县农协委员周永杰、吴绍珍、梁安成等（均是共产党员）开会，总结前段农运情况，指出在基层农会发展和建立党、团组织是一条重要的经验，应予推广。在此期间，安铺镇成立理发、车衣、鞋业、渔栏工会和下插乡农民协会；廉江县妇女解放协会成立，主席诸群英（后徐玉贤）。

10月，黄学增派杨枝水、钟竹筠到防城东兴开展工作。杨、钟到东兴后成立了防城青年运动委员会，钟竹筠还整顿了原来的妇女组织，成立了“广东妇女解放协会防城分会”，钟竹筠任主席。

9月至10月，黄学增和朱也赤、梁本荣、钟竹筠多次深入茂名、信宜城乡，对农民、青年演说，演白话戏、教唱革命歌曲，介绍中国革命情况，启发农民觉悟。他们还鼓励青年学生深入农村，接近群众，宣传农运。学增还到高州中学向学生发表演说，用通俗的语言和现实的材料，解释孙中山的“耕者有其田”的主张，号召青年们为实现这个主张而努力。

11 月 14 日，茂名各地 40 多个乡农协代表 600 多人集中在茂北安良乡银塘村召开大会，宣布成立茂北区农民协会。大会由朱也赤主持，黄学增、韩盈、梁本荣出席大会并讲了话。大会选举产生了茂北区农民协会委员会，推选梁列楷为委员长。会后，举行万人庆祝会和 7000 多人的示威游行。

1927 年，27 岁

1 月，中共广东南路地方委员会成立，黄学增任书记，韩盈、梁本荣、钟竹筠为委员。

3 月 10 日至 17 日，黄学增到广州出席广东省农协第二届第二次扩大会议。会议着重讨论了如何挽救广东农运危机，并决定于 5 月 1 日召开第三次全省农民代表大会，研究进一步开展农民运动问题。此后，黄学增留省工作。

3 月中旬，黄学增派梁承枢回信宜，加强对农民协会的领导，该县农民组织得以迅速发展。到 4 月间，全县农会会员达 4 万多人。

在“四一二”反革命政变前，……下令各地准备应变，并派专员分赴各路负责指挥：罗绮园、周其鉴到北路，黄学增到西江，杨善集到琼崖，黄居仁到潮梅，何友逖到惠州，中路由区委直接指挥。

4 月 19 日黄学增秘密抵达高要禄步黄洲，向隐蔽当地的罗国杰、周其柏、陈均权和许其忠等原西江党组织负责人和农军骨干传达广东区委的指示和举行武装暴动的决定，并与之一起研究作战的具体部署。并成立“广东省西江拥护武汉政府大同盟农军”，在高要的黄洲村设立临时指挥部，黄学增任总指挥。

4 月下旬至 8 月底，在黄学增组织领导下发动了由高要、云浮、新兴三县农军组成的肇庆起义和郁南都城、罗定横岗等农军暴动。肇庆起义，是西江地区最大规模的武装起义。

9 月，黄学增在黄洲主持西江地委扩大会议，根据广东省委（广东区委已改称广东省委）的暴动指示，将中共西江地委改为中共西江特别委员会，黄学增任书记，并成立军事委员会，黄学增任军委主席。

10 月，中共西江特委书记黄学增秘密到广宁，向中共广宁地委叶洁秀等人传达省委关于举行暴动的决定，建议广宁地委集结武装力量，待时而举，以配合广州起义。

10 月 15 日，中共中央南方局、广东省委在香港举行联席会议，改选省委，黄学增被选为省委候补委员，是 11 名候补委员之一。

年底，黄学增自广宁返香港，向省委汇报西江地区情况，不久，省委通过了《西江工作大纲》。

1928 年，28 岁

年初黄学增兼任广宁县委书记，组建了“广宁农民赤卫队”武装暴动指挥部，黄学增兼任总指挥。与薛六、罗国杰成功地发动了广宁螺岗暴动，宣布成立广宁县苏维埃政府，建立了西江地区第一个红色革命政权。

1 月初，根据广东区委统一部署，西江地区农民暴动的运动中心选择在广宁。1 月底，西江特委书记黄学增兼任县委书记。2 月 25 日，县委指挥在螺岗圩发动武装暴动。广宁县农民赤卫队队长欧蛟指挥 300 余名赤卫队员武装进占螺岗圩，宣布暴动，没收地主粮仓内几百石稻谷，充作赤卫队给养。广宁县委随即在螺岗镇安府召开了 3000 多人参加的群众大会，宣布成立西江地区第一个县级苏维埃政府。大会选出罗国杰、薛六、谭鸿翔、高玉山、高纪、欧蛟、伍学南为苏维埃政府委员，罗国杰任苏维埃政府主席。

4 月 13 日，中共广东省委第一次扩大会议在香港召开，黄学增出席会议，并当选为省委正式委员。

4—5 月，黄学增奉命到宝安指导宝安暴动，促进宝安暴动的进行。

5 月 2 日，黄学增以中共宝安县委的名义给省委汇报宝安地区的工作。

5 月底，黄学增根据工作安排离开宝安，以省委巡视员身份前往琼崖。

6 月 16 日，黄学增来到琼崖特委所在地乐会第四区。随后，根据省委的指示，对琼崖特委进行改组，并以省委巡视员身份兼任琼崖特委书记。

6—7 月，黄学增对琼崖党组织、红军、苏维埃政权等进行整顿，确保琼崖革命力量有保存。

7 月 16 日，黄学增以省委巡视员等身份向省委汇报来琼的相关工作情况。

8 月，琼崖苏维埃政府成立，后来琼崖苏维埃政府在领导琼崖人民进行革命斗争中发挥巨大作用。

8 月，恢复被破坏的中共海口市委。同时并非教条主义式的按照指示，将琼山县委与海口市委合二为一，而是保留两者组织结构，有力有效地推进琼崖革命斗争的进行。

11 月 16 日至 24 日，黄学增出席在香港召开的省委第二次扩大会议，当选为候补常委。

11 月—12 月，黄学增配合省委的工作部署，推进琼崖特委与南路特委的合并，计划成立南区特委。后因南路特委遭到严重破坏，南区特委的决定无法实现。

年底，中共海口市委因叛徒叛变，遭到破坏，黄学增因回省委汇报，逃过一劫。

1929 年，29 岁

1 月，在香港向省委汇报工作期间，劝说邑人、共产党员苏天春、周纪等人回家乡继续开展革命斗争。并说自己先去海南岛海口市处理一些问题，然后再考虑回遂溪。

1 月 18 日，中共广东省委会议上决定正式常委杨石魂、冯菊坡如调中央，由候补常委黄学增、甘作棠补工。

2 月，海口党组织遭到严重破坏，原有 26 个党支部仅存 4 个，党员也从 1928 年 4 月的 680 人锐减到 30 余人。

5 月中下旬，省委经过详细讨论，同意黄学增仍回琼崖工作，但以省委巡视员指导工作，不参加特委；同时要求至多 2 个月即须返回省委。

5 月，黄学增来文昌县委，和谢冠洲、云龙等同志在竹堆村开会，讨论布置化装深入到锦山市消灭该市民团局，缴获长短枪 30 余支，子弹 4000 多发。

5 月，应省委机关“提供文字”的要求，黄学增撰写《五卅运动后广东农民运动的状况》一文，在《红旗》周刊第 15 期发表。

6 月，黄学增分别撰写《省港罢工时代之广州四郊农民》与《盲动呢？不动呢？公开呢？秘密呢？》两文，并分别在《红旗》周刊第 16 期与《学习》半月刊第 4 期发表。

7 月 1 日晚上，黄学增写成《阅了农民问题决议案以后》一文。文章后在《学习》半月刊第 5 期发表。

7 月或 8 月，由于叛徒出卖，中共琼崖特委、团特委机关等在海口市被敌人破坏。黄学增在福音医院被捕。随后被杀于海口。

1930 年 1 月 17 日，中共广东省委发出《“二七”纠集宣传提纲》，号召全省党员纪念革命先烈，继续奋斗。《提纲》写道：“在二七纪念中，我们要纪念英勇的先烈！我们永远不忘记施洋同志的反抗精神，我们永远不忘记林祥谦同志临死不屈的态度……我们同时要纪念一切的革命烈士，特别纪念广暴的领袖张太雷同志，省港大罢工的领袖苏兆征同志，海陆丰农民运动领袖彭湃同志，东江工人领袖杨石魂同志和南路农民领袖黄学增同志！我们要号召群众募款来捐助烈士的家属！我们要起来反对国民党军阀的白色恐怖！我们要为革命的先烈报仇！”

参考文献

一、馆藏档案类

高州市档案馆馆藏民国档案。

雷州市档案馆馆藏民国档案。

遂溪县档案馆馆藏民国档案。

湛江市档案馆馆藏民国档案。

中国社会科学院近代史所藏“中国国民党汉口档案”。

中国社会科学院近代史所藏“中国国民党五部档案”。

二、档案、文件及民国报纸期刊汇编类

《第一次国内革命战争时期的农民运动资料》，人民出版社，1983 年。

《工人之路》，湘潭大学出版社《红藏·进步期刊》系列影印本，2014 年。

《广州民国日报》（1923—1926 年）。

《犁头》，湘潭大学出版社《红藏·进步期刊》系列影印本，2014 年。

《阮啸仙文集》编辑组编：《阮啸仙文集》，广东人民出版社，1984 年。

《向导》，湘潭大学出版社《红藏·进步期刊》系列影印本，2014 年。

《杨匏安文集》编辑组编：《杨匏安文集》，广东人民出版社，1986 年。

《中国国民党广东省党部党务月报》。

《中国农民》，湘潭大学出版社《红藏·进步期刊》系列影印本，2014 年。

广东省档案馆、广东青运史研究委员会办公室：《新学生社史料》，1983 年。

广东省档案馆、中共广东省委党史研究委员会办公室：《广东区党、团研究史

料（1921—1926）》，广东人民出版社，1983年。
广东省档案馆：《民国时期广东省政府档案史料选编》（1），1987年。
广东省立中山图书馆、广州市社会科学院、中山大学图书馆编：《黄埔军校史料汇编》第1辑第二册，广东教育出版社，2012年。
广东省社会科学院历史研究室、中国社会科学院近代史研究所中华民国史研究室、中山大学历史系孙中山研究室合编：《孙中山全集》，中华书局，2006年。
广州农民运动讲习所旧址纪念馆编：《广州农民运动讲习所资料选编》，人民出版社，1987年。
荣孟源主编：《中国国民党历次代表大会及中央全会资料》（上），光明日报出版社，1985年。
中共广东省海南行政区委员会党史办公室、广东省海南行政区档案馆编：《琼崖土地革命战争史料选编》，内部发行，1987年8月。
中共广东省委组织部、中共广东省委党史研究室、广东省档案馆：《中国共产党广东省组织史资料》（上册），中共党史出版社，1994年。
中共海口市委党史研究室、中共琼崖一大旧址管理处编：《中共琼崖一大研究资料选编》，2009年。
中共湛江市委党史研究室编：《南路农民运动史料》，广东人民出版社，1997年。
中共湛江市委组织部、中共湛江市委党史研究室、湛江市档案馆：《中国共产党广东省湛江市组织史资料（1925—1949）》，1991年7月，
中共中央党史研究室、中央档案馆编：《中国共产党第四次全国代表大会档案文献选编》，中共党史出版社，2014年。
中共中央党史研究室第一研究部编：《共产国际、联共（布）与中国革命文献资料选辑（1917—1925）》，北京图书馆出版社，1997年。
中共中央组织部、中共中央党史研究室、中央档案馆：《中国共产党组织史资料》第一卷（党的创建和大革命时期）（1921.7—1997.7），中共党史出版社，2000年。
中国人民解放军历史资料丛书编审委员会编：《土地革命战争时期各地武装起义·广东地区》，解放军出版社，1999年。
中国人民解放军历史资料丛书编审委员会编:《中国人民解放军历史资料丛书·土地革命战争时期各地武装起义·广东琼崖地区》，解放军出版社，1996年。

中央档案馆、广东省档案馆：《广东革命历史文件汇集》系列。
中央档案馆:《中共中央文件选集》第一册(1921——1925),中共中央党校出版社,1982年。

三、著作与文史类

（美）巴林顿·摩尔著：《专制与民主的社会起源——现代世界形成过程中的地主和农民》，王茁、顾洁译，上海译文出版社，2013年。
《广东文史资料》系列。
《湛江文史》系列。
曾庆榴：《广州国民政府》，广东人民出版社，1996年。
广东省人民武装斗争史编纂委员会编著：《广东人民武装斗争史》（第一卷，大革命时期），广东人民出版社，1995年。
黄振位：《中共广东党史概况》，广东高等教育出版社，1994年。
黄振位著：《广东革命根据地史》，广东人民出版社，1993年。
梁尚贤：《国民党与广东农民运动》，广东人民出版社，2004年。
刘林松主编：《阮啸仙研究》，广东人民出版社，1985年。
刘路红、廖金龙编著：《阮啸仙传》，中共党史出版社，2014年。
深圳市史志办公室编：《深圳党史资料新编》，海天出版社，2007年。
苏若群、姚金果著：《第一次国共合作始末》，中共党史出版社，2016年。
王健英编：《中国共产党组织史资料汇编——领导机构沿革和成员名录》，红旗出版社，1983年，
杨绍练、余炎光：《广东农民运动》，广东人民出版社，1988年。
湛江地方志编纂委员会编：《湛江市地名志》，广东省地图出版社，1989年。
赵生晖：《中国共产党组织史纲要》，安徽人民出版社，1987年，
中共广东省委党史研究室编:《中共广东党史大事记》(新民主主义革命时期),中共党史出版社，1993年。
中共广东省委党史研究委员会办公室、广东省档案馆编：《“一大”前后的广东党组织》（内部刊物），1981年。
中共海南省委党史研究室著:《中国共产党海南历史》,中共党史出版社,2007年。

中共海南省委党史研究室著:《中国共产党海南历史》,中共党史出版社,2007年。
中共遂溪县委党史研究室:《中国共产党遂溪地方史》第一卷,中共党史出版社,2004年。
中共湛江市委党史研究室编:《广东南路农民运动史略》,中共党史出版社,2012年。
中共湛江市委党史研究室编:《黄学增研究史料》,广东人民出版社,1997年。
中共湛江市委党史研究室编:《中共南路党史大事记》,广东人民出版社,1996年。
中共中央党史研究室著:《中国共产党历史》第一卷上册,中共党史出版社,2002年。
中共中央党史和文献研究院编:《刘少奇年谱》(第一卷,1898—1942),增订本,中央文献出版社,2018年。
中共中央文献研究室编:《毛泽东年谱(一八九三——一九四九)》上卷,中央文献出版社,2013年。

后 记

对于黄学增，或许由于年代的久远，或许由于他牺牲时间太早，或许其他原因，世人对他的了解似乎并不是很清晰。事实上当我听到他的姓名，亦是因为别人转述1960年2月周恩来总理唯一一次来到湛江时提及他的姓名——似乎也正是由于这个因素，黄学增在他牺牲三十一年后再次走入世人的视野。其后，慢慢地、陆续地了解到黄学增的一些事迹，知道他是大革命时期著名的农民运动领袖，知道他是1922年6月前入党的中共党员，知道他是湛江人，知道他在海南牺牲……但很长时间内，一个疑问一直存在于我脑海里，就是为何周恩来总理能在黄学增牺牲三十一年后仍然能准确地记起他？不少人，包括当地从事党史研究的朋友告诉过我，因为黄学增是周恩来的战友，大革命时期他们共同战斗过。但细细思量，周恩来总理作为1921年入党的中共领导者，戎马生涯一生，经历了大革命时期、土地斗争革命、抗日战争、解放战争……种种革命，新中国成立后又担任一个泱泱大国的总理，为何能够在数十年后还能如此准确记起一位战友呢？难道他们在一起共同战斗中结下深厚的友谊？抑或当年黄学增在大革命时期贡献卓越？既然周恩来总理都提及黄学增烈士，为何连他的一本传记都没有呢？为何能找得到有关黄学增研究方面的论文都是史料的不断重复呢？……带着种种困惑，大约在2015年开始，我一面有意识地收集文献资料，一面进行田野调研。其间非常有幸认识黄学增的村人黄海先生——他从2007年开始已关注黄学增的事情，虽然他只是一个商人。通过与黄海等人交谈中，加深了对黄学增的认识与了解。还有本书的另一策划人许冰女士，人微言轻一个媒体人，本着一个传播学者的初心，积极为黄学增之传呐喊呼吁，多途径地倡导要梳理黄学增的历史。同时，学院派的学术训练，促使我比较注重档案史料在史学方面的作用，而经过不断的努力，有关黄学增方面的档案居然被我们发现，还存在不少，且一直没有被相关研究者所知、所重视。更加幸运的是，2018年6月到深圳寻找黄学增活动的足迹时，与中共深圳宝安区委党校结缘。随后，在2019年3月中共深圳宝安区委党校组团到湛江寻找黄学增等深圳革命先驱足迹；在座谈中，中共深圳宝安区委党校获知目前社会上还没有一本有关黄学增的传记，黄学增却是中共宝安党组织的创建者，为了完善宝安"一大"的历史，故此对撰写《黄学增评传》比较感兴趣。经过一系列的程序后，《黄学增评传》获得了中共深圳宝安区委党校的立项。正是有赖于课题的立项，加速了《黄学增评传》的撰写速度。可以讲，若没有课题的立项，这本《黄学增评传》是不可能现在摆在人们的眼前的！

当然，这本《黄学增评传》能够出来，除上述提及之外，还有许多人与单位需要感谢，在此，就不一一举列了。但真的非常感谢！若没有大家的支持，《黄学增评传》是不可能会如此快完成的。

此外，《黄学增评传》采用的纯粹的史学写作，是一本专业学术著作，通览式的阅读或许凸显枯燥，但为了保证传主真实的人生经历，作为一种信史传世，笔者只能采用切实可信的档案、文献、口述等作为史料来撰写。在这里，本人也希望资料的丰赡并没有形成对一般读者的"屏蔽”，——只要不理会那些专业、详尽的注解，相信一般读者将会发现它更是一本好读、易懂、不失趣味的著作。

是为略记。

陈国威

2019年10月18日